老刘识股 ◎ 著

从零开始

实战学炒股票

清华大学出版社

北京

内 容 简 介

超简单！理论结合实战，通过200多个知识精讲，助读者快速精通股票投资！

全图解！以图展示文字，通过400多张图片注解，让读者一看就懂股票秘密！

本书通过"案例＋技巧"两条线帮助读者快速成为炒股高手！

一条是案例线，本书以图文并茂的案例形式向普通投资者介绍了如何进行股票交易并获得利润。通过对大量正反两个方面案例的研究，本书作者总结出具有指导意义和实战价值的一些方法和技巧，给投资者的财富增值出谋划策。

另一条是技巧线，分别介绍了股票基础知识、如何开户和运用炒股软件、股票常见术语、每个股民必看的技术指标、短线炒股的方法和技巧、根据大盘情况决定自己的操作、如何根据分时图与K线进行判断和操作，以及如何使用手机炒股等一系列知识，让你轻轻松松学"炒股"！

本书结构清晰，案例丰富，实战性强，适合股票投资入门级用户，想快速学习了解短线交易、K线看盘、分时图及手机炒股的人群阅读，同时也可以作为证券公司、基金公司等培训、指导和沟通客户时的读本。

图书在版编目(CIP)数据

从零开始实战学炒股票 / 老刘识股著. — 北京：清华大学出版社，2017
ISBN 978-7-302-46743-4

Ⅰ. ①从… Ⅱ. ①老… Ⅲ. ①股票投资－基本知识 Ⅳ. ①F830.91

中国版本图书馆 CIP 数据核字(2017)第 048621 号

责任编辑：刘 洋
封面设计：李召霞
版式设计：方加青
责任校对：宋玉莲
责任印制：沈 露

出版发行：清华大学出版社
　　　　　网　　　址：http://www.tup.com.cn，http://www.wqbook.com
　　　　　地　　　址：北京清华大学学研大厦 A 座　　　　邮　　编：100084
　　　　　社 总 机：010-62770175　　　　　　　　　　邮　　购：010-62786544
　　　　　投稿与读者服务：010-62776969，c-service@tup.tsinghua.edu.cn
　　　　　质 量 反 馈：010-62772015，zhiliang@tup.tsinghua.edu.cn
印 刷 者：北京鑫丰华彩印有限公司
装 订 者：三河市溧源装订厂
经　　销：全国新华书店
开　　本：185mm×260mm　　印　　张：16.75　　字　　数：309 千字
版　　次：2017 年 5 月第 1 版　　印　　次：2017 年 5 月第 1 次印刷
印　　数：1～4000
定　　价：49.00 元

产品编号：072381-01

写作驱动

对于准备涉足股市投资的股民而言，学会短线操作、K线看盘、查看分时图和手机炒股的基本方法是一门极其重要的必修课，正确的炒股技巧可以提高预测股价运行趋势的准确性，直接影响投资者投资结果。

为此，笔者通过不断总结和实践，编写了这本《从零开始实战学炒股票》，本书从实用性的角度出发，将炒股必备知识与需要掌握的股市实战应用技巧有机结合，使股民在学习相关方法后能够在实践中获得收益。

本书理论、技巧与案例相结合，通过4大篇幅来解析股票投资技术，你可以从中找到适合自己的赚钱法门，累积财富！

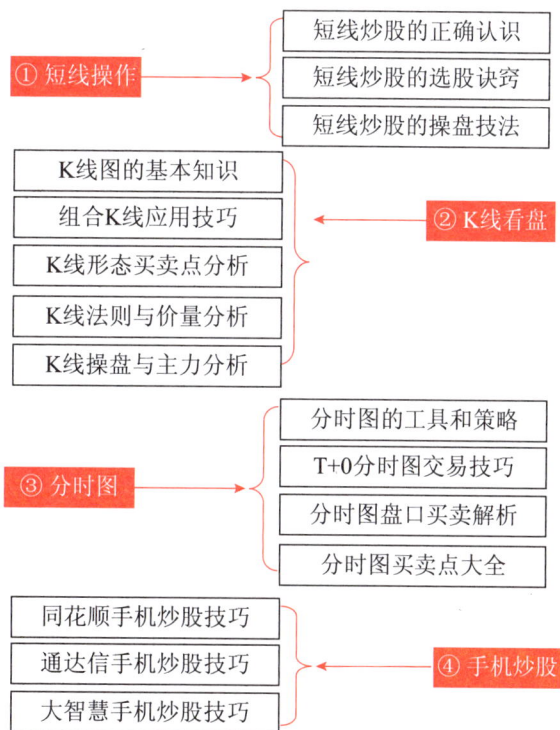

① 短线操作	短线炒股的正确认识
	短线炒股的选股诀窍
	短线炒股的操盘技法

K线图的基本知识	② K线看盘
组合K线应用技巧	
K线形态买卖点分析	
K线法则与价量分析	
K线操盘与主力分析	

③ 分时图	分时图的工具和策略
	T+0分时图交易技巧
	分时图盘口买卖解析
	分时图买卖点大全

同花顺手机炒股技巧	④ 手机炒股
通达信手机炒股技巧	
大智慧手机炒股技巧	

本书特色

本书主要特色：全面为主＋技巧称王。

一、内容全，容易懂，实战强：本书体系完整，从基本概念开始，由浅入深，帮助读者快速理解炒股的基本知识与理论，让投资者真正掌握股市的操盘技巧，包括短线炒股的正确认识、选股诀窍、操盘技法、K线图的基本知识、组合K线、K线形态买卖点、价量分析、主力分析、分时图的工具和策略、分时图交易技巧、盘口买卖、分时图买卖点、同花顺、通达信以及大智慧手机炒股技巧等。

二、看得懂、学得会、用得上：全书围绕"短线操作＋K线看盘＋分时图＋手机炒股"4大主题，讲述了股票投资过程中的各种技巧，真正的零基础起步，让你轻轻松松学"炒股"，同时书中配备大量的实战案例，是股市新手进行实战操作不可或缺的指导书。

注意事项

股票投资的技巧和方法不计其数，本书罗列的技术和方法比较全面，读者不需要全部掌握，可针对性地挑选几种技术深入学习并不断总结，在实战中进行综合运用即可达到很好的效果。

读者在阅读中还应结合实际情况灵活变通，举一反三，养成勤思考的好习惯，形成良好的归纳总结能力。

作者信息

本书由老刘识股编著，参与编写的人员还有苏高、刘胜璋、刘向东、刘松昇、刘伟、卢博、周旭阳、袁淑敏、谭中阳、杨端阳、李四华、王力建、柏承能、刘桂花、柏松、谭贤、谭俊杰、徐茜、刘嫔、柏慧等人，在此表示感谢。由于作者知识水平有限，书中难免有疏漏之处，恳请广大读者批评、指正，联系邮箱：itsir@qq.com。

目录 CONTENTS

第1章 短线炒股的正确认识

学前提示

做短线的时间成本是最少的，获利也是最快的，但这需要投资者具备扎实的基本功，特别是在盘口动向的判断能力上。股票市场每时每刻都在变化，股票投资者尤其是短线投资者要掌握股票市场的动向，就要观察分析股市行情的变化，学会短线看盘。

要点展示

- 短线炒股的基本知识
- 短线的盘面操作
- 短线的核心要点

1.1 短线炒股的基本知识

随着我国股票市场的不断发展与完善，越来越多的人参与到股市投资中。对于初入股市的短线投资者而言，首先需要了解和掌握一些基本概念、基本术语。

1.1.1 认识短线炒股投资

在进行短线炒股前，投资者必须先清楚股票的基本概念和相关定义。其中，股票和投资者是股票市场中最常听到的词语，那股票和投资者到底是什么呢？相关定义如图1-1所示。

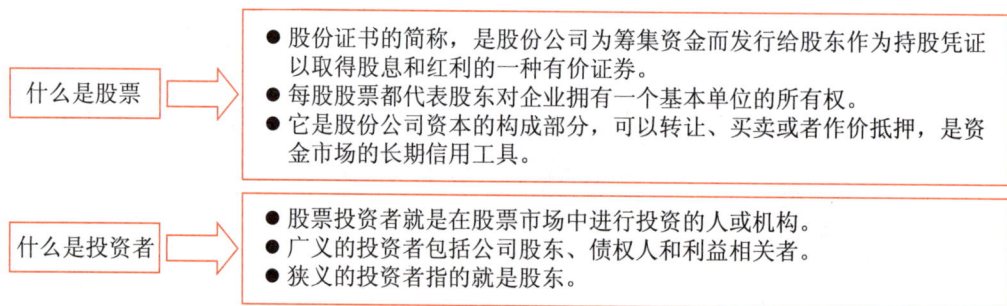

什么是股票	● 股份证书的简称，是股份公司为筹集资金而发行给股东作为持股凭证以取得股息和红利的一种有价证券。 ● 每股股票都代表股东对企业拥有一个基本单位的所有权。 ● 它是股份公司资本的构成部分，可以转让、买卖或者作价抵押，是资金市场的长期信用工具。
什么是投资者	● 股票投资者就是在股票市场中进行投资的人或机构。 ● 广义的投资者包括公司股东、债权人和利益相关者。 ● 狭义的投资者指的就是股东。

图 1-1 股票和投资者的定义

例如，假设一家股份公司有100个股东，每个人出资10万元，则每人拥有该公司1%的所有权（股权）。股份有限公司经主管机关核准后，印制股票，交于投资者持有，作为代表所有权的凭证，这就是股票的原始意义。

股票是股份公司发给投资者用以证明其在公司的股东权利和投资入股的份额，并据以获得股利收入的有价证券。

股票作为一种有价证券，与储蓄、债券以及基金相比有着独特的特点，主要表现在几个方面，如图1-2所示。为了直接查看股票的涨跌情况，在我国股市中，红色代表该股票当前状况为涨，绿色代表该股票当前状况为跌。

稳定性	• 股票无法退股，只能通过二级市场进行转让，公司股东改变，并不减少公司资本。股票的期限等于公司存在的期限。
参与性	• 投资者有参与股份公司盈利分配和承担有限责任的权利和义务。股东的权利大小与所持有股份数量成正比，达到一定数量还能掌握公司决策控制权。
收益性	• 大股东可以从公司领取股息或红利，获取投资的收益；普通的投资者可以通过低价买入和高价卖出股票，赚取价差利润。
流通性	• 股票可以在不同的投资者之间进行交易，投资者可以在市场上卖出所持有的股票，取得现金。
风险性	• 任何一种投资都是有风险的，股票投资也不例外，股票的贬值会使投资者蒙受部分损失。因此，欲入市的投资者，一定要谨慎从事。

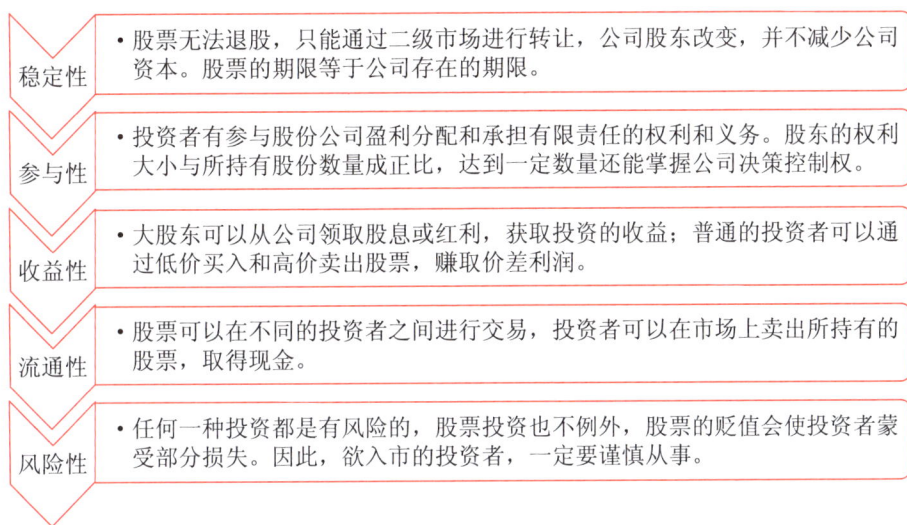

图 1-2　股票的特征

1.1.2　认识短线盘口术语

投资股票是一门高深的学问，要想充分认识它，就需要熟悉它特有的术语，表 1-1 列举了一些常用的股票盘口术语。

表 1-1　股票盘口术语

术语	含　义
价位	指买卖价格的升降单位，价位的高低随股票的每股市价的不同而异
成交价	成交价是股票的成交价格，它是按如下原则确立的： （1）最高的买入申报与最低的卖出申报相同； （2）在连续竞价状态，高于卖出价位的买入申报以卖出价成交； （3）低于买入价的卖出申报以买入价成交
行情	价位或股价的走势
日开盘价	指当日开盘后某只股票的第一笔交易成交的价格
日收盘价	深市指当日某只股票的最后一笔成交价格。 沪市指当日该证券最后一笔交易前一分钟所有交易的成交量加权平均价（含最后一笔交易）。当日无成交的，以前一日收盘价为当日收盘价
日最高价	指当天某只股票成交价格中的最高价格
日最低价	指当天某只股票成交价格中的最低价格
涨跌	当日股票价格与前一日收盘价格（或前一日收盘指数）相比的百分比幅度，正值为涨，负值为跌，零为持平

（续表）

术语	含　义
涨停板	交易所规定的股价在一天中相对前一日收盘价的最大涨幅，不能超过此限，否则自动停止交易。我国现规定涨停升幅（T类股票除外）为10%
跌停板	交易所规定的股价在一天中相对前一日收盘价的最大跌幅，不能超过此限，否则自动停止交易。我国现规定跌停降幅（T类股票除外）为10%
高开	今日开盘价在昨日收盘价之上
平开	今日开盘价与昨日收盘价持平
低开	今日开盘价在昨日收盘价之下
买盘	以比市价高的价格进行委托买入，并已经"主动成交"，代表外盘
卖盘	以比市价低的价格进行委托卖出，并已经"主动成交"，代表内盘
崩盘	由于一些对股市不利的因素，导致投资者不计成本地大量抛售股票，使股价无限制地下降的现象
护盘	当股市情况行情低落、股价下滑时，投资大户采取大量购买股票来刺激散户，促使市场回暖
洗盘	庄家为控制股价，故意降低或拉升成本，使得散户抛出股票，并且接手他们的股票的行为
震盘	指股价在一天之内忽高忽低出现大幅波动的现象
扫盘	庄家不计成本，将卖盘中的挂单全部"吃掉"的行为
成交数量	指当天成交的股票数量
成交笔数	指某只股票成交的次数
日成交额	指当天已成交股票的金额总数
委比	衡量一段时间内场内买、卖盘强弱的技术指标。计算公式为：委比＝（委买手数－委卖手数）÷（委买手数＋委卖手数）×100%。若"委比"为正值，说明场内买盘较强；反之，则说明市道较弱
委差	当前交易主机已经接受但还未成交的买入委托总手数与卖出委托总手数的差
换手率	指在一定时间内市场中股票转手买卖的频率，是反映股票流通性的指标之一。计算公式为：换手率＝（某一段时间内的成交量÷流通股数）×100%
跳空	指受强烈利多或利空消息刺激，股价开始大幅度跳动。跳空通常在股价大变动的开始或结束前出现
涨幅	现价与上一交易日收盘价的差除以上一交易日的收盘价的百分比，值在±10%

1.2　短线的盘面操作

如今，很多投资者都选择通过网上炒股的方式来进行短线操作。网上炒股的网站和软件很多，本节将以通达信为例，介绍一些短线盘面的基本常识。

1.2.1　查看股市行情

登录炒股软件之后，投资者即可开始查询各类行情信息了。启动炒股软件后，首先会进入行情列表窗口，该窗口列举了所有股票的基本信息，如股票代码、股票名称、当日涨幅情况、现价、涨跌、买价、卖价等，如图 1-3 所示。

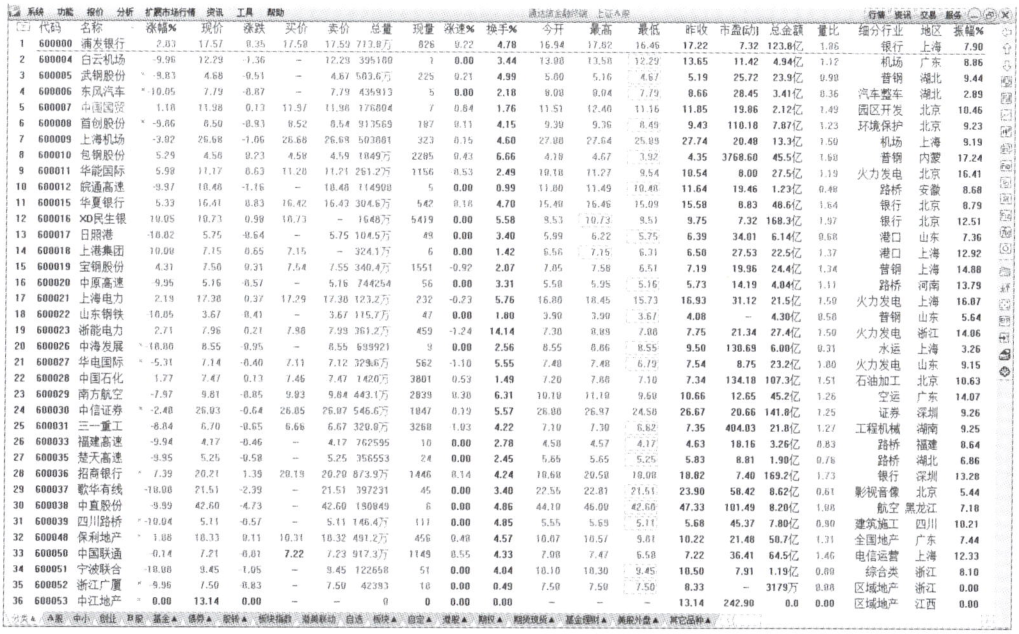

	代码	名称	涨幅%	现价	涨跌	买价	卖价	总量	现量	涨速%	换手%	今开	最高	最低	昨收	市盈(动)	总金额	量比	细分行业	地区	振幅%
1	600000	浦发银行	2.03	17.57	0.35	17.58	17.59	713.8万	826	0.22	4.78	16.94	17.62	16.46	17.22	7.32	123.8亿	1.06	银行	上海	7.90
2	600004	白云机场	-9.96	12.29	-1.36	–	12.29	395180	1	0.00	3.44	13.08	13.58	12.29	13.65	11.42	4.94亿	1.12	机场	广东	8.86
3	600005	武钢股份	-9.83	4.68	-0.51	–	4.67	503.6万	225	0.21	4.99	5.00	5.16	4.67	5.19	25.72	23.9亿	0.90	普钢	湖北	9.44
4	600006	东风汽车	-10.05	7.79	-0.87	–	7.79	435913	5	0.00	2.18	8.00	8.04	7.79	8.66	28.45	3.41亿	0.36	汽车整车	湖北	2.89
5	600007	中国国贸	1.10	11.98	0.13	11.97	11.98	176804	7	0.84	1.76	11.51	12.40	11.16	11.85	19.86	2.12亿	1.49	园区开发	北京	10.46
6	600008	首创股份	-9.86	8.50	-0.93	8.52	8.54	913569	187	0.11	4.15	9.39	9.36	8.49	9.43	110.18	7.87亿	1.23	环境保护	北京	9.23
7	600009	上海机场	-3.82	26.68	-1.06	26.68	26.69	503081	323	0.15	4.60	27.00	27.64	25.89	27.74	20.48	13.3亿	1.50	机场	上海	9.19
8	600010	包钢股份	5.29	4.58	0.23	4.58	4.59	1049万	2285	0.43	6.66	4.18	4.67	3.92	4.35	3768.60	45.5亿	1.68	普钢	内蒙	17.24
9	600011	华能国际	5.98	11.17	0.63	11.20	11.21	261.2万	1156	0.53	2.49	10.18	11.27	9.54	10.54	8.00	27.5亿	1.19	火力发电	北京	16.41
10	600012	皖通高速	-9.97	10.48	-1.16	–	10.48	114908	5	0.00	0.99	11.00	11.49	10.48	11.64	19.46	1.23亿	0.48	路桥	安徽	8.68
11	600015	华夏银行	5.33	16.41	0.83	16.42	16.43	304.6万	542	0.18	4.70	15.40	16.46	15.09	15.58	8.83	48.6亿	1.64	银行	北京	8.79
12	600016	XD民生银	10.05	10.73	0.98	10.73	–	1648万	5419	0.00	5.58	9.53	10.73	9.51	9.75	7.32	168.3亿	1.97	银行	北京	12.51
13	600017	日照港	-10.02	5.75	-0.64	–	5.75	104.5万	49	0.00	3.40	5.99	6.22	5.75	6.39	34.01	6.14亿	0.68	港口	山东	7.36
14	600018	上港集团	10.00	7.15	0.65	7.15	–	324.1万	6	0.00	1.42	6.56	7.15	6.31	6.50	27.53	22.5亿	1.37	港口	上海	12.92
15	600019	宝钢股份	4.31	7.50	0.31	7.54	7.55	340.4万	1551	-0.92	2.07	7.05	7.58	6.51	7.19	19.96	24.4亿	1.34	普钢	上海	14.88
16	600020	中原高速	-9.95	5.16	-0.57	–	5.16	744254	56	0.00	3.31	5.50	5.95	5.16	5.73	14.19	4.04亿	1.11	路桥	河南	13.79
17	600021	上海电力	2.19	17.30	0.37	17.29	17.30	123.2万	232	-0.23	5.76	16.80	18.45	15.73	16.93	31.12	21.5亿	1.59	火力发电	上海	16.07
18	600022	山东钢铁	-10.05	3.67	-0.41	–	3.67	115.7万	47	0.00	1.80	3.90	3.90	3.67	4.08	–	4.30亿	0.58	普钢	山东	5.64
19	600023	浙能电力	2.71	7.96	0.21	7.98	7.99	361.2万	459	-1.24	14.14	7.30	8.89	7.00	7.75	21.34	27.4亿	1.50	火力发电	浙江	14.06
20	600026	中海发展	-10.00	8.55	-0.95	–	8.55	699921	9	0.00	2.56	8.55	8.86	8.55	9.50	130.69	6.00亿	0.31	水运	上海	3.26
21	600027	华电国际	-5.31	7.14	-0.40	7.11	7.12	329.6万	562	-1.10	5.55	7.40	7.48	6.79	7.54	8.75	23.2亿	1.00	火力发电	山东	9.15
22	600028	中国石化	1.77	7.47	0.13	7.46	7.47	1420万	3801	0.53	1.49	7.20	7.88	7.10	7.34	134.18	107.3亿	1.51	石油加工	北京	10.63
23	600029	南方航空	-7.97	9.81	-0.85	9.83	9.84	443.1万	2839	0.30	6.31	10.10	11.10	9.60	10.66	12.65	45.2亿	1.26	空运	广东	14.07
24	600030	中信证券	-2.40	26.03	-0.64	26.05	26.07	546.6万	1047	0.19	5.57	26.00	26.97	24.50	26.67	20.66	141.8亿	1.25	证券	深圳	9.26
25	600031	三一重工	-8.84	6.70	-0.65	6.66	6.67	320.8万	3268	1.03	4.22	7.10	7.30	6.62	7.35	404.03	21.8亿	1.27	工程机械	湖南	9.25
26	600033	福建高速	-9.94	4.17	-0.46	–	4.17	762595	10	0.00	2.78	4.58	4.57	4.17	4.63	18.16	3.26亿	0.83	路桥	福建	8.64
27	600035	楚天高速	-9.95	5.25	-0.58	–	5.25	356553	24	0.00	2.45	5.65	5.65	5.25	5.83	8.81	1.90亿	0.76	路桥	湖北	6.86
28	600036	招商银行	7.39	20.21	1.39	20.19	20.20	873.9万	1446	0.14	4.24	18.68	20.50	18.08	18.82	7.40	169.2亿	1.73	银行	深圳	13.28
29	600037	歌华有线	-10.00	21.51	-2.39	–	21.51	397231	45	0.00	3.40	22.55	22.81	21.51	23.90	58.42	8.62亿	0.61	影视音像	北京	5.44
30	600038	中直股份	-9.99	42.60	-4.73	–	42.60	190849	6	0.00	4.86	44.10	46.00	42.60	47.33	101.49	8.20亿	1.08	航空	黑龙江	7.18
31	600039	四川路桥	-10.04	5.11	-0.57	–	5.11	146.4万	111	0.00	4.85	5.55	5.69	5.11	5.68	45.37	7.80亿	0.90	建筑施工	四川	10.21
32	600048	保利地产	1.08	10.33	0.11	10.31	10.32	491.2万	456	0.48	4.57	10.07	10.57	9.81	10.22	21.48	50.7亿	1.31	全国地产	广东	7.44
33	600050	中国联通	-0.14	7.21	-0.01	7.22	7.23	917.3万	1149	0.55	4.33	7.08	7.47	6.58	7.22	36.41	64.5亿	1.46	电信运营	上海	12.33
34	600051	宁波联合	-10.00	9.45	-1.05	–	9.45	122658	51	0.00	4.04	10.10	10.30	9.45	10.50	7.91	1.19亿	0.80	综合类	浙江	8.10
35	600052	浙江广厦	-9.96	7.50	-0.83	–	7.50	42393	18	0.00	0.49	7.50	7.50	7.50	8.33	–	3179万	0.08	区域地产	浙江	0.00
36	600053	中江地产	0.00	13.14	0.00	–	–	0	0	0.00	0.00	–	–	–	13.14	242.90	0.0	0.00	区域地产	江西	0.00

图 1-3　行情列表窗口

在行情列表窗口中，点击对应的表头名称，可以根据指定的字段对股票进行升序和降序排列，从而方便查看数据。默认的情况下，点击表头名称后，系统自动按降序排列股票行情，再次点击表头名称即可切换到升序排列。

1.2.2　切换窗口项目

在行情列表窗口的下方，系统根据股票的所属类型将其归类到不同的选项中，如 A 股、中小企业股、创业板块股、B 股等。点击对应的选项卡即可切换到相应类别的股票行情列表窗口中，图 1-4 所示为中小企业股的行情列表窗口。

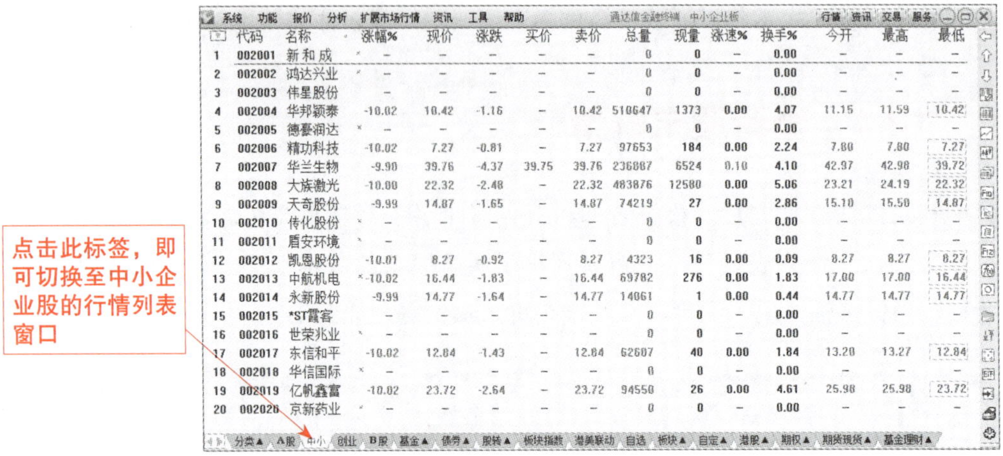

图 1-4　查看中小企业股的行情

如果项目对应选项卡右侧有一个三角形，说明该项目下包括其他子项目。点击相应标签，在弹出的菜单中选择对应的选项即可切换到相应的股票行情列表窗口，如图 1-5 所示。

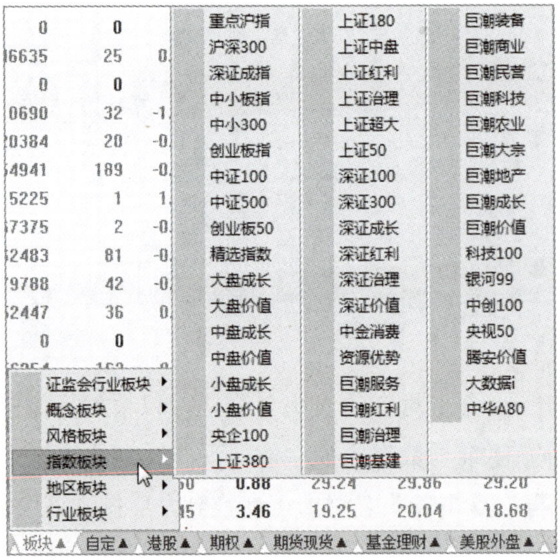

图 1-5　项目子菜单

1.2.3　使用走势图窗口

在行情列表窗口中，使用鼠标左键双击某只股票进入其走势图窗口，它是分析盘面的主要窗口之一。默认情况下，系统将显示两个窗口，分别是日 K 线图窗口和成交量窗口。图 1-6 所示为神州高铁（000008）的日 K 线窗口和成交量窗口。

图 1-6　神州高铁（000008）的日 K 线窗口和成交量窗口

对于日 K 线图窗口，用户可以根据需要更改其显示周期，其方法是：在日 K 线窗口中点击鼠标右键，在弹出的快捷菜单中选择"分析周期"选项，在弹出的子菜单中选择对应的选项更改 K 线显示周期。图 1-7 所示为神州高铁（000008）的周 K 线窗口和成交量窗口。

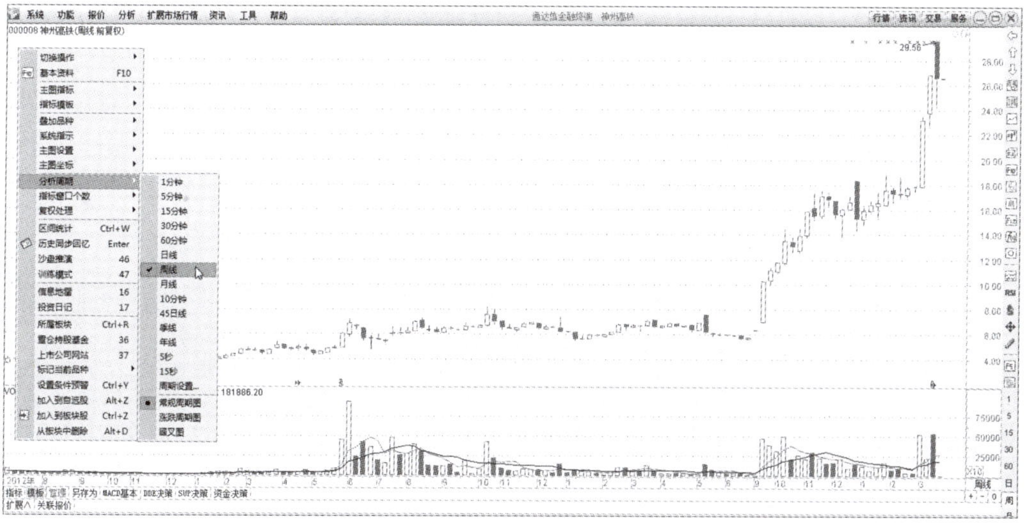

图 1-7　神州高铁（000008）的周 K 线窗口和成交量窗口

1.3　短线的核心要点

在 K 线窗口右侧即为盘口，该窗口可以透露出很多的盘面信息，它直接反应了五档盘口、量比、内外盘、涨幅榜、换手率等信息，在短线炒股过程中有非常重要的分析价值。

1.3.1 五档盘口

五档盘口中包括两个基本组成部分，即卖盘和买盘，各盘包含的具体内容如下。

（1）**卖盘**：包括卖一、卖二、卖三、卖四、卖五5个委托卖出价格，其中卖一为当前的最低申卖价格，如图1-8所示。

（2）**买盘**：包括买一、买二、买三、买四、买五5个委托买入价格，其中买一为当前的最高申买价格，如图1-9所示。

	委卖价格	委卖数量	
卖五	14.71	730	+730
卖四	14.70	2018	+2018
卖三	14.69	183	+183
卖二	14.68	108	+108
卖一	14.67 ↓	72	+72

图1-8 委卖盘口

	委买价格	委买数量	
买一	14.66 ↓	15	+15
买二	14.65	756	+756
买三	14.64	634	+634
买四	14.63	1870	+1870
买五	14.62	2694	+2694

图1-9 委买盘口

专家提醒

委卖手数是指当前卖盘中的5个委托数量的总数。

委买手数是指当前买盘中的5个委托数量的总数。

如果股票当日涨停或跌停，可以直接从委比数据上反映出来。

（1）**涨停板委比**：涨停板委比值为100%，委托盘全是买盘，图1-10所示为XD民生银（600016）2015年7月7日的涨停板委托盘。

（2）**跌停板委比**：跌停板委比值为−100%，委托盘全是卖盘，图1-11所示为四川成渝（601107）2015年7月7日的跌停板委托盘。

600016 XD民生银		
委比 100.00%	委差	59.7万
卖五		
卖四		
卖三		
卖二		
卖一		
买一	10.73	595033
买二	10.72	142
买三	10.71	126
买四	10.70	224
买五	10.69	1146

图1-10 涨停板委托盘

601107 四川成渝		
委比 -100.00%	委差	-18721
卖五	4.77	289
卖四	4.76	351
卖三	4.75	412
卖二	4.74	992
卖一	4.73	16677
买一		
买二		
买三		
买四		
买五		

图1-11 跌停板委托盘

委比指标指的是在报价系统之上的所有买卖单之比，是实盘操作中衡量某一时段买卖盘相对强度的指标。委比的计算公式如下：

委比＝（委买手数－委卖手数）÷（委买手数＋委卖手数）×100%

委比的取值自－100%到＋100%，＋100%表示全部的委托均是买盘，涨停股票的委比一般是100%，而跌停是－100%。委比为0，意思是买入（托单）和卖出（压单）的数量相等，即委买：委卖＝5：5（比值为10的情况下）。

1.3.2　量比指标

量比是指当天成交总手数与近期平均成交手数比值，量比指标主要用于观察最近5个交易日成交量的活跃度。

量比数值的大小表示近期此时成交量的增减，大于1表示此时刻成交总手数已经放大；小于1表示此时刻成交总手数萎缩。

不同的量比值反映出来的市场意义不同，常用量比值市场意义如表1-2所示。量比值的大小体现了当前的盘口状态，投资者可以根据量比值的大小来确定成交量的大小以及买卖盘口的时机。

表 1-2　量比值的市场意义

量比值	意　义
< 0.8	表明成交量严重缩量，显示股票交投冷清，无人问津。如股价连续创出新高，此时量比值较小，成交量缩量，则说明庄家已经稳稳地控制住了盘面，没有临时出逃的筹码破坏盘面形态。因此，排除庄家高位出货后，股价继续上涨的可能性较大。同时，若股价处在缩量调整中，同样也说明庄家控盘较高，筹码较为坚定，没有被震仓出局，因此投资者可以持股待涨
0.8～1.5	说明成交量处于正常的水平，此时买卖股票的风险性不大
1.5～2.5	说明成交量温和放量。若此时股价处于稳步上升的态势，则表明股价上涨情况良好，可以持股待涨；若股价下跌，则表明下跌行情将继续延续，短期内股价不会止跌反弹，若持有该类股应及时卖出止损
2.5～5	说明成交量明显放量。若股价相应地突破重要支撑或阻力位置，则突破概率颇高，可以相应地采取行动
5～10	说明成交量剧烈放量。若个股处于长期低位后出现剧烈放量，说明股价涨势的后续空间巨大；若股价在高位已有大幅上涨时出现剧烈放量，投资者应引起注意，谨防庄家出货
10～20	说明成交量极端放量。此时是股价反转的信号，如果股价处在连续上涨的高位，成交量放大，则是股价即将见顶的信号；当股价处在连续下跌的走势之中，成交量放大，股价跌势趋缓，则是股价即将见底的信号，投资者可以少量建仓
> 20	此种情况极为少见。若某只股票出现该量比值，则同样是比较强烈的反转信号，说明推动股价上涨或者下跌的动能已经耗尽，股价将改变原有的趋势，向反方向发展

1.3.3 内外盘

打开个股走势图，在窗口的右边就会显示个股的外盘和内盘情况，如图 1-12 所示。投资者可以通过对比外盘和内盘的数量大小及比例，从中发现当前行情是主动性的买盘多还是主动性的卖盘多，将其作为一个较有效的短线指标来确定操作策略。

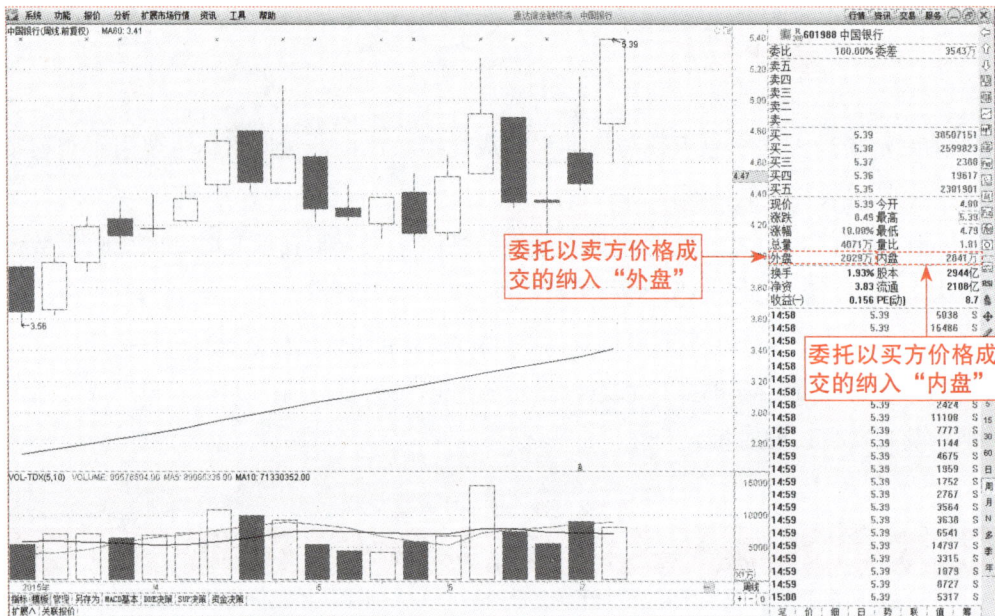

图 1-12 外盘和内盘

（1）外盘。外盘就是股票的买家以卖家的卖出价买入成交，成交价为申卖价，说明买盘比较积极。当成交价在卖出价时，将成交数量加入外盘累计数量中，当外盘累计数量比内盘累计数量大很多时，表示很多人在抢盘买入股票，这时股票有股价上涨趋势。外盘是以卖方卖出价成交的交易，卖出量统计加入外盘。

（2）内盘。内盘就是股票在买入价成交，成交价为申买价，说明抛盘比较踊跃。当成交价在买入价时，将现手数量加入内盘累计数量中，当内盘累计数量比外盘累计数量大很多而股价下跌时，表示很多人在强抛卖出股票。

"外盘"和"内盘"相加称为成交量。分析时，由于卖方成交的委托纳入"外盘"，如"外盘"很大，意味着多数卖的价位都有人来接，显示买势强劲；而以买方成交的纳入"内盘"，如"内盘"过大，则意味着大多数的买入价都有人愿意卖，显示卖方力量较大；如内外盘大体相当，则买卖方力量相当。

投资者在使用外盘和内盘时，要注意结合股价在低位、中位和高位的成交情况及该股的总成交量情况进行观察，如表 1-3 所示。因为外盘、内盘的数量并不是在所有时间都有效，许多时候外盘大，股价并不一定上涨；内盘大，股价也并不一定下跌。

表 1-3　股价位置对外盘和内盘分析的影响

股价位置	外盘和内盘分析
股价处于下跌后的底部区域	股价前期经过了漫长的下跌之后，处在底部区域，成交量处于地量水平。随后，成交量温和放大，外盘数量增加，并且大于内盘，此后股价可能会上涨
股价处于上涨后的顶部区域	股价前期经过了大幅度的上涨行情，并且处于顶部区域，成交量不断放大至天量水平，同时内盘数量在激增，要远超外盘数量，此后股价可能会下跌
股价处于下跌过程中	有时，在股价下跌过程中，可能会出现外盘大而内盘小的情况，但并不代表股价一定会上涨。这时要考虑庄家的操作手法，有时庄家会通过挂出卖盘进行打压股价，然后再挂出买单，吃掉先前的卖单，从而造成股价有小幅上涨的态势。由于有大量的买单吃掉卖单，因此盘口会显示外盘大于内盘。此时，有投资者认为股价会上涨，因此大量买入该股，而一旦买单消失，股价就会失去支撑，继续下跌，投资者会因此而被套牢
股价处于上涨过程中	此时可能会出现内盘大于外盘的情况，但这也并不代表股价会下跌。从庄家操盘的角度来说，通常会挂出几笔大买单以此来推升股价到相对的高位，不久股价下跌，庄家便会挂出买单。由于先前股价的下跌，有部分散户投资者会认为是庄家在出货，于是会对庄家挂出的买单打出卖单，而庄家则会将这些卖单全部吸纳，从而形成内盘大、外盘小的盘口形态

1.3.4　涨幅榜

涨幅榜中的股票涨跌数据又称涨跌值，用"元"做单位表示价格变动量。涨跌是以当日的收盘价与前一天的收盘价进行比较，来决定股票价格是涨还是跌。

涨跌的计算公式为

$$涨跌＝今日收盘价－昨日收盘价$$

一般在交易台上方的公告牌上用"＋（正号）"和"－（负号）"表示涨跌，正值为涨，负值为跌，零为持平。

涨幅就是指目前这只股票的上涨幅度。涨幅的计算公式如下：

$$涨幅＝（现价－上一交易日收盘价）÷上一交易日收盘价×100\%$$

股票振幅就是股票开盘后的当日最高价和最低价之间的差的绝对值与前一天收盘价的百分比，它在一定程度上表现股票的活跃程度，如图 1-13 所示。

图 1-13　查看股票振幅

专家提醒

　　股票振幅的数据分析，对考察股票有较大的帮助，是反映市场活跃程度的指标。个股振幅越大，说明主力资金介入的程度就越深；反之，就越浅。

　　但也不能一概而论，要结合具体的股票价格波动区间。如果在相对历史低位，出现振幅较大的市场现象，说明有主力资金介入；反之，在相对历史高位出现上述现象，通常预示有机构主力资金出逃。

1.3.5　换手率

　　挖掘领涨板块首先要做的就是挖掘热门板块，判断是否属于热门股的有效指标之一便是换手率。换手率也称周转率，指在一定时间内市场中股票转手买卖的频率，是反映股票流通性强弱的重要指标之一。换手率高，意味着近期有大量的资金进入该股，流通性良好，股性趋于活跃。

　　换手率的计算方式为

$$换手率＝成交股数÷流通股数×100\%$$

　　例如，某只股票在一个月内成交了 5 000 万股，该股票的总流通股数为 50 000 万股，则该股票的换手率就为 10%。

　　新股刚上市，必然会成为市场炒作的热点，往往都会有一波不错的涨幅，经常出现连续涨停的行情，换手率自然也会很高。图 1-14 为派思股份（603318）的走势图，该新股从发行价 9.39 元一路连续以一字线涨停，不久股价低开，当日换手率高达 34.63%，说明有大量筹码再次转手买卖，可见该股被炒作的热度之高。换手率排行榜是大资金进场运作与否的重要标志，只有大资金进场推动，股价才有可能大幅上升，这是最起码的常识。

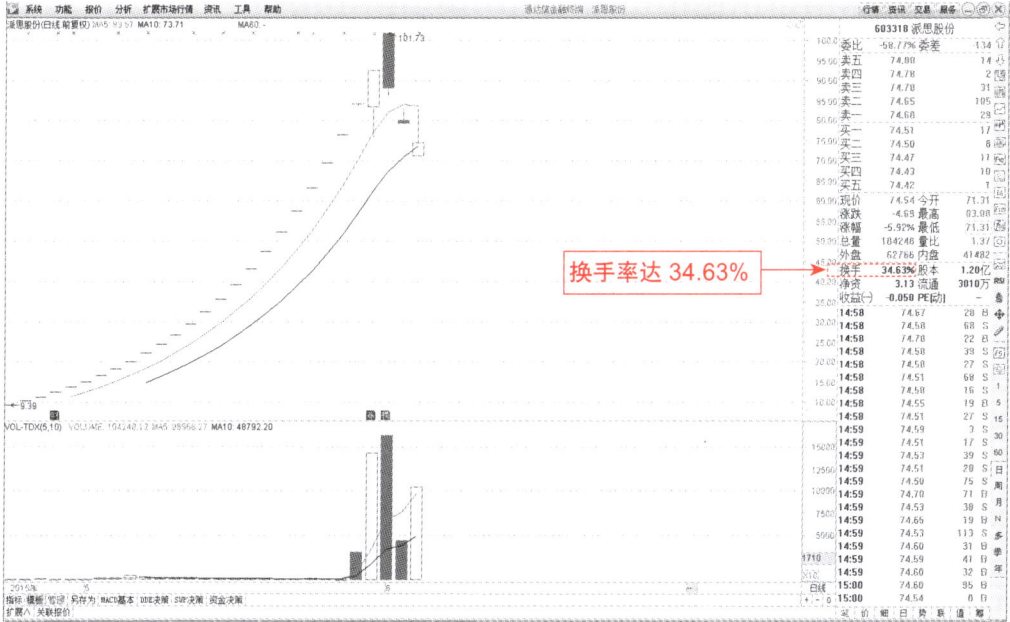

图 1-14　派思股份（603318）走势图

第2章 短线炒股的选股诀窍 ➡

学前提示

　　股市中的每一个投资者都想在茫茫股海中选到一只赚钱的好股票。其实挑选好股并没有想象的那么难，只要掌握了一些技巧，赚钱的好股便会手到擒来。本章介绍了诸多短线看盘选股的技巧，投资者掌握了这些技巧，并在实践中加以灵活运用，定会获益匪浅。

要点展示

- 短线选股的方向
- 短线选股的心理
- 学会理解市场行为
- 掌握技术分析判断能力
- 短线选股常用的技术指标

2.1　短线选股的方向

股价常根据一些特定经济指标、经济政策、全球经济形势、国内外突发事件等基本面宏观因素的起伏而变化，对这些因素的分析是判断股市当前行情以及选择好股票的主要依据。

基本面包含外交和政治、金融和经济、汇率和利率、国情和人气、社会需求和市场供给、经济周期和股市趋势、管理机构和上市公司、行业前景和产品结构、董事长和管理层、老与新和大与小、企业成长性和市场占有率、负债率和利润率、资源结构和市场容量等。要想全部了解和熟悉绝非易事，短线投资者只有在平时边操作边学习，边学习边操作，才能使得资本和学识、经验同步增长。

2.1.1　抓市场的经济政策

经济政策是国家为了增进社会经济福利、改进国民经济状况、达到一定的政策目标而有计划地运用政策工具制定的解决经济问题的指导原则和措施。

众所周知，在我们国家，你若要做好一件事情，尤其是关系到自己生存和发展的大事，一定要遵守国家政策。股市基本分析方法无论有多少种，作为我们中小投资者首先要学会的是根据政策来选股。

随着国家经济形势的不断变化发展，国家的经济政策自然会不断地作出相应的调整。国家经济政策对股价的主要影响如图 2-1 所示。

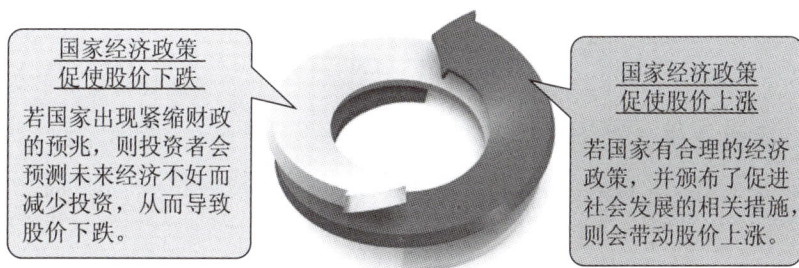

国家经济政策促使股价下跌
若国家出现紧缩财政的预兆，则投资者会预测未来经济不好而减少投资，从而导致股价下跌。

国家经济政策促使股价上涨
若国家有合理的经济政策，并颁布了促进社会发展的相关措施，则会带动股价上涨。

图 2-1　国家经济政策对股价的影响

因此，短线投资者必须深刻理解国家的重大经济政策，并认真贯彻在整个股票买卖的过程中，投资才能获得成功。如果投资者能根据政策来选股，同时又花工夫通过市场调查来了解上市公司的基本面，再学会用技术分析选好买点，那就不愁在股市中赚不到大钱。

2.1.2 短线选股要选时

短线投资者在选股时要把握好时机，可以利用行业前景选股，即对上市公司的基本情况进行分析，包括公司的经营情况、管理情况、财务状况及未来发展前景等，由研究公司的内在价值入手，确定公司股票的合理价格，进而通过比较市场价位与合理定价的差别来确定是否购买该公司股票，如表2-1所示，以便在正确的时机入手。

表 2-1　利用行业发展前景选股

参考因素	具体分析内容
公司所处行业和发展周期	初创期：盈利少，风险大，因而股价较低。 成长期：利润大增，风险有所降低但仍然较高，行业总体股价水平上升，个股股价波动幅度较大。 成熟期：盈利相对稳定但增幅降低，风险较小，此阶段股价比较平稳。 衰退期：此阶段的行业通常称夕阳行业，盈利减少，风险较大，财务状况逐渐恶化，股价呈跌势
公司竞争地位和经营管理情况分析	决定一家公司竞争地位的首要因素是公司的技术水平，其次是公司的管理水平，另外市场开拓能力和市场占有率、规模效益和项目储备及新产品开发能力也是决定公司竞争能力的重要方面
公司财务分析	看每股收益、净利润、净资产、未分配利润，注意跟往年的同期比较，看增长的比例
未来发展前景和利润预测	通过对公司的产品产量、成本、利润率、各项费用等各因素的分析，预测公司下一期或几期的利润
发现公司存在或潜在的重大问题	选股时，短线投资者还必须通过对公司年报、中报以及其他各类披露信息的分析，发现公司存在的或潜在的重大问题，及时调整投资策略，回避风险

通常人们在选择个股时，要考虑到行业因素的影响，尽量选择高成长行业的个股，避免选择夕阳行业的个股。例如，我国的通信行业，是典型的朝阳行业，通信类的上市公司在股市中备受青睐，其市场定位通常较高，往往成为股市中的"高价贵族股"，如图2-2所示，短线投资者要善于抓住其中的买点入手。

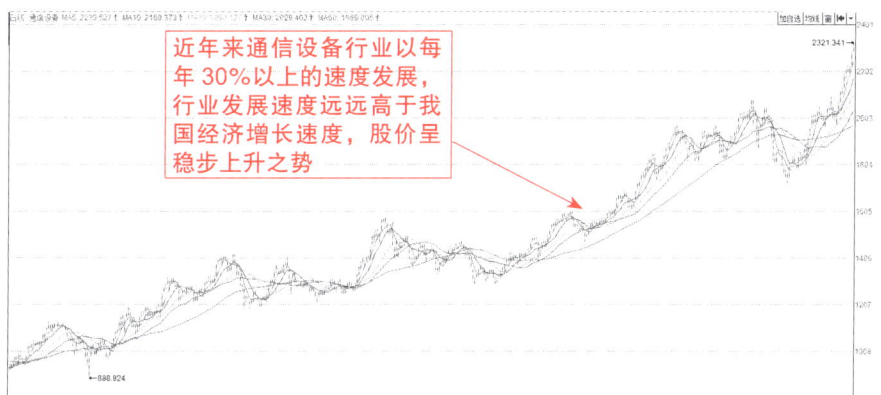

近年来通信设备行业以每年 30% 以上的速度发展，行业发展速度远远高于我国经济增长速度，股价呈稳步上升之势

图 2-2　通信设备指数走势图

2.1.3　抓板块中的龙头股

在同一板块股票整体上涨的过程中，涨幅最大、表现最活跃的股票被称为板块龙头股。龙头股对于整体板块来说，起着火车头的作用，往往是前板块之动而动，后板块之落而落。投资者炒作龙头股，不仅可以获得巨大的收益，还可以避免较大的风险，是短线的绝佳投资品种。龙头个股的识别，要求具备丰富的实盘经验，笔者总结出两个特征，用来识别龙头个股，如图 2-3 所示。

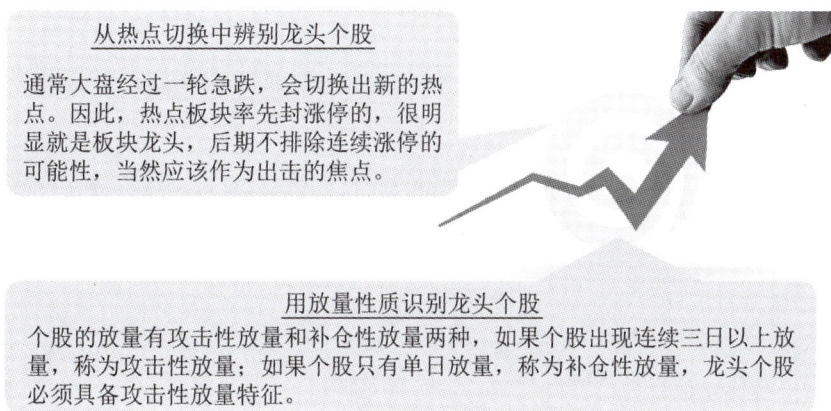

从热点切换中辨别龙头个股

通常大盘经过一轮急跌，会切换出新的热点。因此，热点板块率先封涨停的，很明显就是板块龙头，后期不排除连续涨停的可能性，当然应该作为出击的焦点。

用放量性质识别龙头个股

个股的放量有攻击性放量和补仓性放量两种，如果个股出现连续三日以上放量，称为攻击性放量；如果个股只有单日放量，称为补仓性放量，龙头个股必须具备攻击性放量特征。

图 2-3　识别龙头个股

2.2　短线选股的心理

选股心理是短线投资者在对目标选择时所产生的对股票价值进行心理预期的活

动。培养良好的选股心理，要求投资者应该注意以下几个方面：一是顺势而为，只有顺应牛市态势来选股，才能获利，相反则可能要亏钱；二是组合投资，通过选择不同类型的目标股进行组合投资来把握市场机会，校正不良的选股心态。

2.2.1　树立正确的短线炒股理念

有人说股市如战场，这个没有硝烟的战场能使投资者成为盖世英雄，同样也能使投资者伤痕累累。对于想进行短线炒股的投资者来说，首先要做好心理准备，如图 2-4 所示。

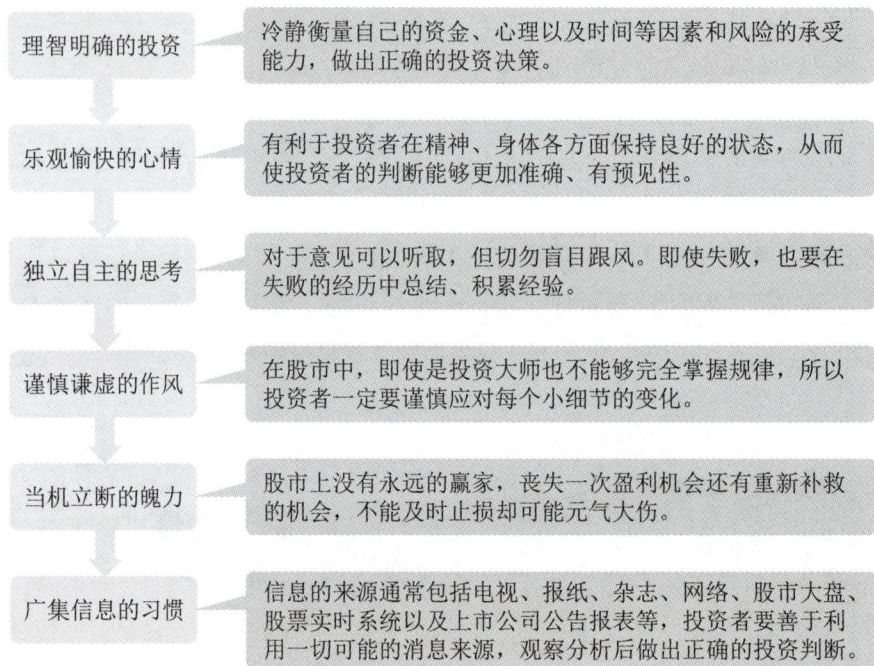

理智明确的投资	冷静衡量自己的资金、心理以及时间等因素和风险的承受能力，做出正确的投资决策。
乐观愉快的心情	有利于投资者在精神、身体各方面保持良好的状态，从而使投资者的判断能够更加准确、有预见性。
独立自主的思考	对于意见可以听取，但切勿盲目跟风。即使失败，也要在失败的经历中总结、积累经验。
谨慎谦虚的作风	在股市中，即使是投资大师也不能够完全掌握规律，所以投资者一定要谨慎应对每个小细节的变化。
当机立断的魄力	股市上没有永远的赢家，丧失一次盈利机会还有重新补救的机会，不能及时止损却可能元气大伤。
广集信息的习惯	信息的来源通常包括电视、报纸、杂志、网络、股市大盘、股票实时系统以及上市公司公告报表等，投资者要善于利用一切可能的消息来源，观察分析后做出正确的投资判断。

图 2-4　短线炒股的心理准备

2.2.2　使用"比价效应"选股

"比价效应"（price comparison effect）就是指与同类型公司之间通过诸如经营业绩、流通股本、募集资金所投入项目等方面进行直观比较后，来影响二级市场中的股价最终定位。具体主要有以下几方面。

- 与同一地域板块间的个股比价，选择股价较低的个股，如图 2-5 所示。
- 与同一行业间的个股比价，选择股价较低的个股，如图 2-6 所示。

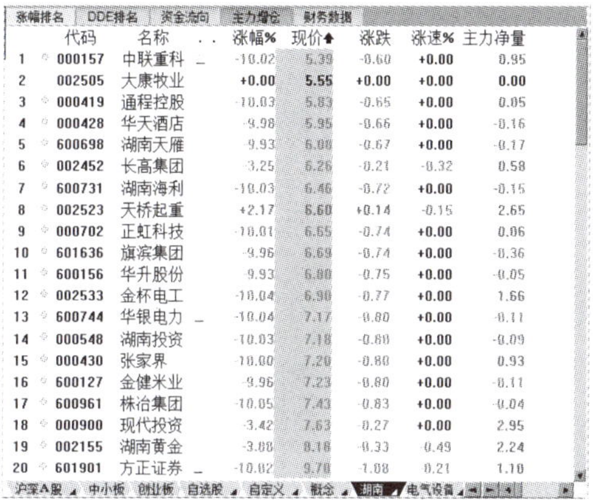

代码	名称	涨幅%	现价	涨跌	涨速%	主力净量
1 000157	中联重科	-10.02	5.39	-0.60	+0.00	0.95
2 002505	大康牧业	+0.00	5.55	+0.00	+0.00	0.00
3 000419	通程控股	-10.03	5.83	-0.65	+0.00	0.05
4 000428	华天酒店	-9.98	5.95	-0.66	+0.00	-0.16
5 600698	湖南天雁	-9.93	6.08	-0.67	+0.00	-0.17
6 002452	长高集团	-3.25	6.26	-0.21	-0.32	0.58
7 600731	湖南海利	-10.03	6.46	-0.72	+0.00	-0.15
8 002523	天桥起重	+2.17	6.60	+0.14	-0.15	2.65
9 000702	正虹科技	-10.01	6.65	-0.74	+0.00	0.06
10 601636	旗滨集团	-9.96	6.69	-0.74	+0.00	-0.36
11 600156	华升股份	-9.93	6.80	-0.75	+0.00	-0.05
12 002533	金杯电工	-10.04	6.90	-0.77	+0.00	1.66
13 600744	华银电力	-10.04	7.17	-0.80	+0.00	-0.11
14 000548	湖南投资	-10.03	7.18	-0.80	+0.00	-0.09
15 000430	张家界	-10.00	7.20	-0.80	+0.00	0.93
16 600127	金健米业	-9.96	7.23	-0.80	+0.00	-0.11
17 600961	株冶集团	-10.05	7.43	-0.83	+0.00	-0.04
18 000900	现代投资	-3.42	7.63	-0.27	+0.00	2.95
19 002155	湖南黄金	-3.88	8.18	-0.33	-0.49	2.24
20 601901	方正证券	-10.02	9.70	-1.08	-0.21	1.10

图 2-5　同一地域板块间的个股比价

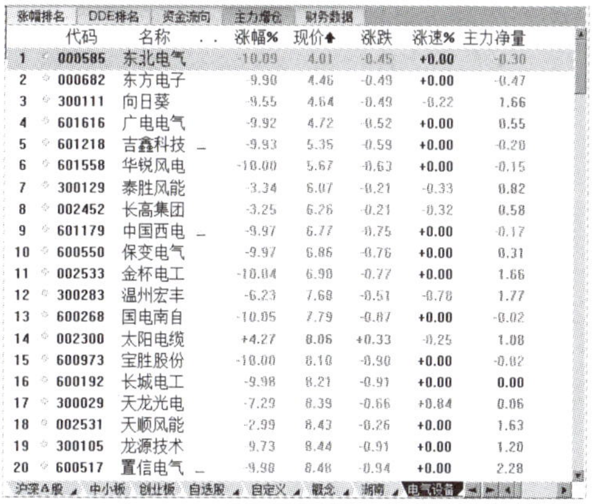

代码	名称	涨幅%	现价	涨跌	涨速%	主力净量
1 000585	东北电气	-10.09	4.01	-0.45	+0.00	-0.30
2 000682	东方电子	-9.90	4.46	-0.49	+0.00	-0.47
3 300111	向日葵	-9.55	4.64	-0.49	-0.22	1.66
4 601616	广电电气	-9.92	4.72	-0.52	+0.00	0.55
5 601218	吉鑫科技	-9.93	5.35	-0.59	+0.00	-0.20
6 601558	华锐风电	-10.00	5.67	-0.63	+0.00	-0.15
7 300129	泰胜风能	-3.34	6.07	-0.21	-0.33	0.82
8 002452	长高集团	-3.25	6.26	-0.21	-0.32	0.58
9 601179	中国西电	-9.97	6.77	-0.75	+0.00	-0.17
10 600550	保变电气	-9.97	6.86	-0.76	+0.00	0.31
11 002533	金杯电工	-10.04	6.90	-0.77	+0.00	1.66
12 300283	温州宏丰	-6.23	7.68	-0.51	-0.78	1.77
13 600268	国电南自	-10.05	7.79	-0.87	+0.00	-0.02
14 002300	太阳电缆	+4.27	8.06	+0.33	-0.25	1.08
15 600973	宝胜股份	-10.00	8.10	-0.90	+0.00	-0.02
16 600192	长城电工	-9.98	8.21	-0.91	+0.00	0.00
17 300029	天龙光电	-7.29	8.39	-0.66	+0.84	0.06
18 002531	天顺风能	-2.99	8.43	-0.26	+0.00	1.63
19 300105	龙源技术	-9.73	8.44	-0.91	+0.00	1.20
20 600517	置信电气	-9.98	8.48	-0.94	+0.00	2.28

图 2-6　同一行业间的个股比价

- 与同一炒作题材股间的个股比价，选择股价较低的个股，如图 2-7 所示。
- 与相同流通股本规模的个股比价，选择股价较低的个股，如图 2-8 所示。

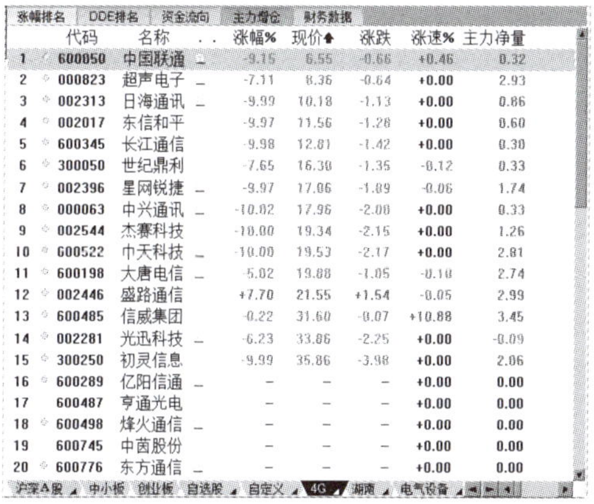

代码	名称	涨幅%	现价	涨跌	涨速%	主力净量
1 600050	中国联通	-9.15	6.55	-0.66	+0.46	0.32
2 000823	超声电子	-7.11	8.36	-0.64	+0.00	2.93
3 002313	日海通讯	-9.99	10.18	-1.13	+0.00	0.86
4 002017	东信和平	-9.97	11.56	-1.28	+0.00	0.60
5 600345	长江通信	-9.98	12.81	-1.42	+0.00	0.30
6 300050	世纪鼎利	-7.65	16.30	-1.35	-0.12	0.33
7 002396	星网锐捷	-9.97	17.06	-1.89	-0.06	1.74
8 000063	中兴通讯	-10.02	17.96	-2.00	+0.00	0.33
9 002544	杰赛科技	-10.00	19.34	-2.15	+0.00	1.26
10 600522	中天科技	-10.00	19.53	-2.17	+0.00	2.81
11 600198	大唐电信	-5.02	19.88	-1.05	-0.10	2.74
12 002446	盛路通信	+7.70	21.55	+1.54	-0.05	2.99
13 600485	信威集团	-0.22	31.60	-0.07	+10.88	3.45
14 002281	光迅科技	-6.23	33.86	-2.25	+0.00	-0.09
15 300250	初灵信息	-9.99	35.86	-3.98	+0.00	2.06
16 600289	亿阳信通	–	–	–	+0.00	0.00
17 600487	亨通光电	–	–	–	+0.00	0.00
18 600498	烽火通信	–	–	–	+0.00	0.00
19 600745	中茵股份	–	–	–	+0.00	0.00
20 600776	东方通信	–	–	–	+0.00	0.00

图 2-7　同一炒作题材股间的个股比价

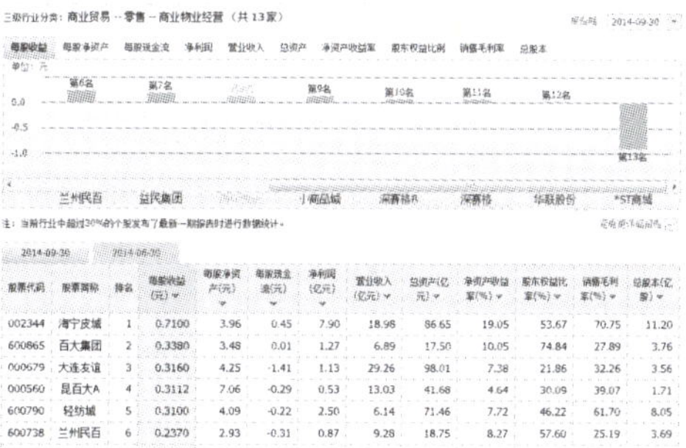

股票代码	股票简称	排名	每股收益(元)	每股净资产(元)	每股现金流(元)	净利润(亿元)	营业收入(亿元)	总资产(亿元)	净资产收益率(%)	股东权益比率(%)	销售毛利率(%)	总股本(亿股)
002344	海宁皮城	1	0.7100	3.96	0.45	7.90	18.98	86.65	19.05	53.67	70.75	11.20
600865	百大集团	2	0.3380	3.48	0.01	1.27	6.89	17.50	10.05	74.84	27.89	3.76
000679	大连友谊	3	0.3160	4.25	-1.41	1.13	29.26	98.01	7.38	21.86	32.26	3.56
000560	昆百大A	4	0.3112	7.06	-0.29	0.53	13.03	41.68	4.64	30.09	39.07	1.71
600790	轻纺城	5	0.3100	4.09	-0.22	2.50	6.14	71.46	7.72	46.22	61.70	8.05
600738	兰州民百	6	0.2370	2.93	-0.31	0.87	9.28	18.75	8.27	57.60	25.19	3.69

图 2-8　相同流通股本规模的个股比价

2.2.3　牛市和熊市的选股技巧

股市行情随时在变动，短线投资者应学会如何在不同的市场中购买股票，利用各时期的特点，综合分析、实践操作。

1. 在牛市中选股

“股市就是这样，牛市之后是熊市，熊市之后是牛市，是不断循环的。现在是熊市，说明牛市也不远了。”杨百万的这段话很简单地概括了牛市和熊市持续循环的特点。那么，如何选股成了重要的问题。

在理性投资者的理念中，“在股市中比的不是谁今天赚得多，而是比的谁在股市中生存的时间长"。如果比谁赚得多，股市中有太多大喜大悲的案例，有很多几年前在股市叱咤风云的人物早已消失，倒在了牛市形成之前。谁生存的时间长，则意味着所获得市场赐予的机会就越多。

投资者可以关注短线选股的"三高"理论，如图 2-9 所示。

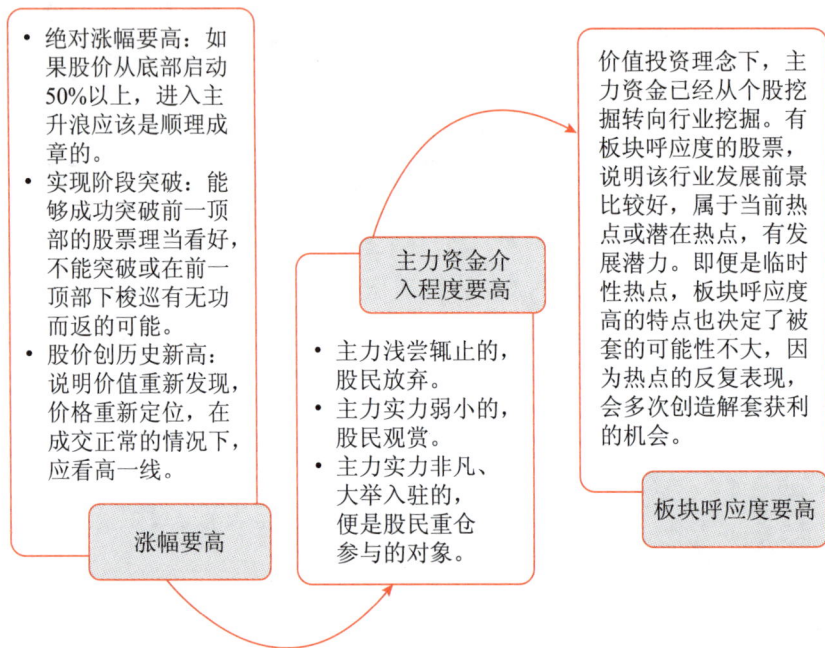

- 绝对涨幅要高：如果股价从底部启动 50% 以上，进入主升浪应该是顺理成章的。
- 实现阶段突破：能够成功突破前一顶部的股票理当看好，不能突破或在前一顶部下梭巡有无功而返的可能。
- 股价创历史新高：说明价值重新发现，价格重新定位，在成交正常的情况下，应看高一线。

涨幅要高

主力资金介入程度要高

- 主力浅尝辄止的，股民放弃。
- 主力实力弱小的，股民观赏。
- 主力实力非凡、大举入驻的，便是股民重仓参与的对象。

价值投资理念下，主力资金已经从个股挖掘转向行业挖掘。有板块呼应度的股票，说明该行业发展前景比较好，属于当前热点或潜在热点，有发展潜力。即便是临时性热点，板块呼应度高的特点也决定了被套的可能性不大，因为热点的反复表现，会多次创造解套获利的机会。

板块呼应度要高

图 2-9　牛市选股技巧

2. 在熊市中选股

在熊市中选股的难度远远大于牛市，大盘在不断下跌，大部分个股的走势也逐级向下，只有极少数个股逆势上扬。虽然在熊市中选股难度很大，但也有一定的方法可循，具体如下所述。

（1）选择基本面情况发生重大变化、业绩有望突升的个股。无论是在牛市还是在熊市，这类个股都是受追捧的对象。由于基本面发生了好转，必然或早或晚地反映到股市上。当然，在选择时需要注意时机，不要等到股价已经上涨到高点时再买进。

（2）选择具有长期良好发展前景的个股。具有良好发展前景的公司，是大多数人选股时追求的目标，这类公司发展前景光明、经营稳健，被许多人看好，在牛市中股价可能高高在上，业绩被提前预支。但是在熊市中可能随着大盘的大幅下跌，尤其在暴跌时，为投资者提供了一次很好的买入机会，他们可以用很低的价格得到一只优质股票。同时，需要注意，选择这类个股应立足于中长线，不能指望短期内获得高额利润。

（3）选择主力机构介入的个股。股市中的主力机构实力强大，不是一般的中小投资者可以比的，但是也有进出不灵活的弱点，一旦介入一只个股，就要持有较长的时间，尤其是在熊市中，除非认输出局，否则就要利用每次反弹机会，伺机拉升个股。中小散户只要介入时机合适，成本价在庄家之下或持平，并且不要贪恋过高的利润，就会有相对较大的获利机会。

（4）选择在熊市后期超跌的个股。在熊市后期或熊市已经持续较长时间，一些个股总体跌幅已深，综合基本分析和技术分析，下跌空间有限，甚至已经无法再跌。即使大盘继续下跌，这批个股也会提前止跌，率先反弹。

2.3　学会理解市场行为

股价的巨大波动性成为股票具有较高报酬的原因之一。根据市场股票的涨跌幅度，可以寻找出盘面上的强势股及弱势股。一般而言，股价为市场基本面的领先指针，亦即当消息未传出市场前，股价可能已经开始反应了。所以观察股价的波动性有助于猜测出市场的实际变化。

因此，短线投资者一定要学会理解市场行为，做"聪明的小羊"，不要有个体恐惧效应，要有破釜沉舟的觉悟，学会根据市场面选股。

2.3.1　利用题材寻找最佳投资机会

题材是指炒作股票的借口，用来激发市场人气的工具。有些题材确有实质性内容，而有些则纯粹是空穴来风，甚至是刻意散布的谣言。另外，大部分题材对上市公司本身有多大好处并不能随便确定，许多情况需要具体分析。但市场的特点是只要有题材，市场就乐于挖掘和接受，而题材的真实作用反而被忽视了。

股市题材具有正反两方面的作用，在利用题材寻找最佳投资机会和选股时，操作上要注意如表 2-2 所示的问题。

表 2-2　利用市场炒作题材选股

注意问题	具体内容分析
大盘形势是否适合炒股	只有在大盘已经企稳并且在上涨过程中，才是适合介入题材股的时机。如果大盘正处于急跌之中，即使有少部分股票逆市上涨，不论题材有多好，其成功率也不会太高

（续表）

注意问题	具体内容分析
多关注涨幅排行榜和消息面	每天观察盘面，从涨幅排行榜中发现出众的个股，及早跟进，是取胜的关键
题材的市场反应和号召力	如果同时出现农业、新能源、地域板块几类题材股，投资者要衡量哪种题材爆发力更强，行情更持久。而且同一题材中不同个股也会强弱有别，这需要投资者有高度的敏感和比较广泛的知识
对题材进行合理的定位	即使投资者选准了题材股，也要合理定位，不可对股价预期过高，更不可长期持股。长期持股可能会使到手的利润化为乌有
警惕行情切换	题材只是炒作的借口，真正分析市场有效的方法是看市场当时的状态，即供求关系的对比。同样的题材在不同市场状态下反应截然不同

2.3.2　利用市场热点选股

用一句通俗的话说：热点就是某一特定时间内在走红的板块或股票，这些在特定时间内走红的股票，常常被当时的股民称之为"热门股"。如果投资者查看股票涨跌排行榜，就会发现在涨幅榜的前列大多是他们的身影。

> **专家提醒** 对中小散户投资者来讲，可以贴近市场热点选择相应股票。热点选股，趋势选时，积小利成大利，继而演变成一种稳健的盈利模式。

以同花顺炒股软件为例，在工具栏中，点击"热点事件"按钮，如图 2-10 所示。执行操作后，进入热点事件板块，如图 2-11 所示。在"事件驱动"下拉列表框中，可以查看近期的股市热点事件，点击相应事件右侧的"查看"超链接，用户可以查看事件的具体内容。在"事件评分"窗口中，可以查看该热点事件的炒作次数、赚钱效应、大盘环境以及综合评分。

图 2-10　单击"热点事件"按钮　　　　图 2-11　热点事件板块

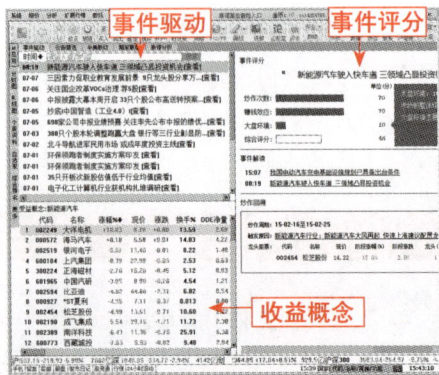

2.3.3　流通股本也是选股依据

投资者都清楚股市是离不开资金的炒作的，而流通股本的大小，直接影响到主力资金的选择。通常情况下，相对于大盘股，主力资金更青睐于小盘股，对于主力来说，这种类型的股票的炒作所需的资金量比较少、股价较为活跃，便于操作。

2.4　掌握技术分析判断能力

在股市中，只了解行情是站不稳的，更要有足够的技术分析判断能力。技术分析就是为了预测市场的变动趋势，应用各种常用的技术指标分析市场的工具，利用它可以分析市场的动向。技术分析的目的是预测市场变动趋势，技术分析应用数学和逻辑上的方法，从价格、成交量和时间周期等方面进行判断，挑选出优质股。

2.4.1　从 K 线中寻找短期获利机会

K 线图是股票分析的基础手段，能够让投资者全面透彻地观察到市场的真正变化。从 K 线图中，既可以看到行情整体的趋势，也可以了解每日股市的波动情形，是目前最为流行的股票技术分析方法。

在大牛市行情中，经常可以看到连续拉升的品种，其短期的表现异常突出，收益也相当可观。如图 2-12 所示，为天健集团（000090）的股价走势分析，从 K 线图中可以看到股价在箱体末期开始放量拉升，此时就是短线买入点。

一般而言，这些都是进行追涨的机会，因此需要寻找到超强的持续上涨品种，以确保参与的个股有充足的短期获利机会，而这从 K 线上可以寻找到相应的痕迹。选股重在对选股时机的把握，要遵守一个重要的原则——不在下降途中抄底（因为不知何时是底）。只选择趋势确立时的股票，在趋势确立的股票中，发现走势最强，涨势最好的股票进行操作。

从 K 线上进行分析，那些持续上扬的个股一般都有两种情况：一是离历史高位较远，目前价位远远低于该股的平均市场成本，上涨阻力极小；二是股价正处于历史新高，而且技术上盘整较为充分，筹码已经被大资金掌握，急拉后快速脱离了成本区域。

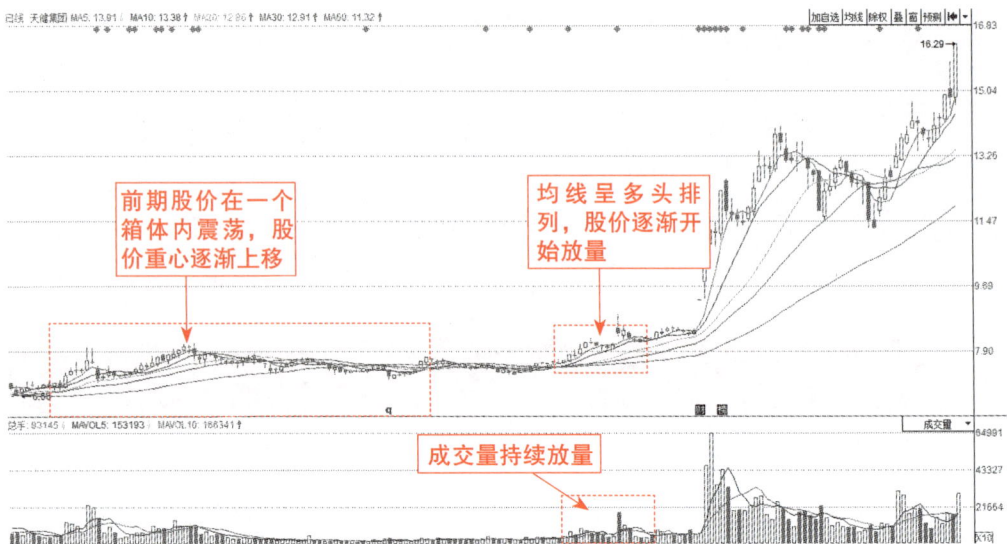

图 2-12　天健集团 K 线分析

图中标注文字：
- 前期股价在一个箱体内震荡，股价重心逐渐上移
- 均线呈多头排列，股价逐渐开始放量
- 成交量持续放量

专家提醒

市场通常的运行规律是：如果某只股票创出新高（或近期新高），那么未来一段时间里再创新高的可能性很高；相反，如果某只股票创出新低（或近期新低），那么在一段的时间里再创新低的可能性也很大。投资者需要记住一点：下降通道中的股票只会让你赔钱或输掉盈利的时间。

2.4.2　短期移动平均线选股

移动平均线（moving average，MA）原本的意思是移动平均，由于我们将其制作成线形，所以一般称之为移动平均线，简称均线，它是将某一段时间的收盘价之和除以该段时间。

移动平均线常用线有 5 天、10 天、30 天、60 天、120 天和 240 天的指标。其中，5 天和 10 天的短期移动平均线，是短线操作的参照指标，称作日均线指标；30 天和 60 天的移动平均线是中期均线指标，称作季均线指标；120 天、240 天的移动平均线是长期均线指标，称作年均线指标。

投资者在选股的时候可以把移动平均线作为一个参考指标。投资者可以将日 K 线图和平均线放在同一张图里分析，这样非常直观明了。

通常，周期较小的移动平均线在周期大的移动平均线上方，并且向上发散的均线排列就是多头排列，如图 2-13 所示。该形态说明市场短期介入的投资者的平均成本超过长期持有投资者的平均成本，市场做多气氛浓厚，股价上涨有力，投资者可以积极追涨，并由此获得短线操作的收益。

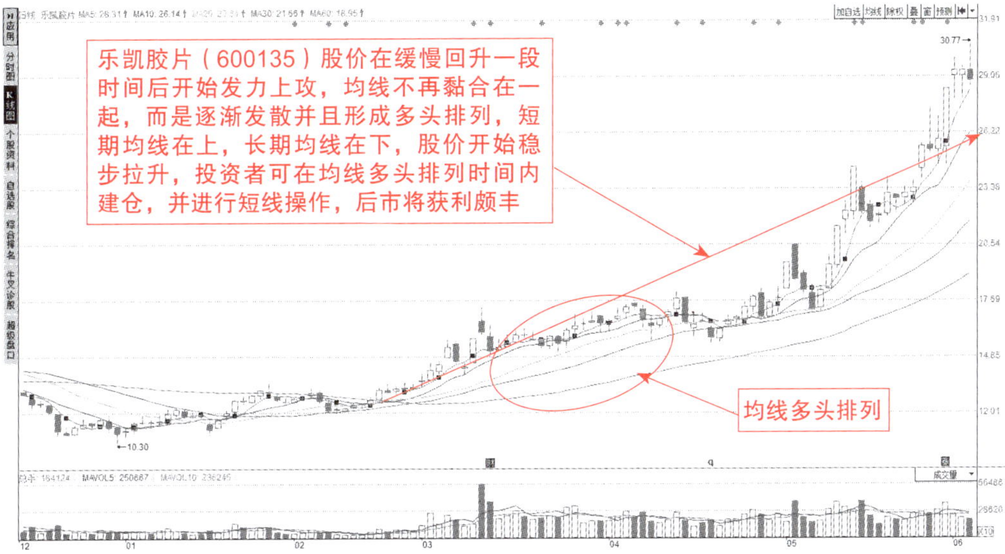

乐凯胶片（600135）股价在缓慢回升一段时间后开始发力上攻，均线不再黏合在一起，而是逐渐发散并且形成多头排列，短期均线在上，长期均线在下，股价开始稳步拉升，投资者可在均线多头排列时间内建仓，并进行短线操作，后市将获利颇丰

均线多头排列

图 2-13　乐凯胶片（600135）K 线走势图

专家提醒

短期移动平均线组合主要用于分析和预测个股短期的行情变化趋势，主要组合分析方法如下。

- 5 日均线为多方护盘中枢，否则上升力度有限；10 日均线是多头的重要支撑，当有效跌破该均线时，市场就可能转弱。
- 30 日均线是衡量市场短、中期趋势强弱的重要标志，当向上运行时短期做多；当向下运行时短期做空。

2.4.3　形态选股

形态分析是技术分析领域中比较简明实用的分析方法，形态分析是通过将几天、几十天甚至一段时期的 K 线组合成若干不同的轨迹形态，通过研究股价走过的这些轨迹，来分析多空双方力量的对比变化，并作出相应的判断指导实际的操盘。

例如，在同花顺炒股软件的菜单栏中，点击"智能"→"形态选股"命令，弹出"形态选股方案"对话框，默认进入"实际形态"界面，用户可以在列表框中选择相应方案，点击"执行选股"按钮，如图 2-14 所示。执行操作后，弹出"选股结果"对话框，系统会自动计算出选股结果，如图 2-15 所示。

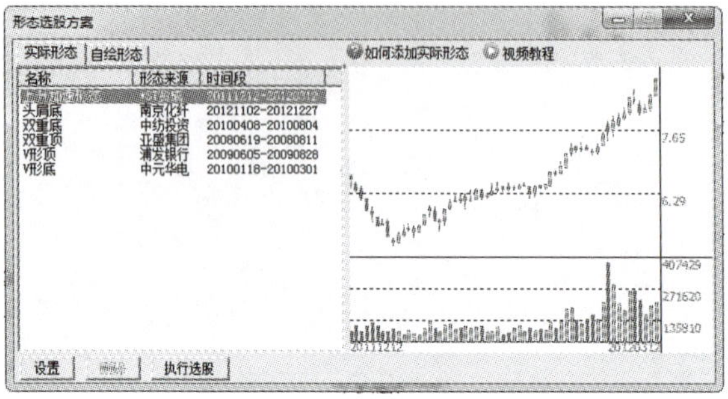

图 2-14　单击"执行选股"按钮

图 2-15　计算出选股结果

专家提醒　形态选股的关键是能抓取到反转或加速上扬的走势形态，包括像头肩底、W 底、矩形突破、三角形突破等传统的反转形态，当然投资者也可以根据经验，借助软件工具抓取自定义的形态模型。

2.4.4　趋势线选股

趋势线就是用图形的方式显示股票的运动趋势，将趋势线用于预测分析，叫作回归分析。运用趋势线可以在图表中扩展趋势线，即根据实际数据预测未来数据。

炒股有一个重要原则就是"顺势而为"，而不能"逆势而动"。其中，"势"就是大的方向和趋势，即股票价格市场运动的方向。通常情况下，趋势的方向有三种：上升趋势、下降趋势、水平趋势（无趋势）。

在股市中，投资者炒股只有通过低买高卖才能赚钱，所以选取具有上升趋势的个股尤为重要。也就是说，在选股的时候，得选取 K 线图形中每个后面的峰和谷都高于前面的峰和谷（即一底比一底高）的股票，如图 2-16 所示。

将具有上升趋势的股票的两个相连的低点依次相连，就得出上升趋势线。通常，上升趋势线对股价起一定的支撑作用；上升趋势线一旦形成，股价将在趋势线上方运行一段时间。根据这一原理，短线投资者可选取在上升趋势线上方的个股。

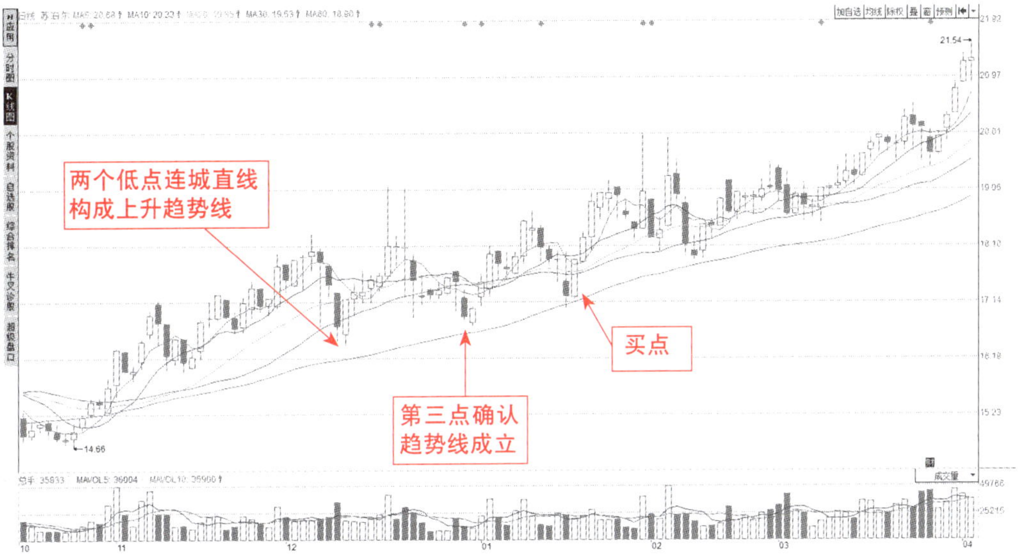

图 2-16　利用趋势线选股

2.5　短线选股常用的技术指标

技术指标是人们为研究预测市场运行趋势而发明的一种指标参数。这些指标因为包含股市中的各种综合信息以及历史上的各种成功经验，所以对于后市走势的研判具有重要的指导意义。运用技术指标不仅可以及时发现买卖点，而且还可以保证买卖信号的有效性和准确性，因此技术指标分析就成为短线投资者赚钱的利器。

2.5.1　移动平均线（MA）

移动平均线（MA）是分析价格运行趋势的一种方法，它是按固定样本数计算股价移动平均值的平滑连接曲线，其在炒股软件中通常会直接加载在主图上和指标窗口上，如图 2-17 所示。

移动平均线（MA）是以道·琼斯的平均成本概念为基础的理论，采用统计学中的"移动平均"原理，将一段时间内的股价价格加以平均，从而显示股价在一定时期内的变动趋势，同时，投资者可以通过平均线当前的走势来预演股价后期的变动。根据移动平均线的周期，可将其分为短期移动平均线（SMA）、中期移动平均线（MMA）和长期移动平均线（LMA）。

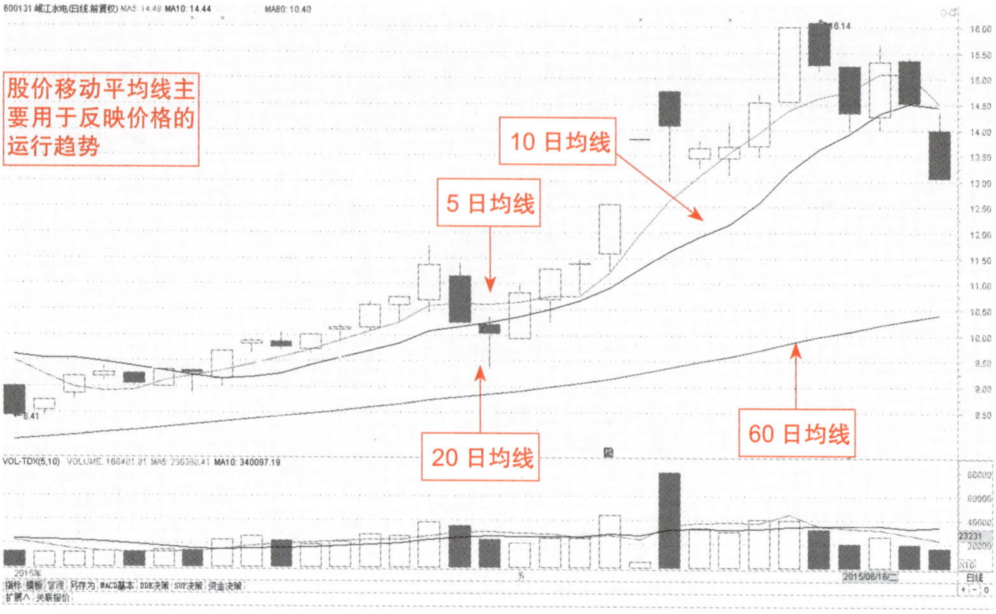

图 2-17　默认显示的股价移动平均线

　　根据移动平均线的周期的长短，可以将其分为短期移动平均线、中期移动平均线和长期移动平均线 3 种类型，其具体的介绍如表 2-3 所示。

表 2-3　各种周期移动平均线的作用

均线周期	具体含义	主要类型	盘面意义
短期移动平均线	指 1 个月以下的移动平均线，其波动较大，过于敏感，适合短期投资者	5 日均线和 10 日均线	5 日均线代表代表 1 个星期股价运行方向；10 日均线代表半月股价运行方向
中期移动平均线	指 1 个月以上、半年以下的移动平均线，其走势较沉稳，因此常被使用	20 日均线、40 日均线和 60 日均线	20 日均线代表 1 个月股价运行方向；40 日均线代表 2 个月股价运行方向；60 日均线（季线）代表 3 个月股价运行方向
长期移动平均线	是指半年以上的移动平均线，其走势过于稳重不灵活，适合长线投资者	120 日均线和 240 日均线	120 日均线（半年线）代表半年股价运行方向；240 日均线（年线）代表 1 年股价运行方向

2.5.2　指数平滑异同移动平均线（MACD）

　　指数平滑异同移动平均线（moving average convergence / divergence，MACD）是移动平均线派生的技术指标，它对股票买卖时机具有研判意义，适合初涉股市的投资者进行技术分析。

MACD 指标是从双移动平均线得来的，由快的移动平均线减去慢的移动平均线计算而来，比单纯分析双移动平均线的差阅读起来要方便快捷。如图 2-18 所示，用户可以直接在炒股软件中调出 MACD 指标。

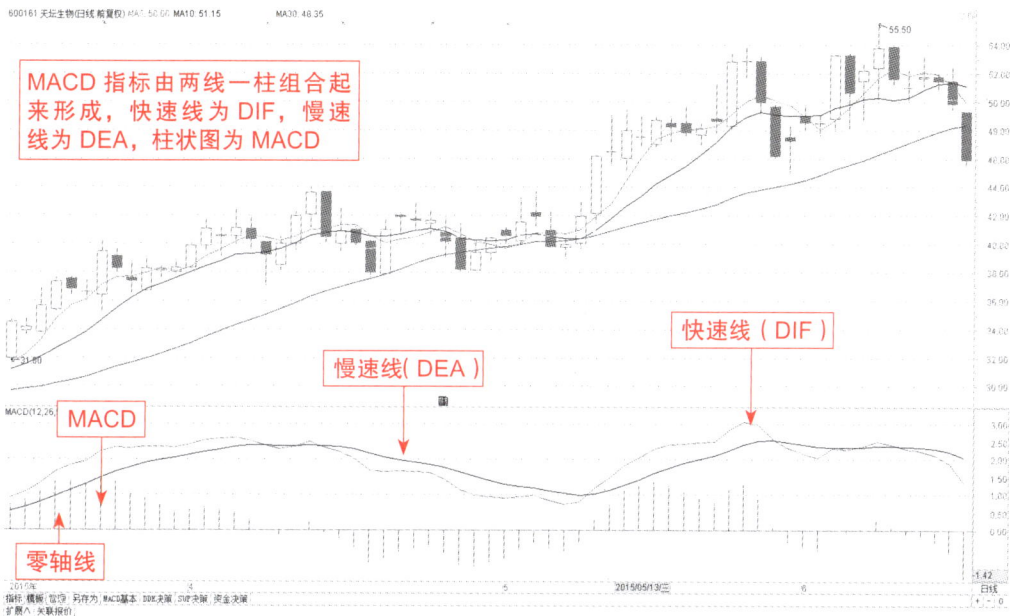

图 2-18　MACD 指标

MACD 指标各组成部分的主要含义如下。

（1）快速线（DIF）。DIF 是快速平滑移动平均线与慢速平滑移动平均线的差，快速和慢速的区别是进行指数平滑时采用的参数的大小不同，短期的移动平均线是快速的，长期的移动平均线是慢速的。

（2）慢速线（DEA）。DEA 作为辅助是 DIF 的移动平均，也就是连续的 DIF 的算术平均。

（3）柱状线（MACD）。MACD 是 DIF 与 DEA 线的差，在指标走势区呈现为彩色的柱状线。红色表示 MACD 值为正，绿色表示 MACD 值为负。由于 MACD 值是由 DIF 减去 DEA 再乘以 2 所得，因此投资者经常把 MACD 由绿变红（即由负变正）时视为买入时机，将 MACD 由红变绿（由正变负）时视为卖出时机。

如图 2-19 所示，为深深房 A（000029）的走势图分析。从图中可以看到，该股于 2015 年 2 月底，MACD 指标的 DIF 与 DEA 曲线在低位经过一次交叉以后，由下方上行穿越零轴线，配合着柱状线翻红，表明该股经过长时间的整理后，下跌趋势已经结束。股价在多方力量的推动下，将开始一轮新的上升行情，可以判断此时为合适的短线买点。

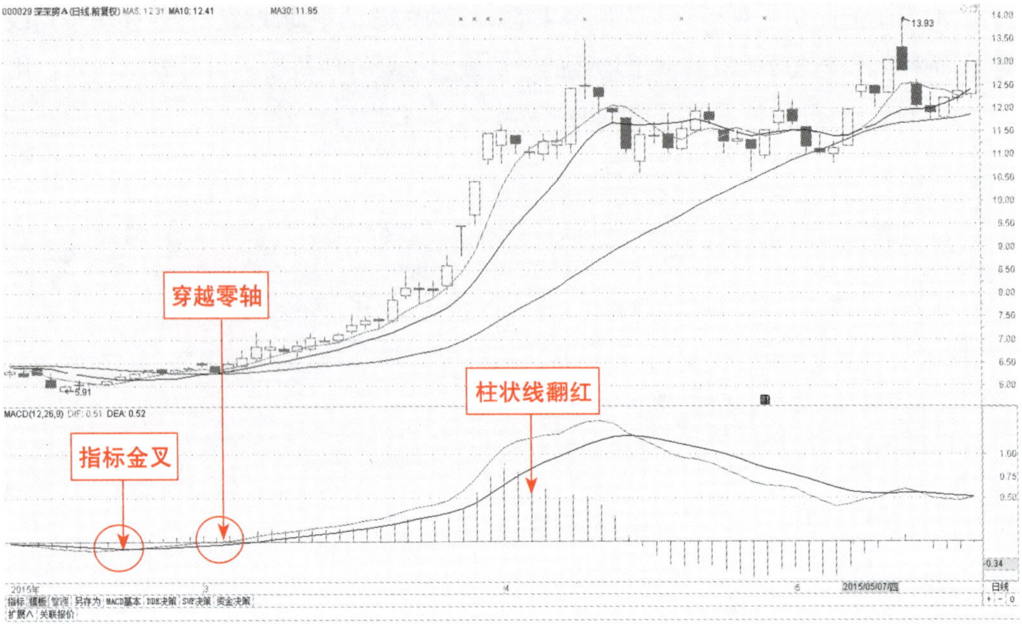

图 2-19　深深房 A（000029）MACD 指标买点分析

2.5.3　随机指标（KDJ）

随机指标（KDJ）是由乔治·莱恩（George Lane）首创的，它是通过当日或最近几日最高价、最低价及收盘价等价格波动的波幅反映价格趋势的强弱。KDJ 是一个超买超卖指标，该指标通过当日或最近几日最高价、最低价以及收盘价等价格波动的波幅，反映价格趋势的强弱。

KDJ 指标有 3 条曲线，分别是 K 线、D 线和 J 线，如图 2-20 所示。随机指标 KDJ 是以最高价、最低价及收盘价为基本数据进行计算，得出的 K 值、D 值和 J 值分别在指标的坐标上形成的一个点，连接无数个这样的点位，就形成一个完整的、能反映价格波动趋势的 KDJ 指标。

专家提醒　其中，K、D 和 J 值的取值范围都是 0 ～ 100。当 K、D、J 的值在 20 线以下为超卖区，视为买入信号；K、D、J 的值在 80 线以上为超买区，视为卖出信号；K、D、J 的值在 20 ～ 80 线为徘徊区，投资者应观望。

图 2-20 随机指标（KDJ）的盘面特征

2.5.4 多空指标（BBI）

多空指标（Bull And Bear Index，BBI）是针对普通移动平均线（MA）指标的一种改进，任何事物都需要在不断推陈出新的改进中才能进步发展，技术指标也不例外。由于 BBI 指标判断多空的特性，对一些成长性较好的股票有特殊的指导意义，如果将该指标用在周线图中会收到意想不到的效果。

BBI 指标是一种将不同日数移动平均线加权平均之后的综合指标，属于均线型指标，一般选用 3 日、6 日、12 日、24 日等 4 条平均线。BBI 指标的盘面特征如图 2-21 所示。在使用移动平均线时，投资者往往对参数值选择有不同的偏好，而多空指标恰好解决了中短期移动平均线的期间长短合理性问题。

下面举例分析 BBI 指标的短线操盘技巧。

如图 2-22 所示，为长城电工（600192）的 K 线走势图分析，可以很清晰地看到图中所画圈，K 线突破 BBI 线，到后市又开始跌破 K 线，BBI 指标先后指出买入和卖出信号，投资者可以在这几个交易点进行买入、卖出操作。

在 BBI 指标中，近期数据较多，远期数据利用次数较少，因而它是一种变相的加权计算。由于多空指标是一条混合平均线，所以既有短期移动平均线的灵敏，又有明显的中期趋势特征，适于稳健的投资者。

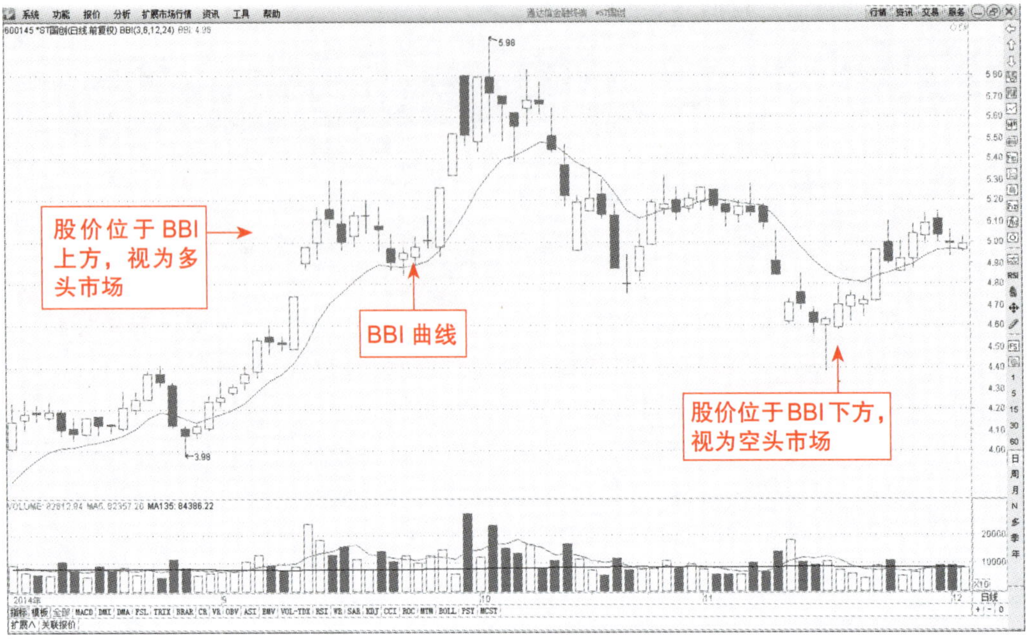

图 2-21　多空指标（BBI）的盘面特征

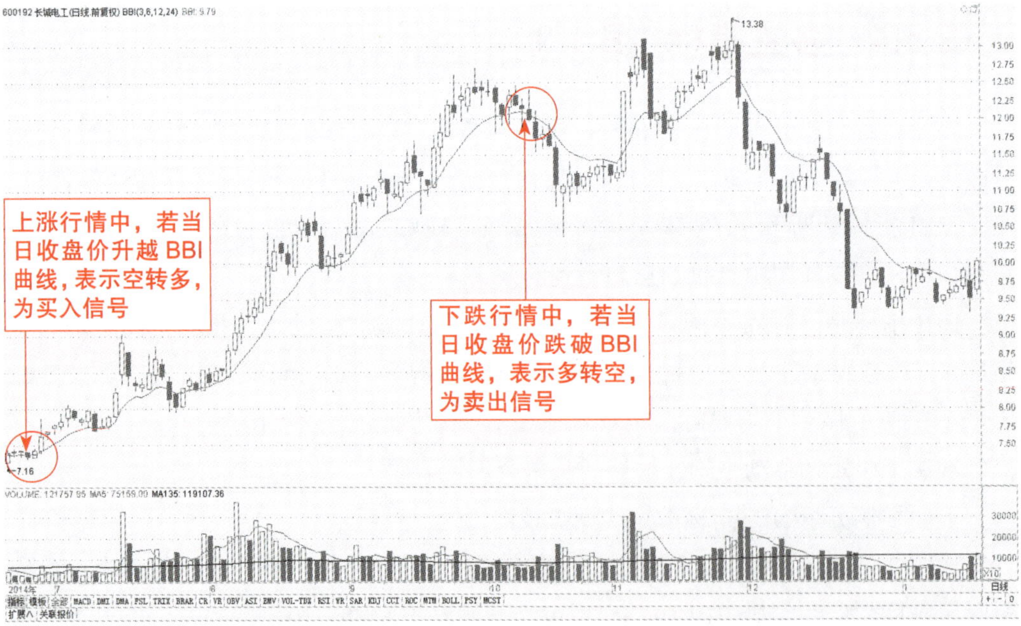

股价位于BBI上方，视为多头市场

BBI 曲线

股价位于BBI下方，视为空头市场

图 2-22　长城电工（600192）走势图

上涨行情中，若当日收盘价升越 BBI 曲线，表示空转多，为买入信号

下跌行情中，若当日收盘价跌破 BBI 曲线，表示多转空，为卖出信号

股价上升至穿 BBI 线，并跌穿 BBI 线，同时 BBI 线也开始转为向下，说明股票牛市已经结束，接下来的便是熊市的到来了。股价在 BBI 指标以上运行的时间越久说明跌穿 BBI 指标发出的卖出信号也就越准确。

2.5.5　布林线指标（BOLL）

布林线（BOLL）由约翰·布林（John Bollingcr）创造，是利用统计学原理，求出股价的标准差及其信赖区间，从而确定股价的波动范围以及未来走势的。

布林线指标是利用波带显示股价的安全高低价位，因此称为布林带，其上限范围不固定，随着股价的滚动而变化。当股价涨跌幅度加大时，带状区变宽；当涨跌幅度减小时，带状区变窄。因其灵活、直观和趋势性的特点，BOLL 指标已成为市场上广泛应用的热门指标。图 2-23 所示为布林线在盘面中的表现。

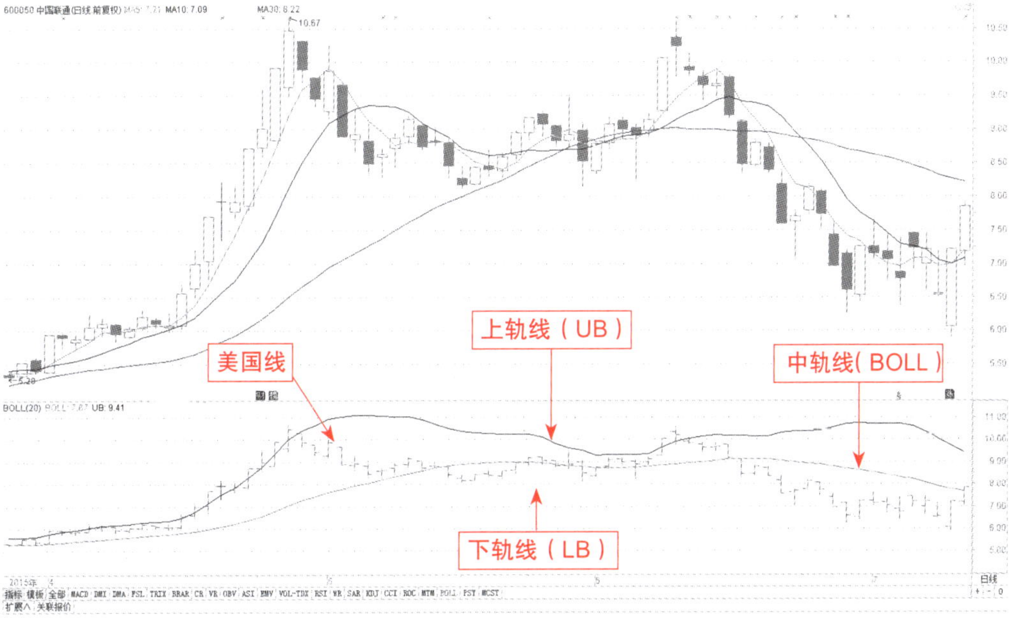

图 2-23　布林线（BOLL）指标

在 BOLL 指标中，美国线的主要作用是显示当前股价在 BOLL 指标图形上所处的位置，以利用 BOLL 指标判断股价未来的走势。股价通道的上下轨是显示股价安全运行的最高价位和最低价位。上轨线、中轨线和下轨线都可以对股价的运行起到支撑作用，而上轨线和中轨线有时则会对股价的运行起到压制作用。

BOLL 指标中的上、中、下轨线所形成的股价通道的移动范围是不确定的，通道的上下限随着股价的上下波动而变化。在正常情况下，股价应始终处于股价通道内运行。如果股价脱离股价通道运行，则意味着行情处于极端的状态。

BOLL 指标开口变小代表股价的涨跌幅度逐渐变小，多空双方力量趋于一致，股价将会选择方向突破，开口越小，股价突破的力度就越大。最佳的买入时机是在股价放量向上突破，布林线指标开口扩大之初，如图 2-24 所示。

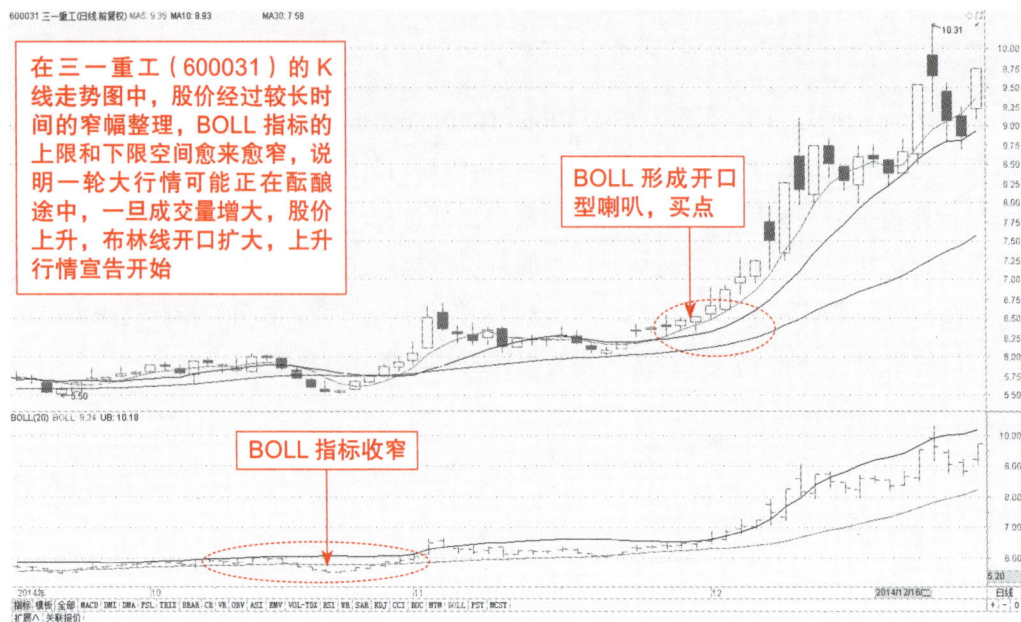

图 2-24 三一重工（600031）K 线走势图

2.5.6 指数平均线（EXPMA）

指数平均线指标（exponential moving average，EXPMA），是平均线的一种，它是利用快线和慢线的上下交叉信号，来研究判断行情的买卖时机。

EXPMA 指标是对移动平均线的弥补，EXPMA 指标由于其计算公式中着重考虑了价格当天（当期）行情的权重，因此在使用中可克服 MACD 其他指标信号对于价格走势的滞后性。同时，EXPMA 指标也在一定程度中消除了 DMA 指标在某些时候对于价格走势所产生的信号提前性，是一个非常有效的分析指标。EXPMA 指标由 EXP1 和 EXP2 组成，如图 2-25 所示。

EXPMA 指标的主要优势是：对移动平均线进行了取长补短，同时又具备了 KDJ 指标和 MACD 指标的"金叉"和"死叉"等功能。因此该指标具有较高的成功率和准确性，对于个股的抄底和逃顶提供了较好的点位，是投资者采用中短线决策的好帮手之一。下面举例分析 EXPMA 指标的短线买点。

如图 2-26 所示，在中直股份（600038）的 K 线图中，股价见低后经过一段时间的上涨，出现"红三兵"K 线组合型，同时 EXP1 曲线由下往上穿越 EXP2 曲线形成金叉，后市看涨，投资者在近几日介入，短期持有后卖出即会获利。

图 2-25　指数平均线（EXPMA）指标

图 2-26　EXPMA 金叉

第 3 章　短线炒股的操盘技法 ➡

学前提示

短线操盘方法被广泛应用于散户投资者快进快出的操作，而本章则牢牢把握了投资者在探底反弹和上升追涨中都能通过短线操作的方式获取利润的主题，有的放矢地呈现给投资者最需要的短线操盘技巧。

要点展示

- ● 熊市买入点分析
- ● 牛市买入点分析

3.1 熊市买入点分析

通常在熊市中，都是以下降趋势为主，因此不少投资者尽力回避熊市也无可厚非，但一些短线投资者在熊市中同样能找到赚钱机会——反弹。反弹是熊市赚钱的绝佳机会，本节将逐一阐述经典的抢反弹买入技巧。

3.1.1 红三兵

红三兵线形态是由三根短小的连续上升的阳 K 线组成，K 线收盘价一日比一日高，表示"红兵"勇敢前进，基础扎实，后势涨幅将加大。"红三兵"形态表明股价已经过充分换手，积累了一定的上升能量，如若成交量能同步放大，继续上涨可能性极大。

在股价熊市下跌走势中，若 K 线形成红三兵线，表明下跌后的低位区域，市场中有资金流入，预示着股价之后的反弹上涨。

下面举例说明红三兵线反弹信号的短线操作技巧。

（1）如图 3-1 所示为上海能源（600508）2015 年 1 月—2 月的走势图。从图中可以看到，该股前期出现了单边下跌行情，股价在下跌中没有形成有效的反弹走势。在股价下跌到 10.23 元附近时，K 线形成红三兵线，股价止跌企稳，预示该股后市反弹上涨。

（2）如图 3-2 所示该股下跌到 10.23 元附近时，出现了一轮反弹走势，而此轮反弹走势的起点就是红三兵线。红三兵线使得股价止跌企稳，同时涨幅不断加大的阳线也表明市场资金持续进入，由此更加确信股价见底反弹开始。

专家提醒：在下跌行情的底部出现红三兵线，是一种非常明显的见底反弹信号，这种上涨态势，是非常可靠的，投资者可以在股价突破阻力线初期进入，等待短期的丰厚利润。

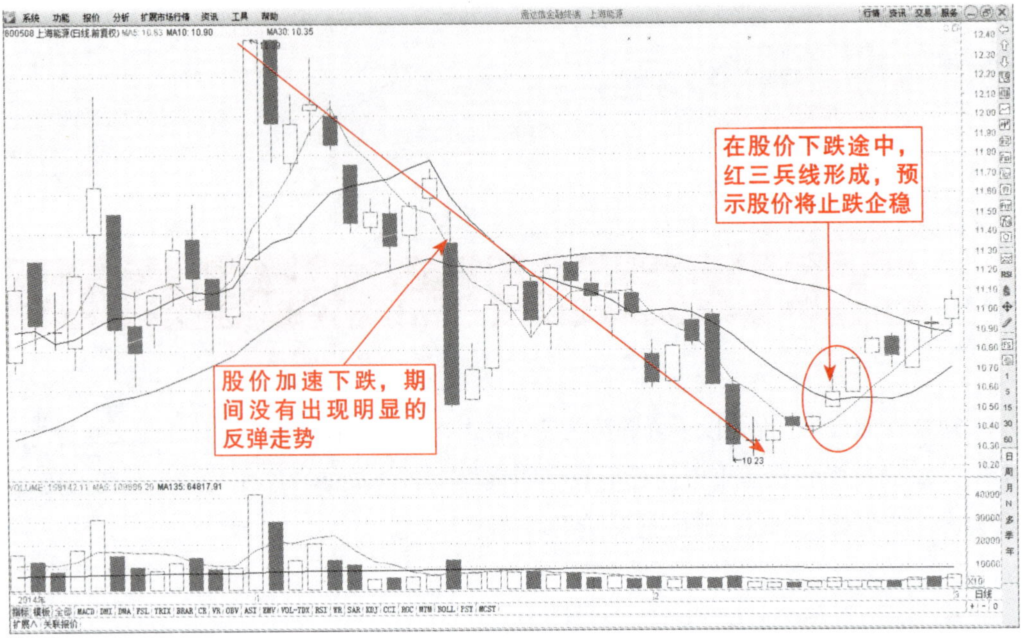

在股价下跌途中，红三兵线形成，预示股价将止跌企稳

股价加速下跌，期间没有出现明显的反弹走势

图 3-1　上海能源（600508）走势图（1）

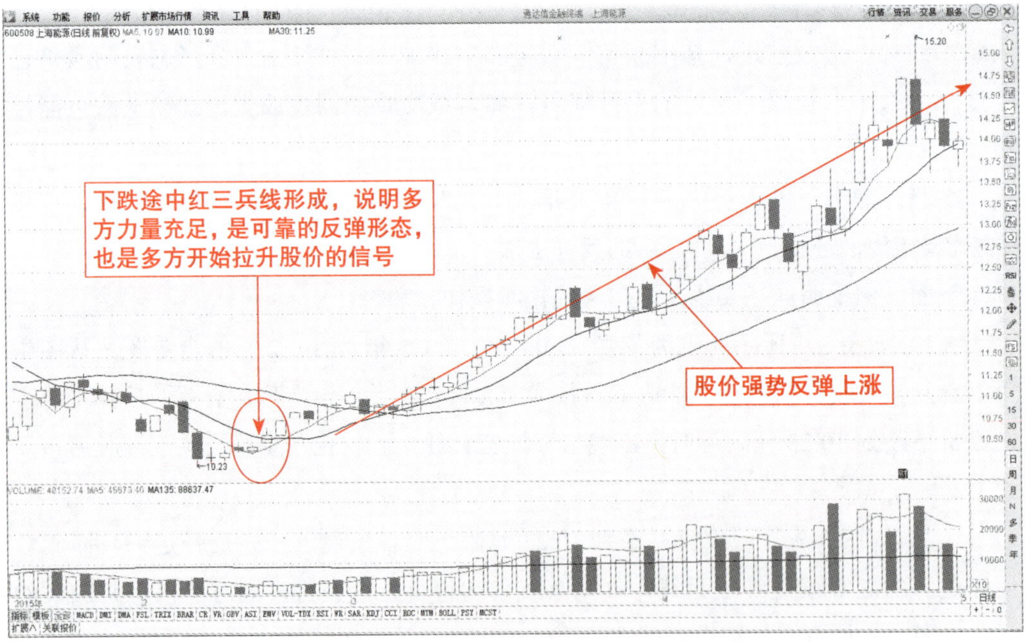

下跌途中红三兵线形成，说明多方力量充足，是可靠的反弹形态，也是多方开始拉升股价的信号

股价强势反弹上涨

图 3-2　上海能源（600508）走势图（2）

3.1.2　金针探底

金针探底是一个 K 线形态，是指带有一根长下影线的 K 线。正由于其带有较长

的下影线，因此说明股价在当天完成了逆转，是股价见底回升的买入信号。

> 虽然熊市下跌听起来十分可怕，但整体下跌走势不会一蹶不振，通常股价在下降过程中会伴随出现反弹走势。金针探底的 K 线可以是阳线或阴线，尤其当出现长下影线的阳线时，其反弹欲望的表现要大于阴线。总之，在股价下降趋势中，投资者利用金针探底来发掘股价反弹是十分有效的信号，必须加以重视。

下面举例说明金针探底的短线操作技巧。图 3-3 所示为金花股份（600080）的走势图，从图中可以看出，该股前期经历快速下跌，市场抛压得到一定程度的缓解。在 2014 年 5 月 28 日这天，该股盘中实现扭转，K 线收出一根长下影线的小 K 线，之后股价止跌企稳，K 线连续收阳，发出金针探底买入信号，投资者可以果断进场抢反弹，可以清晰地看到该股下跌途中形成了一轮反弹走势。正是标识位置的金针探底开启了反弹，因此短线投资者要积极在反弹信号发出后买入股价抢反弹。

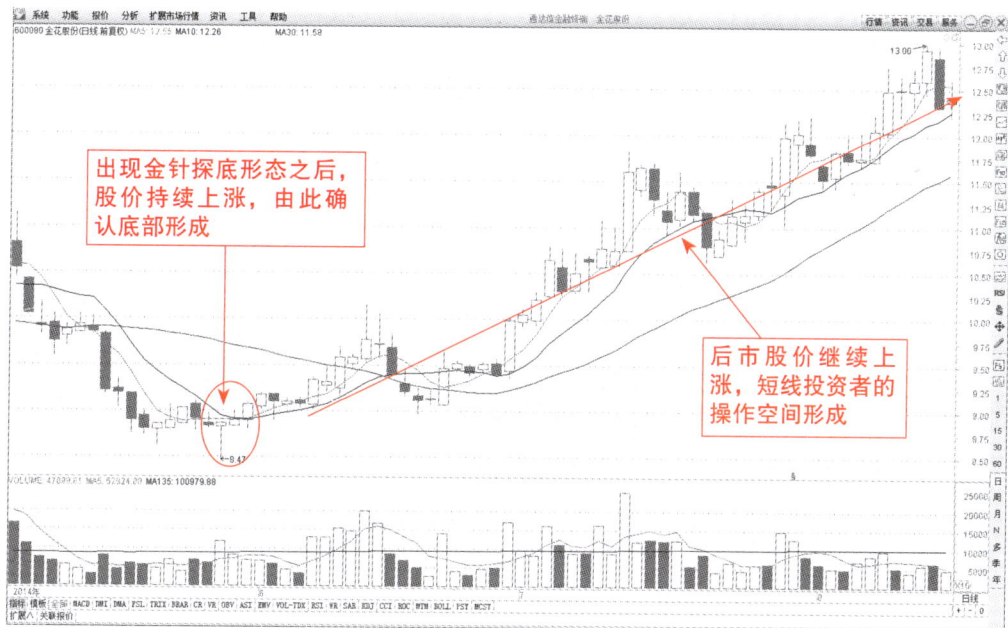

图 3-3　金花股份（600080）走势图

3.1.3　三川线

三川线是指由 3 根并列的 K 线组成的 K 线组合，其第一根和第三根性质一样，中间一根可以是阳线或阴线，说明市场短期内的横向整理，其第三根 K 线运行的方向就是横向整理后股价选择的方向。

因此，具有反弹信号的三川线是由左右两根阳线和中间一根阴线组成，发出的是市场筑底信号；而左右两根阴线和中间一根阳线组成的三川线则是一个看空下跌信号，短线投资者尤其需要注意区分。

下面举例说明三川线反弹信号的短线操作技巧。

如图 3-4 所示为宏图高科（600122）的走势图。

在股价下跌到 3.37 元左右时，股价很明显止跌企稳且 K 线形成了三川线，发出见底反弹信号，短线投资者可以进行抢反弹操作。三川线形成后，股价一路反弹，从 3.37 元上涨到 6.23 元以上，反弹幅度超过 80%。

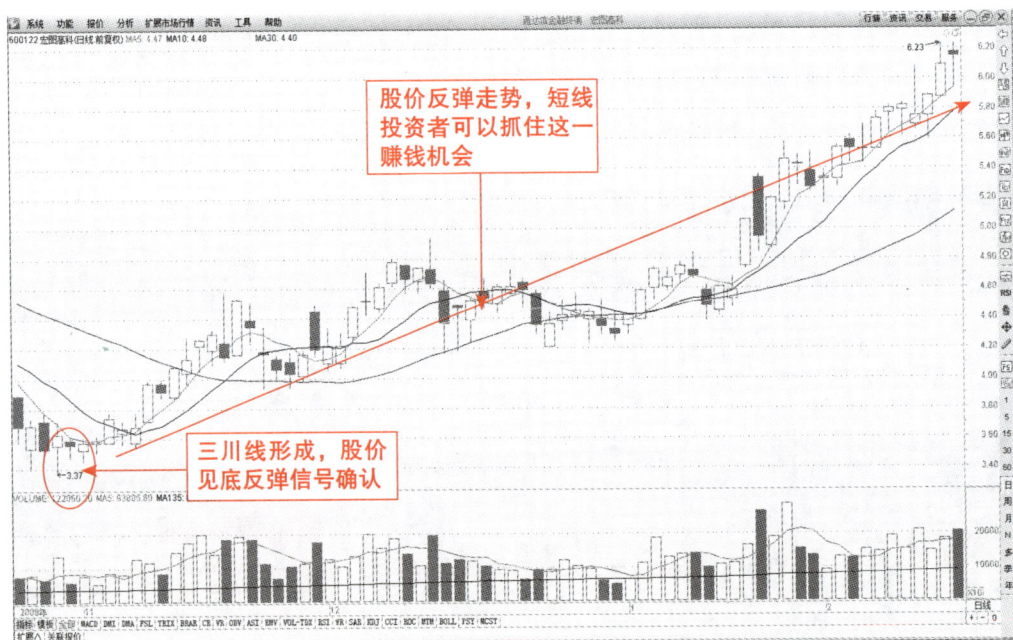

图 3-4　宏图高科（600122）走势图

3.1.4　待入线

待入线是一种 K 线组合形态，由两根 K 线形成，第一根为阴线，第二根为阳线，且阴线和阳线实体之间存在着缺口。在股价下跌后的低位区域，待入线的形成发出市场见底反弹信号。

下面举例说明待入线反弹信号的短线操作技巧。如图 3-5 所示为哈高科

（600095）的走势图，从图中可以看出，该股股价很明显地进入了漫长的熊市下跌走势，并在底部出现一根阴线，随后 K 线收出低开高走的小阳线，形成待入线，预示股价见底。

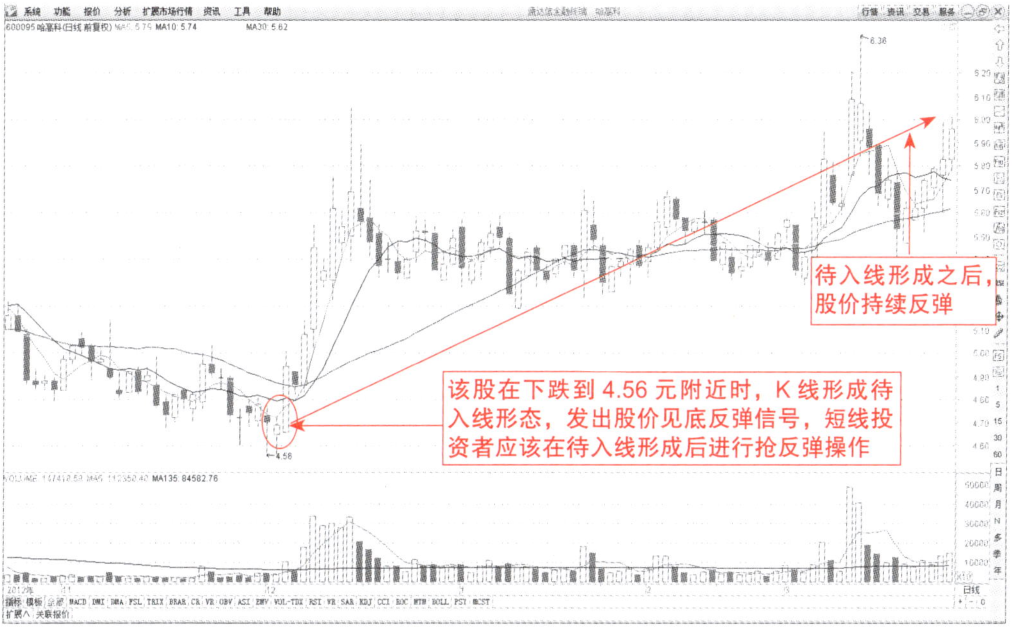

图 3-5　哈高科（600095）走势图

　　该股之后股价持续收阳上涨，反弹行情已经开始，且反弹走势良好，投资者可以进行短线买入操作。

3.1.5　启明星线

　　启明星线是一种底部反弹形态，预示着价格的上涨，其形态特征是它前面有一根中阴线或大阴线，随后出现了一个向下跳空的星线，再随后出现了一根中阳线或大阳线，它明显地向上推进到第一根阴线实体之内。

　　下面举例说明启明星线反弹信号的短线操作技巧。

　　（1）如图 3-6 所示，为香梨股份（600506）的走势图，此股在深幅下跌之后出现了一个明显的启明星线的三日 K 线组合形态，这一形态的出现说明多方已于个股的深幅下跌之后有了反击的意图。从图中可以看到，在这一启明星线形态中的第三个交易日中成交量明显放大，这是多方力量较为充足的表现。因此可以说，启明星线形态是个股阶段性下跌结束的信号，它预示着随后即将出现的反弹回升走势。

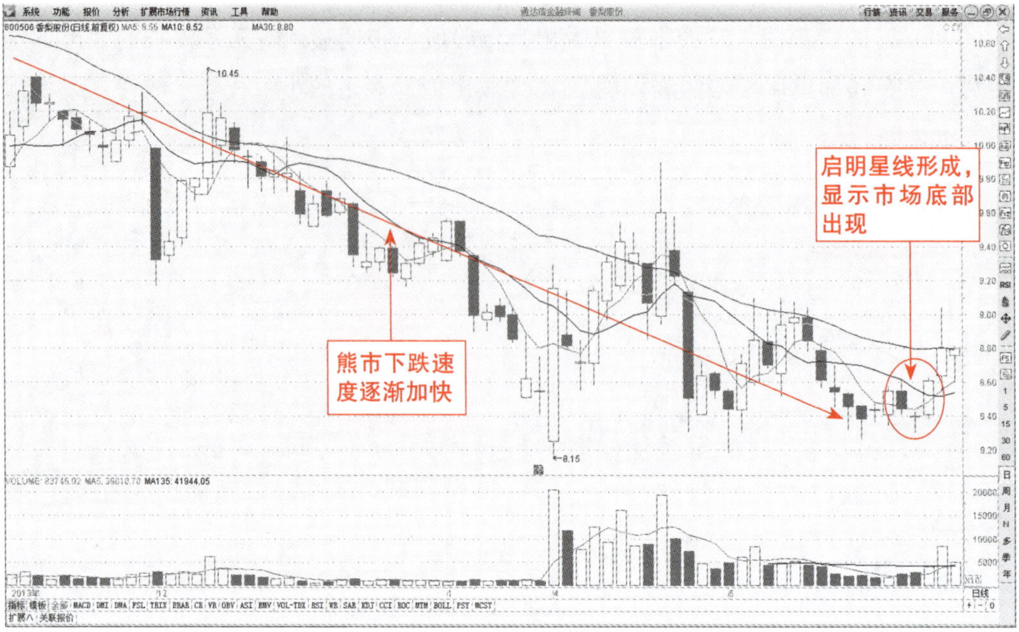

启明星线形成，
显示市场底部
出现

熊市下跌速
度逐渐加快

图 3-6　香梨股份（600506）走势图（1）

专家提醒

　　启明星线形态属于底部反弹形态。它的名称的由来是，这个形态预示着价格的上涨就像启明星预示着太阳即将初升一样。启明星线说明市场的主导权又重新回归到了多方的手里，预示着价格的上涨。

　　（1）形态特征：理想的形态是星线与第三根阳线之间也要形成价格跳空，但这种情况似乎不容易见到，所以投资者可以适当灵活掌握。

　　（2）形态原理：市场在原有下降趋势中进行着，随后出现的一根向下价格跳空较小星线，表明了原趋势空方的力量有所减弱，随后第三天向上深入阴线实体的阳线进一步表明了多方力量的反击和夺取了统治权。

　　（2）如图 3-7 所示，启明星线发出了触底反弹信号，之后股价从 8.30 元快速反弹到了 11.77 元附近，反弹幅度达 41%。

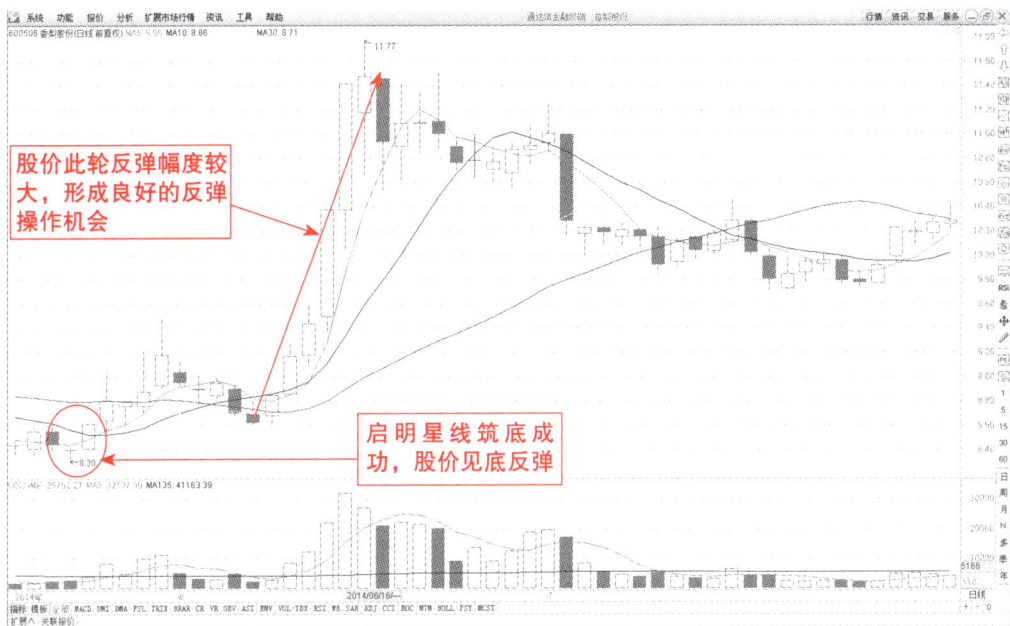

图 3-7　香梨股份（600506）走势图（2）

3.1.6　抱线

"抱线"的形态是由两根 K 线组成，基本形态为：右边的 K 线完全包住了左边的 K 线，是一种低开高走的形态，一般伴随着成交量放大。

根据第一根和第二根 K 线的阴阳不同，抱线可以分为阳抱阴和阴抱阳两种，两种形态显示的市场信息一样，即都发出了市场见底反弹信号，因此短线投资者要利用这样的信号进行抢反弹操作。

专家提醒

对于抱线形态的基本判断标准如下所述。

- 在抱线形态之前，市场必须处于在清晰可辨的上升趋势或下降趋势中，哪怕这个趋势只是短期的，但不能是横盘整理。
- 抱线形态必须由两根 K 线组成，其中第二根 K 线的实体必须覆盖第一根 K 线的实体（但不一定吞没前者的上下影线）。
- 抱线形态的第二个根 K 线必须与第一根 K 线类型（阴线或阳线）相反。

下面举例说明抱线反弹信号的短线操作技巧。

如图 3-8 所示，为明星电力（600101）的走势图，从图中可以看出，该股前期股价走势以整体下跌为主，就是在股价下跌阶段，K 线形成了明显的见底反弹信号，即图中标识位置的抱线，发出反弹买入信号。因此，短线投资者要及时进行抢反弹买入操作，后市会获得不错的收益。

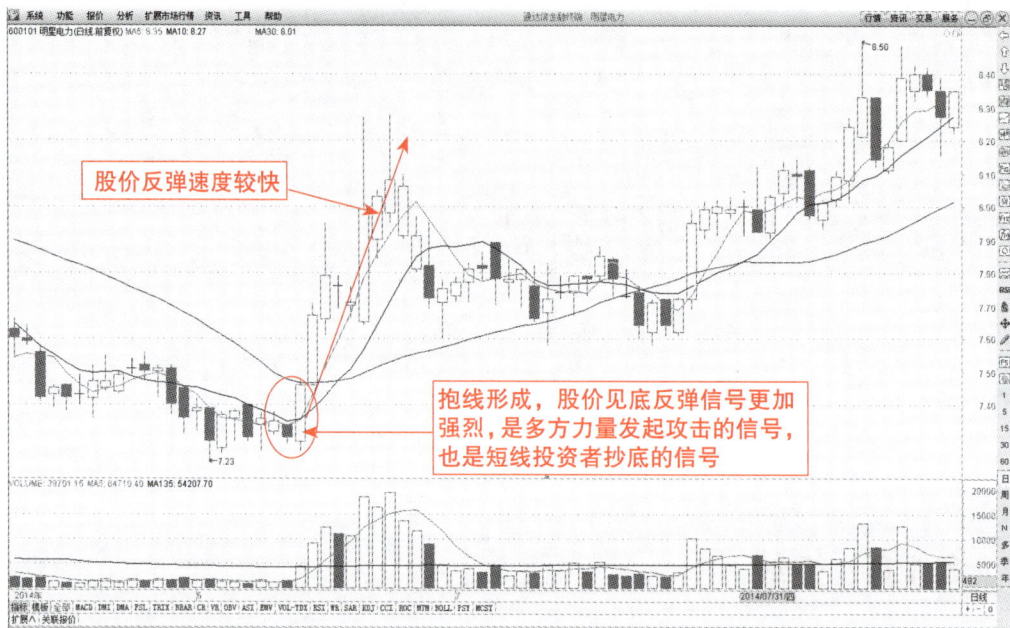

图 3-8　明星电力（600101）走势图（2）

3.2　牛市买入点分析

牛市行情确保了股价整体趋势不断向上，投资者在决定对个股进行追涨时一定要掌握相关的追涨技巧，这样投资者才会更好地把握个股的走势，并且能够快速盈利。本节将介绍短线追涨的几个技巧性的策略方法。

3.2.1　突破压力线

压力线也称阻力线，是指由前期股价运行期间形成的阶段高点连接而成的直线。压力线对于股价的上涨具有一定的阻力作用，当股价在压力线附近遇阻回落时，说明股价的上涨走势即将结束，短期内将要出现下跌，市场发出看跌信号；当股价向上突破压力线，则意味着股价将要进一步上涨，市场发出看涨信号。

下面举例说明突破压力线的短线追涨操作技巧。

如图 3-9 所示，为国机汽车（600335）的走势图分析。从图中可以看到，2015年 3 月底，在震荡中不断上涨的国机汽车（600335）股价向上突破了由前期高点连接而成的上涨压力线，预示着股价进入加速上涨走势，买点出现。

图 3-9　国机汽车（600335）走势图

专家提醒　一般来说，压力线多结合通道、整理形态等一起出现，比如上升通道的上轨线、三角形整理形态的上边线等，都是压力线。

3.2.2　大盘股强势涨停

大盘股没有明确的划分标准，其最大特点是流通股本数量大，股票市值庞大，比如农业银行、中国石化、中国中车等。在牛市行情中，投资者绝对不能忽视大盘股的表现。

下面举例说明大盘股强势涨停的短线追涨操作技巧。

（1）如图 3-10 所示，为保利地产（600048）2015 年 1 月—3 月的走势图。从图中可以看到，该股左侧经历了一波快速的杀跌后，股价从 5.97 元直线下跌到了 4.38元左右，之后股价横向整理筑底态势十分清晰。

股价强势涨停，显示市场主力资金强势做多，发出看涨买入信号

股价下跌势头凶猛，投资者应该回避这样的下跌行情

股价进入横向整理筑底阶段

图 3-10 保利地产（600048）走势图（1）

（2）2015 年 3 月 11 日，该股放量涨停，由此发出买入信号，如图 3-11 所示。从图中可以看出，早盘股价快速上涨，直至涨停，由此可见市场主力资金在快速做多，显示出强烈的买入信号。股价开始触及涨停后，并未马上封死，而是有小幅回落，由此形成绝佳的买入机会，因此投资者应该把握住机会在当天追入。

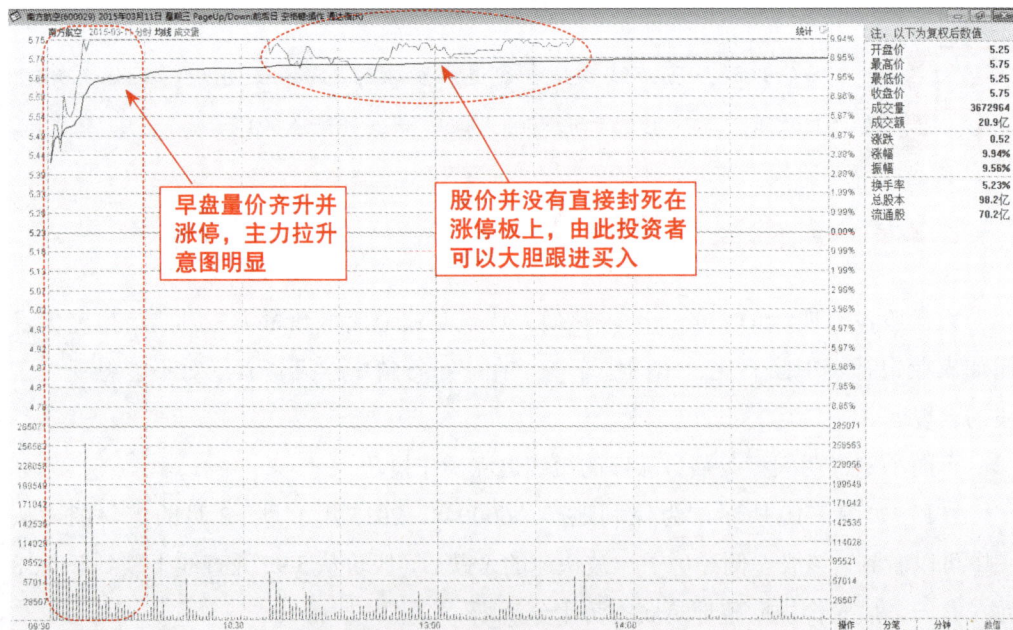

早盘量价齐升并涨停，主力拉升意图明显

股价并没有直接封死在涨停板上，由此投资者可以大胆跟进买入

图 3-11 保利地产（600048）2015 年 3 月 11 日分时图

（3）如图 3-12 所示，该股在强势涨停后依旧保持了上涨的良好势头，之后股价上攻到 11 元以上。

图 3-12　保利地产（600048）走势图（2）

专家提醒　大盘股市值大、流通股本数量多，因此其股价大幅度的上涨都是大量资金共同作用的结果。当大盘股强势涨停后，说明市场主力资金在强势做多，由此可以预测股价后市继续上涨的可能性极大，所以大盘股的强势涨停发出的是看多买入信号。另外，若大盘股股价直接封涨停，短线投资者也可以在之后的交易日进行买入操作。

3.2.3　突破前期高点

当股价突破前期高点时，意味着股价的上涨将要进入新的阶段，是一种较为强烈的看涨信号。其中的前期高点，可以是阶段高点，也可以是历史高点。

专家提醒　如果股价向上突破前方的阶段高点时，则说明股价还将要再上一个台阶，发出买进信号，此时投资者应在股价突破后积极介入。

下面举例说明突破前期高点的短线追涨操作技巧。

如图 3-13 所示，为黄山旅游（600064）的走势图。从图中可以看到，该股经历了一波较长的上涨行情，但股价到达 21.84 元的顶部时冲高受阻回落。2015 年 5 月底，运行在上涨走势中的黄山旅游（600064）股价向上放量突破历史高点，表明股价新的上涨空间已经打开，买点出现。但由于股价此时的价位较高，所以为了减少可能出现的回调走势带来的损失，投资者可以轻仓买入。

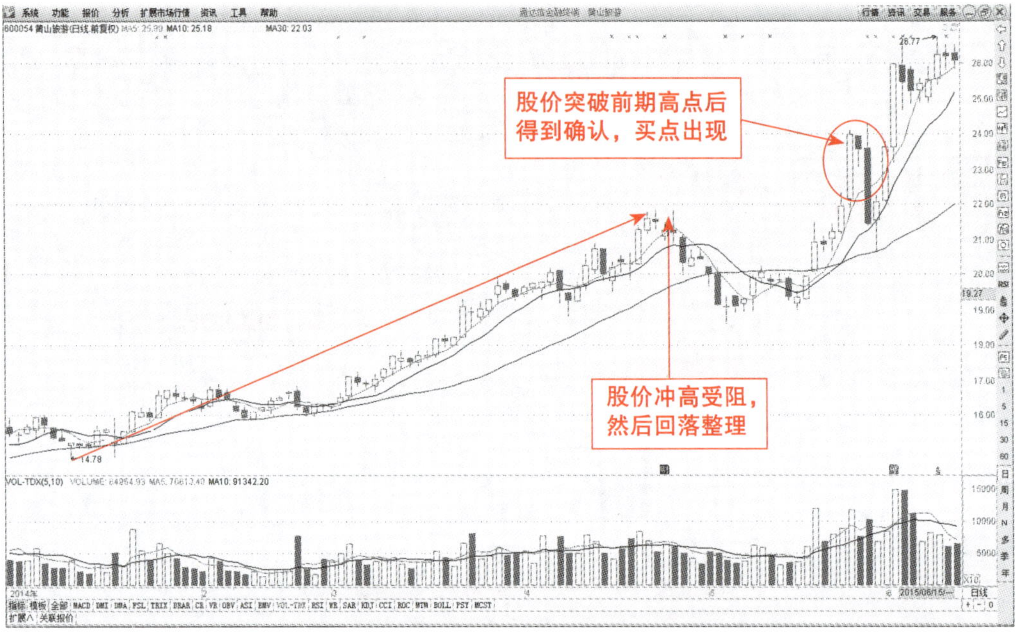

图 3-13 黄山旅游（600064）走势图

专家提醒

如果前期形成的阶段高点均处于同一个水平价位上，说明此价位处的阻力较大，那么当股价向上突破此阻力位时，发出的看涨信号会更加可靠。

另外，如果股价向上突破历史高点时，通常说明股价新的上涨空间被打开，上方不再有额外的阻力位，发出看涨信号。不过，由于此时股价过高，投资者需要注意控制风险。

3.2.4 短暂封板试盘

通常情况下，主力在拉升股价之前，都会进行试盘操作，即通过试盘来判断股价上方抛盘的数量。在主力进行试盘时，常将股价拉升至涨停，之后又快速打开涨停板，由此去判断市场中的抛盘压力。

试盘就是主力对将要开展操盘进行试验，从中测试盘中的相关信息，从而指导其操盘。主力建仓、拉升，出货等各阶段前、中都有试盘。试盘特别复杂，但投资者可以借用主力试盘，洞察主力的操盘意图，指导操作。

主力试盘的主要目的如下。

- 测试盘内筹码锁定的好坏。
- 测试盘内大户或其他庄家情况。
- 测试浮筹情况，测定市场追涨杀跌意愿。

试盘的种种情况探明了市场中的持仓情况。由此，投资者在发现主力以短暂封板的方式试盘后，应该高度关注股价的走势，随时准备进场买入。

专家提醒

技术性的突破后股价一般都会出现回调确认动作，因此即使是以涨停的方式突破压力位，股价也可以回调突破位置，以寻求支撑。抓住回调这一点，短线投资者就可以在股价回调位置进行更为安全的建仓买入操作。

3.2.5 高开快速封板

高开是指开盘价较前一个交易日的收盘价有较大幅度的上涨，快速封板是指主力快速拉升股价直接封死在涨停板上，这一过程往往只有几分钟，使得广大投资者没有追涨机会。通常来说，股价在早盘放量涨停都是市场强势的绝对表现，特别是在牛市上涨中出现的高开快速封板更是一个不可多得的看涨买入信号。

下面举例说明高开快速封板的短线追涨操作技巧。

（1）如图 3-14 所示，为宏达股份（600331）的走势图分析。从图中可以看到，该股经历了一波较长的下跌行情，见底后形成了一个金针探底的反弹信号，随后股价企稳回升。

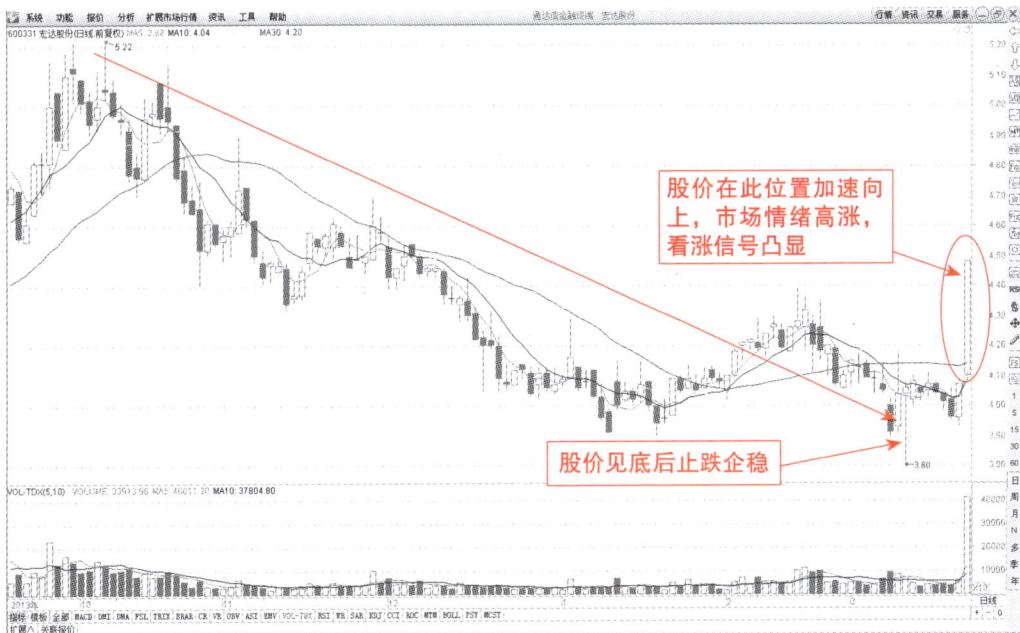

股价在此位置加速向上，市场情绪高涨，看涨信号凸显

股价见底后止跌企稳

图 3-14 宏达股份（600331）走势图（1）

（2）如图 3-15 所示，为宏达股份（600331）2014 年 3 月 24 日的分时走势图。从图中可以看到，该股在当天出现早盘放量涨停买入信号，投资者不应错过这样的机会，应积极追涨买入。

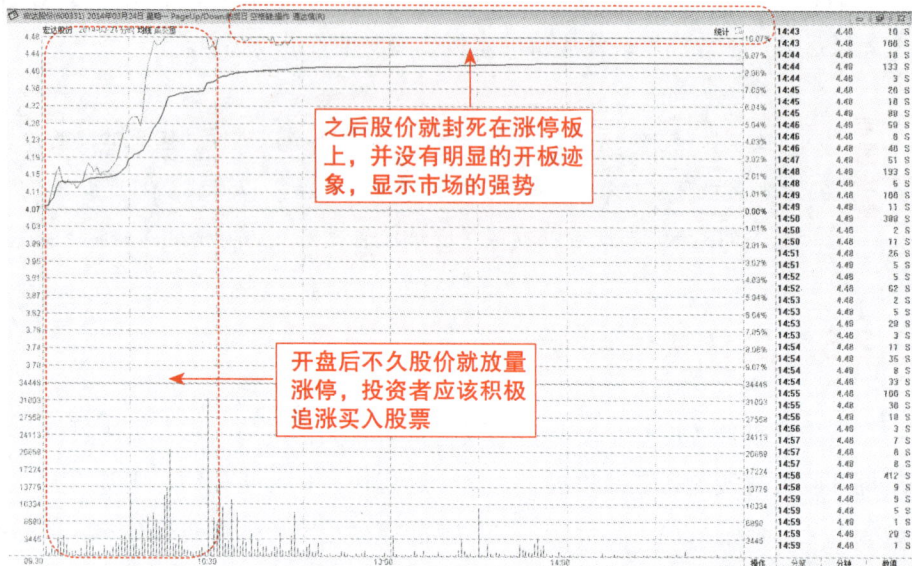

之后股价就封死在涨停板上，并没有明显的开板迹象，显示市场的强势

开盘后不久股价就放量涨停，投资者应该积极追涨买入股票

图 3-15　宏达股份（600331）分时图

（3）如图 3-16 所示，该股股价经历了由下跌反弹到爆发的上涨过程，后期该股进入了波段式的拉升阶段。在股价开始拉升时，2014 年 3 月 24 日已发出早盘放量涨停的看涨买入信号，因此投资者买入机会出现，应该果断进场买入股票。在 3 月 24日早盘大胆买入后，该股之后继续强势上涨，后市都有不错的收益。

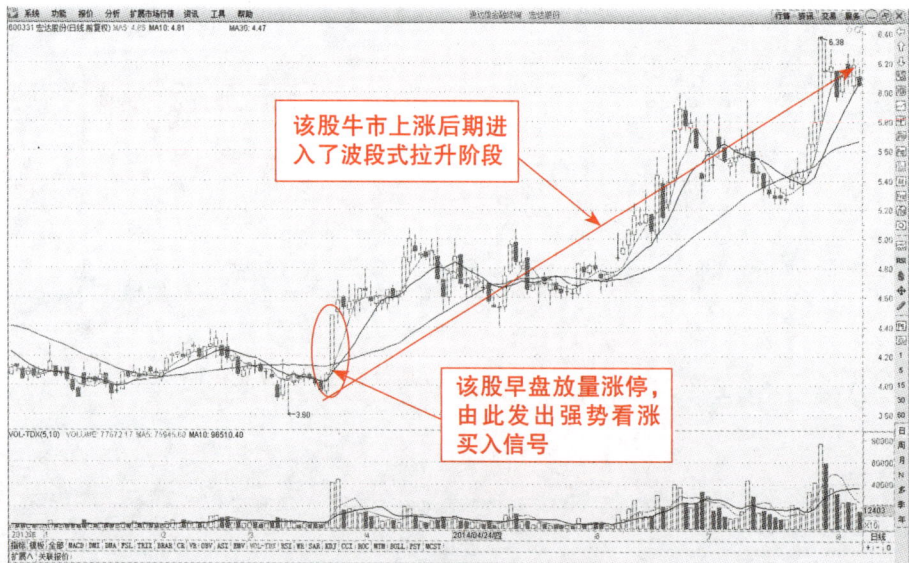

该股牛市上涨后期进入了波段式拉升阶段

该股早盘放量涨停，由此发出强势看涨买入信号

图 3-16　宏达股份（600331）走势图（2）

3.2.6　第一个涨停板

股价涨停显示出盘中多方力量的强盛，为一种普遍意义上的看涨信号。特别是股价处于较低价位时，如果出现一个涨停板，通常意味着股价的走势开始变强。而股价运行中出现第一个涨停板就更加具有一种象征意义，表明盘中多方力量开始爆发，股价已经突破压力线，将要在短期内进入加速上涨走势，发出强烈看涨信号。

下面举例说明突破压力线的短线追涨操作技巧。如图 3-17 所示，为菲达环保（600526）2015 年 2 月—6 月的走势图。从图中可以看到，2015 年 3 月 2 日和 3 日，该股涨停板开盘并一直保持到收盘，显示在利好刺激下多方完全占据主动。而之前该股一直处于低位盘整阶段，所以投资者可以断定未来股价将有较大的涨幅。在第一个封涨停交日易当天，投资者可以果断地在涨停板上排队。即使这两个交易日无法成交，也可以在随后的交易日高开时追高买入，仍可获得不错的收益。

图 3-17　菲达环保（600526）走势图

专家提醒　当股价经过长时间的下跌或者低位震荡后，出现第一个涨停板时，说明盘中的多方已经占据了绝对优势，开始突破压力线，股价近期可能走强，此时投资者可以在股价涨停的最后时刻挂单买进。另外，在上涨走势中出现第一个涨停板后，注注是股价的加速上涨阶段，但这种加速上涨阶段持续的时间注注不会太长，所以投资者在达到自己的获利目标后，就应该及时止盈。

第4章 K线图的基本知识 ➡

学前提示

　　行军打仗，一定要看得懂地图；而投资股票，一定要看得懂K线图，否则会亏得很难看。在股市中，K线是一种特殊的语言，不同的K线形态具有不同的市场含义。K线背后反映的是投资者的心理变化，K线本身所具有的意义、特性以及功能值得投资者予以重视。

要点展示

- K线是对股市过往的记载
- K线分析的基本用法
- 常见单K线精要解析

4.1　K 线是对股市过往的记载

　　K 线是对股市过往的记载，股市中的酸甜苦辣、涨涨跌跌都凝聚成阴阳交错的
K 线。K 线直观、立体感强、携带信息量大，能充分显示股价趋势的强弱、买卖双
方力量平衡的变化。

4.1.1　K 线的起源

　　K 线图（candlestick charts）由于 K 线的形状像蜡烛，又称蜡烛图，也叫蜡烛曲线图，
英文"蜡烛"（candle）与"曲线"（curve）前面的发音都发"K"的音，因此，简
称为 K 线图，如图 4-1 所示。

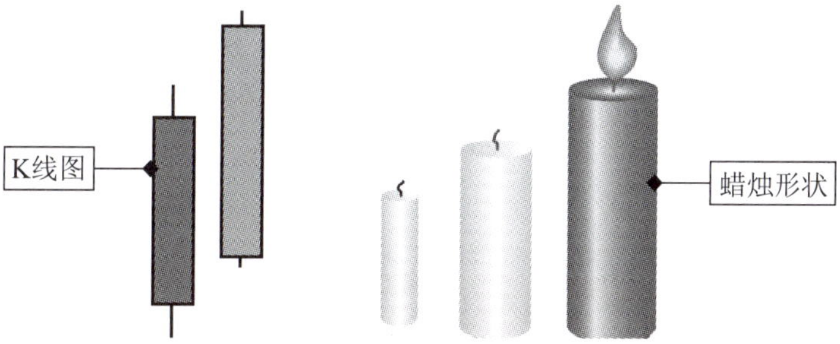

图 4-1　K 线图类似蜡烛形状

　　"K 线"，起源于日本 18 世纪德川幕府时代（1603—1867）的米市交易，用来
计算米价每天的涨跌。因其标画方法具有独到之处，人们把它引入股票市场价格走
势的分析中，经过 300 多年的发展，已经广泛应用于股票、期货、黄金、外汇以及
期权等证券市场。K 线图基本用途就是为了寻找"卖买点"。

4.1.2　K 线的结构

　　K 线是一条柱状的线条，由影线和实体构成。影线在实体上方的部分叫上影线，

下方的部分叫下影线，而实体则分为阳线和阴线两部分。其中，影线表明当天交易的最高和最低价，而实体表明当天的开盘价和收盘价。

通常，根据每支股票当日的开盘价、收盘价、最高价、最低价四项数据，可以将股价走势图画成如图 4-2 所示的 K 线图。

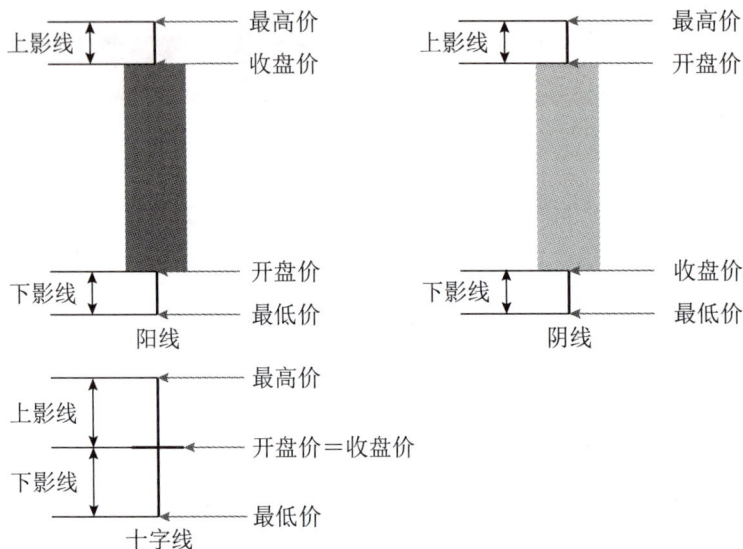

图 4-2　K 线的构成

在 K 线图中，阳线、阴线与十字线的主要特征如表 4-1 所示。阳线的顶端为最高价，底端为最低价。上影线与矩形实体的连接点为阳线收盘价，下影线与矩形实体的连接点为阳线开盘价。阴线与阳线完全相反，上影线连接的是阴线开盘价，下影线连接的是阴线收盘价。

表 4-1　各种 K 线形态的特征

阳线	阴线	十字线
常以红色、白色实体柱或黑框空心	常以绿色、黑色或蓝色实体柱	实体部分呈现水平状的直线
股价强	股价弱	多空不一
收盘价高于开盘价	收盘价低于开盘价	收盘价等于开盘价
最高价等于收盘价时，无上影；最低价等于开盘价时，无下影	最高价等于开盘价时，无上影；最低价等于收盘价时，无下影	最高价等于收盘价时，无上影；最低价等于开盘价时，无下影

K 线包括开盘、收盘、最高及最低的价位，其以独特的图形方式，对当日的股价走势给出一目了然、简单、鲜明的说明，同时说明买卖双方的力量对比，如图 4-3 所示。

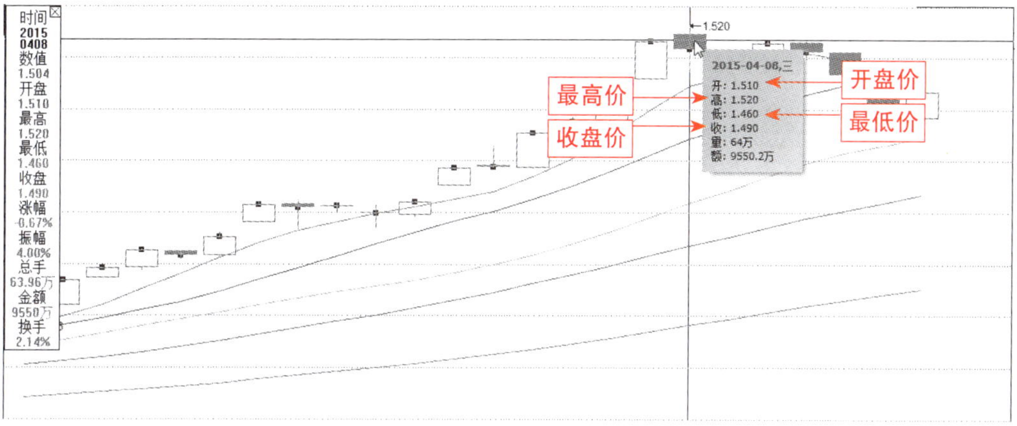

图 4-3　K 线图

4.1.3　K 线的周期

K 线用简单的图形完整地记录每日的股市行情和股市买卖双方的"战斗"情况，并逐日按时间顺序把包括开盘、收盘、最高及最低价位在内的价格信息展现在以价格和时间为轴的二维平面图上，使人们能清楚地看到过去几日、一周、一个月、一年和数年的股价历史走势，以及判断股市未来走势。

根据 K 线的计算周期，可将其分为分 K 线、小时 K 线、日 K 线、周 K 线、月 K 线、年 K 线，如图 4-4 所示。

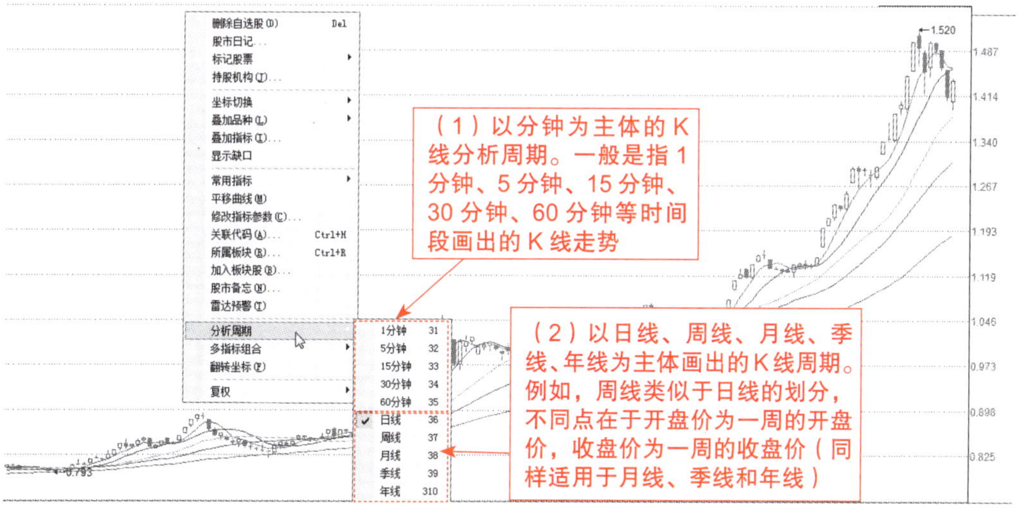

图 4-4　选择 K 线周期

通常情况下，市场上最主要的 K 线分析周期为日 K 线，而周 K 线、月 K 线常用于研判中期行情。周 K 线是指以周一的开盘价，周五的收盘价，全周最高价和全周最低价来画的 K 线图。月 K 线则以一个月的第一个交易日的开盘价，最后一个交易日的收盘价和全月最高价与全月最低价来画的 K 线图，同理可以推得年 K 线定义。

专家提醒 对于短线操作者来说，众多分析软件提供的 5 分钟 K 线、15 分钟 K 线、30 分钟 K 线、60 分钟 K 线和 120 分钟 K 线等也具有重要的参考价值。

4.2 K 线分析的基本用法

K 线图是每一个初入股票市场的人必须了解的基本图形分析方法，它是股市的基本理论知识，本节将带你解破 K 线图中的各种奥秘。

4.2.1 调出 K 线图

对于以"日"为时间单位的单根 K 线来说，一根 K 线记录的仅仅是一天的价格变动情况，只有把每根 K 线依据时间顺序排列起来，才能清晰地反应出价格的历史走势情况。

在看盘时，投资者可以重点关注指数的 K 线走势图和个股走势图。其中，个股的走势图也分为两种：一种是个股的 K 线走势图；另一种是个股盘中分时图。如果说指数的 K 线走势图反映了指数点位的历史变动情况，则个股的 K 线走势图就反映了个股股价的历史变动情况。

调出个股走势图的方法主要有三种，具体操作方法如下。

- 通过股票代码的方式调出：例如，对于浦发银行这只股票，它的股票代码是 "600000"，用户可以在键盘上输入"600000"，随后可以看到一个键盘精灵窗口，如图 4-5 所示；按 Enter 键，即可进入浦发银行的 K 线图，如图 4-6 所示。
- 通过股票名称首字母的方式调出：例如，对于中国石油这只股票，它的股票名称首字母是"ZGSY"，用户可以在键盘上输入"ZGSY"，随后可以看到一个键盘精灵窗口；选择所要打开的股票，按 Enter 键，即可进入中国石油的 K 线图。

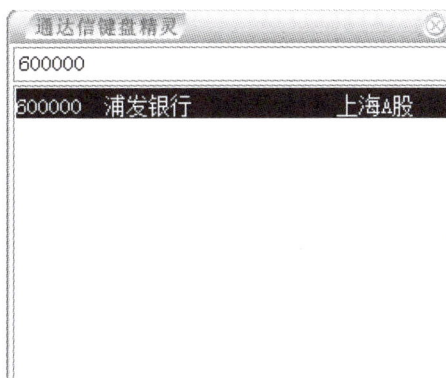

图 4-5　输入股票代码

图 4-6　浦发银行的 K 线图

● 通过在股票行情报价界面中调出，例如，打开上证 A 股的行情报价界面。在上证 A 股的行情报价界面中，通过双击相应的股票名称，即可打开某一只股票的 K 线走势图。

4.2.2　了解 K 线中的信息

K 线图中有 4 条不同颜色的曲线和红蓝两色"蜡烛图"，如图 4-7 所示。

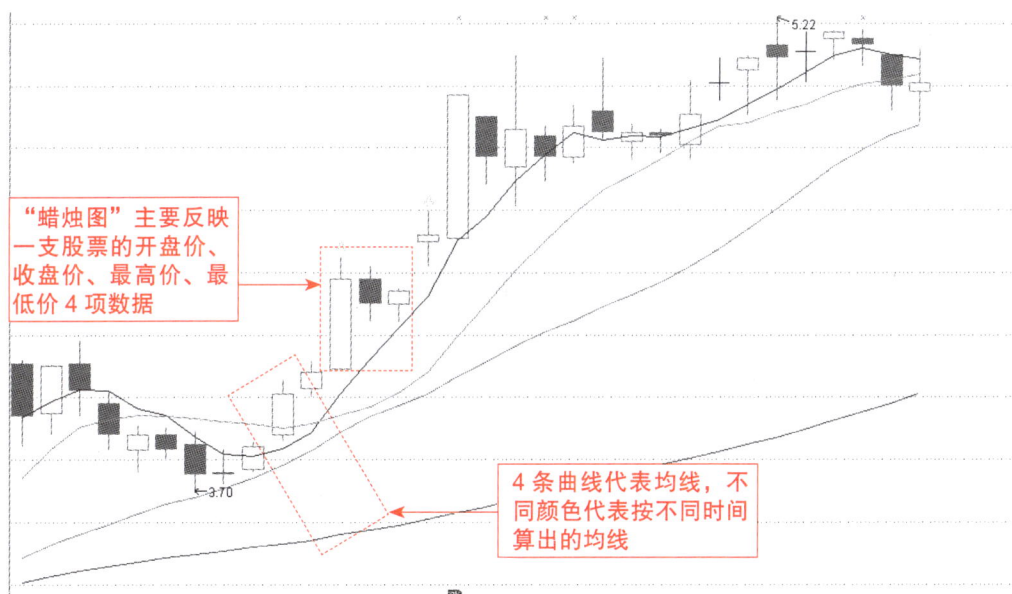

"蜡烛图"主要反映一支股票的开盘价、收盘价、最高价、最低价 4 项数据

4 条曲线代表均线，不同颜色代表按不同时间算出的均线

图 4-7　K 线图中的信息

K 线图所包含的丰富信息，发出的买卖信号，能够帮助投资者看清股票走势，正确投资。学会怎么看 K 线图，是每个股票投资者应掌握的基本技能。

4.3 常见单 K 线精要解析

对于一根 K 线进行研究，需要从 4 个方面去看：一是看阴阳；二是看实体的大小；三是看影线的长短；四是看 K 线所处的位置。本节将详细介绍几种基本 K 线图以及 K 线的主要形状。

4.3.1 不同大小 K 线的应用法则

K 线是初级股民学习技术分析首先要攻下的一道难题，但是学会与学精，差之千里。一根 K 线其实就是一张股市战争图，K 线的背后反应的是投资者的心理变化。通过对 K 线的分析研究，投资者能够很好地找到卖买点！

根据开盘价与收盘价的波动范围，可将 K 线分为"小阴星、小阳星""小阴线、小阳线""中阴线、中阳线"和"大阴线、大阳线"等线型，一般的波动范围如图 4-8 所示。

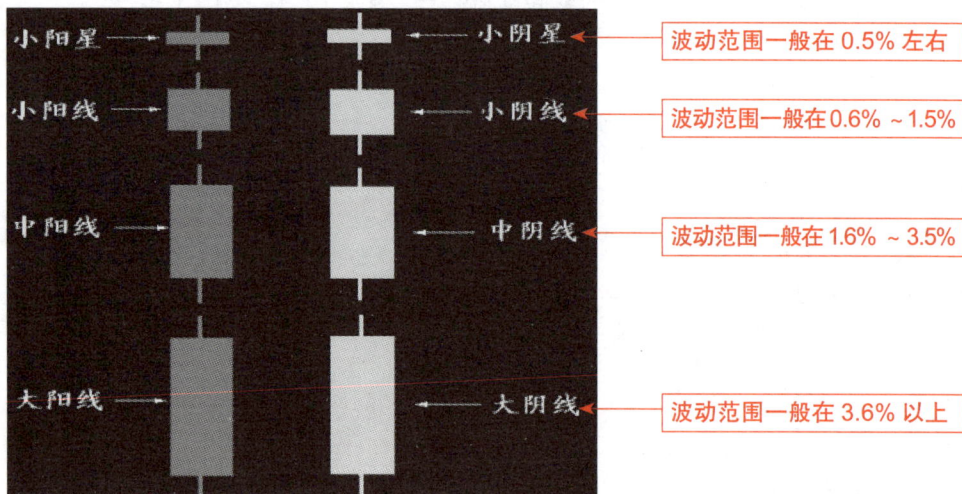

图 4-8　K 线的几种线型

例如，"小阳星"表现为全日中股价波动很小，开盘价与收盘价极其接近，收盘价略高于开盘价，如图 4-9 所示。"小阳星"的出现，表明行情正处于混乱不明的阶段，后市的涨跌无法预测，此时要根据其前期 K 线组合的形状以及当时所处的价位区域综合判断。

图 4-9　"小阳星"

4.3.2　光秃型 K 线的应用法则

光秃型 K 线主要包括光头光脚阳线、光头光脚阴线、光头阳线、光头阴线、光脚阳线、光脚阴线等几类。

例如，"光头光脚"的 K 线只有"实体"，没有上下影线。"光头光脚"意味着在报价变化的过程中多空两边并没有进行挣扎和抵挡，在规定的交易时间内，报价的涨势或跌势都出现一边倒的局势。

如图 4-10 所示，为"光头光脚阳线"的走势图，从图中的报价走势能够看出，股价开盘后整个交易日的时间里，报价都出现单一的上涨走势。

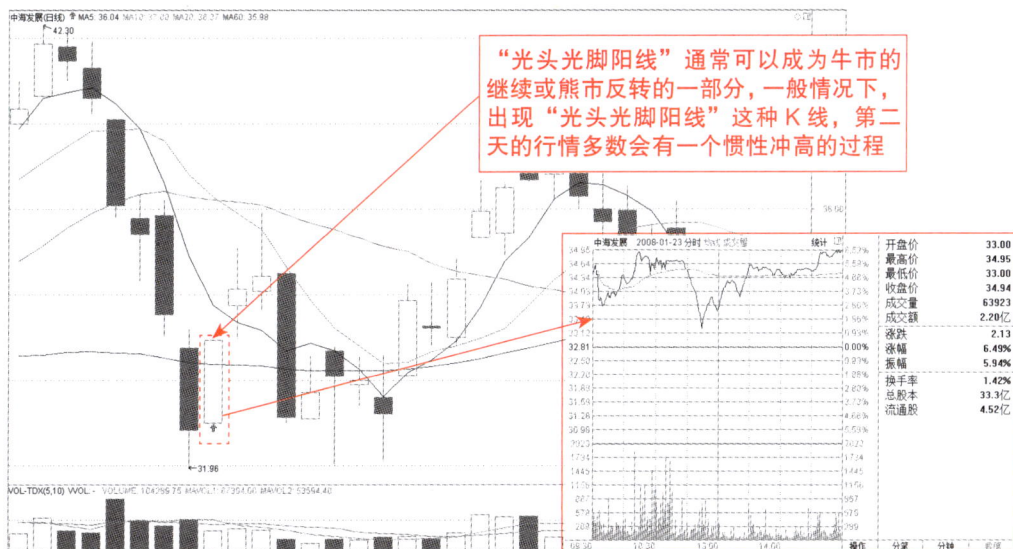

"光头光脚阳线"通常可以成为牛市的继续或熊市反转的一部分，一般情况下，出现"光头光脚阳线"这种 K 线，第二天的行情多数会有一个惯性冲高的过程

图 4-10　"光头光脚阳线"

如图 4-11 所示，为"光头光脚阴线"的走势图，从图中能够看到，股价在开盘后的整个交易时间里，出现单一的跌落趋势。

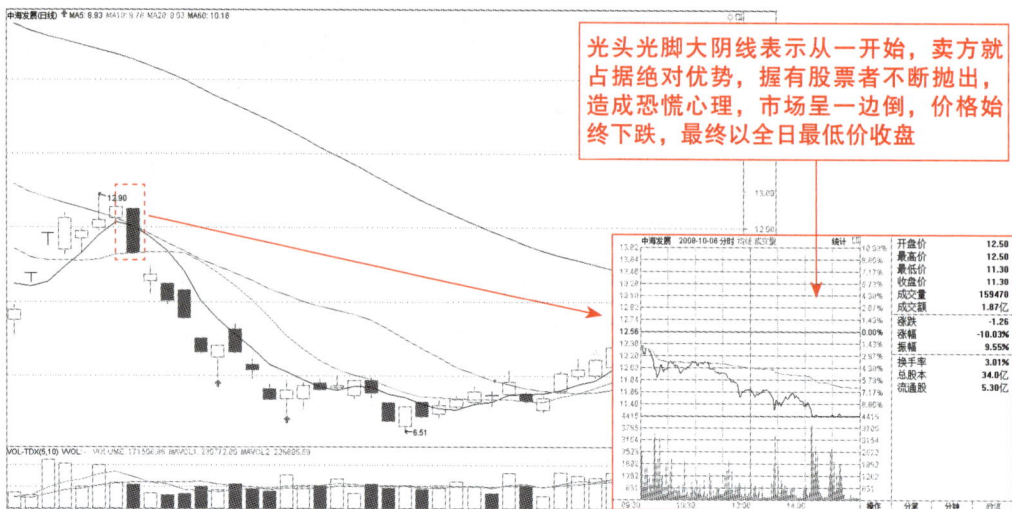

图 4-11　"光头光脚阴线"

4.3.3　长影型 K 线的应用法则

长影型 K 线包括"T 字线""倒 T 字线""上吊线""倒锤子线"等几类。其中，"T 字线"的形状像英文字母 T，它的开盘价、最高价和收盘价相同，成为"一"字，但最低价与之有相当距离，因而在 K 线上留下一根下影线，构成"T"字状图形。例如，如图 4-12 所示为联环药业（600513）的 K 线走势图，此股在上升途中出现了"T字线"，股价继续看涨。

图 4-12　"T 字线"

"倒 T 字线"是指开盘价、收盘价、最低价粘连在一起，成为"一"字，最高价与之有相当距离，因而在 K 线上留下一根上影线，构成倒 T 字形，如图 4-13 所示。

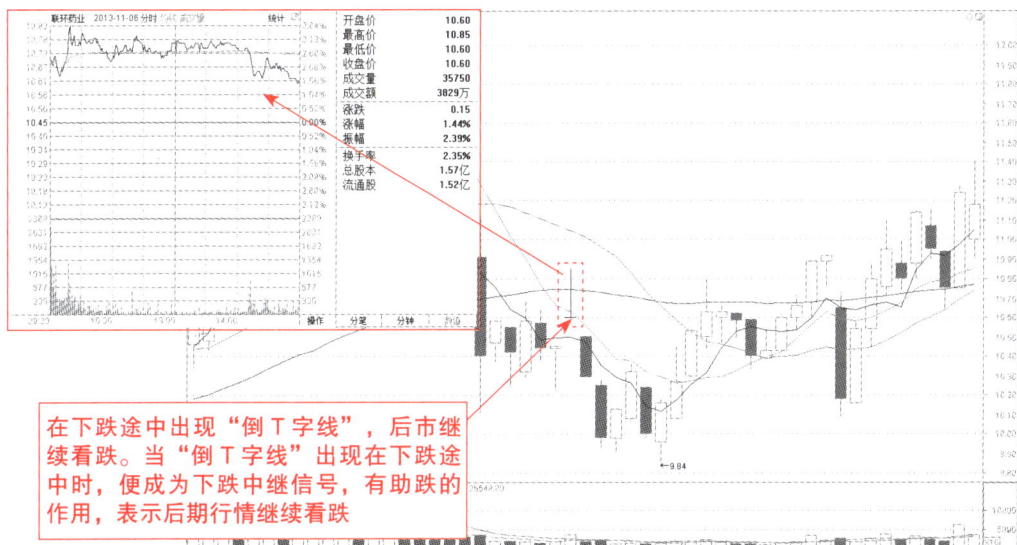

图 4-13　"倒 T 字线"

通常情况下，"T 字线"因所处的位置不同，各自的技术含义也不尽相同。在实际操作中，"T 字线"真实地反映了主力的操盘意图，投资者只要认真分析"T 字线"出现的时间、位置、再结合其他技术分析指标，就能识破主力的意图，在与主力争斗中取得胜利。

专家提醒

"上吊线"具有较长的下影线，实体较小，多出现在上涨行情末期，代表市场上冲运动也许已经结束。通常而言，"上吊线"的下影线长度应在 K 线实体的两倍以上，由于其形状与绞架颇为相似，故而因此得名。

"倒锤子线"是指具有比较长的上影线，较小的实体居于整个价格范围下端的一种 K 线形态。一般而言，"倒锤子线"的上影线很长，实体部分很短。当实体部分消失时，"倒锤子线"就变成了"倒 T 字线"。因此，"倒 T 字线"在很大程度上和"倒锤子线"的意义是相同的。

4.3.4　星型 K 线的应用法则

星型 K 线主要包括"十字星""长影十字星"等类型。

"十字星"是一种只有上下影线，没有实体的K线图，如图4-14所示。具体表现为，开盘价即是收盘价，表示在交易中，股价出现高于或低于开盘成交，但收盘价与开盘价相等。

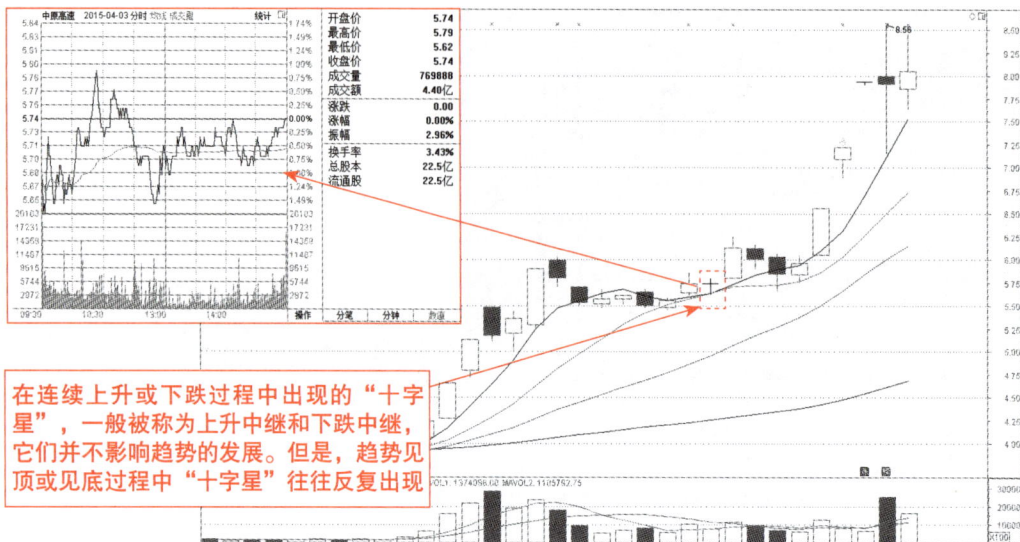

在连续上升或下跌过程中出现的"十字星"，一般被称为上升中继和下跌中继，它们并不影响趋势的发展。但是，趋势见顶或见底过程中"十字星"往往反复出现

图4-14　"十字星"

"长影十字星"是指有长长的上影线或下影线，且有一个小突体的"十字星"，是一种特别重要的"十字星"形态，如图4-15所示。

"长上影十字星"如果是出现在持续上涨之后的高价区，股价转向下跌的可能性较大，但若出现在上涨趋势中途，次日股价又创新高的话，说明买盘依旧强劲，股价将继续上升

图4-15　"长影十字星"

"十字星"本身所处的位置很重要，研判各种形态的"十字星"所包含的意义，

要建立区间的概念，而不是点位的测算。首先，投资者要确定是在顶部区间还是底部区间，大致知道了顶部或底部区间的区间位置，那么上涨的过程或是下跌的过程也就基本确定，这样对出现的"十字星"的含义不易造成误判。

4.3.5　单根 K 线的卖出信号

任何 K 线组合排列形态，不管它有多么复杂，都可以用其第一个 K 线开盘价和最后一个 K 线收盘价以及其中的最低价、最高价将它们还原为单根 K 线，此时多空含义一目了然，投资者可以快速发现其中的卖出信号。

1. 顶部吊颈线

"顶部吊颈线"的主要图形特征如图 4-16 所示。

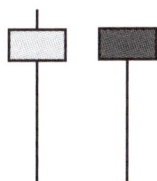

> 通常在高价区出现。
> K线实体很小无上影线，变化图形可以有很短的上影线。
> 下影线很长，通常是K线实体的2倍以上，下影线越长转势信号越强。
> "吊颈线"可阴可阳，如果以阴线形式出现吊颈线，跌势要比阳吊颈线猛烈。

图 4-16　"顶部吊颈线"的主要图形特征

"顶部吊颈线"的形成过程为：开盘不久遭到抛压→下降→获得支撑→上升→收盘前股价又回升到开盘价附近。全过程有两部分组成——先卖后买，绝大多数散户不会在短时间内完成先卖后买这一全套过程，明显是有计划有预谋的大资金所为。

2. 顶部螺旋桨

K 线实体较短，上方和下方均有较长上下影线的小阴小阳线，这种 K 线形状就像飞机的"螺旋桨"，因此被称为"螺旋桨"。"顶部螺旋桨"的主要图形特征如图 4-17 所示。

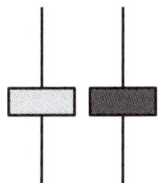

> 在上升趋势当中出现。
> K线实体很小，可阴可阳。
> 上下影线很长且基本等长。

图 4-17　"顶部螺旋桨"的图形特征

无论是大盘或个股，股价大幅上涨后，出现"顶部螺旋桨"K 线，且随后几根 K 线在其下影线部位运行，那么头部就基本形成了，继续下跌的可能性就非常大，应果断止损。

例如，图 4-18 为农发种业（600313）的 K 线走势图，该股在多个交易日连续涨停之后，随后在 4 月 23 日和 24 日连收两根"顶部螺旋桨"。

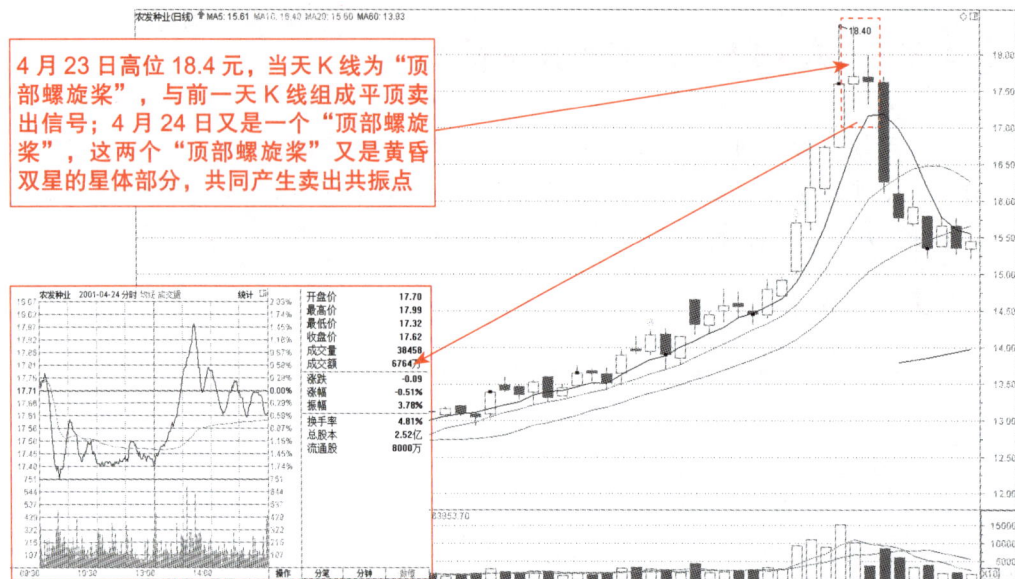

4 月 23 日高位 18.4 元，当天 K 线为"顶部螺旋桨"，与前一天 K 线组成平顶卖出信号；4 月 24 日又是一个"顶部螺旋桨"，这两个"顶部螺旋桨"又是黄昏双星的星体部分，共同产生卖出共振点

图 4-18 "顶部螺旋桨"

专家提醒

当股价经过一段时间的下跌之后，出现螺旋桨 K 线，意味着股价很可能即将见底，这是一个看涨的信号，投资者遇到这样的 K 线可以适当买入，待涨势形成，就可以继续追加投入，如底部螺旋桨图所示。

同样，跟"上升螺旋"对应的，在股价下跌过程中，也会出现"下降螺旋"的 K 线，该 K 线的上下影同样比较短，这样的 K 线出现后，一般股价不会出现转势，还会继续下跌，道理跟"上升螺旋"是一样的。

3. 顶部 T 字线

"T 字线"又叫蜻蜓线，一般出现在低价区、上升途中、高价区，不同的地方代表的含义不同，该 K 线也叫"庄家线"。此处只讨论出现在高价区的"顶部 T 字线"，出现时投资者应该提高警惕，落袋为安。"顶部 T 字线"的主要图形特征如图 4-19 所示。

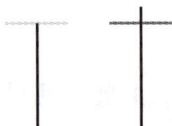

➤ K 线带有很长的下影线，实体很小，变化图形可有很短的上影线，阴阳均可。
➤ 下影线越长转势信号越强烈。

图 4-19 "顶部 T 字线"的图形特征

在开盘过后，空方有过强的打压，股价曾经远远低于开盘价，收盘前多方发力上攻收复失地，将股价推高到开盘价处。通常情况下，个股已经有较长时间的涨势和较大的涨幅，累计了不少中线和长线的获利盘，如果当天获利盘回吐，那么股价就会回落，随后尾盘又明显反弹，形成"顶部 T 字线"，说明庄家维持高位是为了第二天继续出货。

例如，如图 4-20 所示，为紫光股份（000938）的 K 线走势图，图中有一根渐进式上升过程中形成的"顶部 T 字线"。出现"T 字线"后，如果第二天高开低走，收出一根"中阴线"或者"大阴线"，形成"底部穿头破脚"形态，并且成交量急剧放大，见顶信号十分明确。

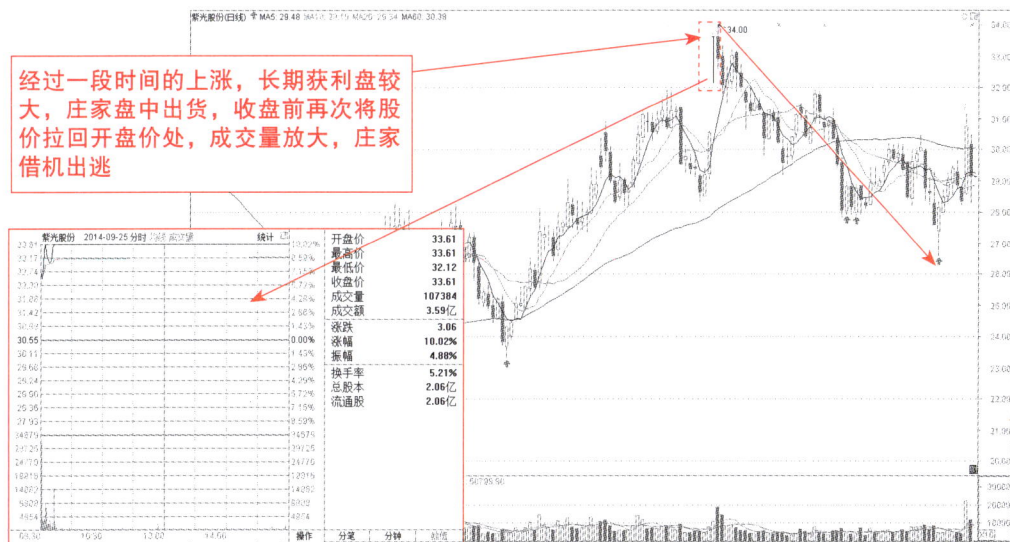

图 4-20　渐进式"顶部 T 字线"

4. 下跌转折线

"下跌转折线"呈倒 T 型，以全日最低价开盘，盘中价格先涨后跌，收盘回到开市附近，说明期价冲高无望，一般是一个转涨为跌的信号，后市回调非短期可以结束。"下跌转折线"的主要图形特征如图 4-21 所示。

> 通常在上升行情中出现。
> 开盘价、收盘价、最低价三者完全相同或者基本相同，上影线较长。
> 变化图形有很短的下影线，像一把"宝剑"，所以"下跌转折线"又叫"宝剑线"。
> "日下跌转折线""周下跌转折线"和"月下跌转折线"杀伤力不同。

图 4-21　"下跌转折线"的图形特征

5. 顶部十字长

"长十字星"的见顶准确率要比一般"十字星"见顶的准确率高，上下影线长时多空双方激战的结果，特别是股价有了较大涨幅后出现的十字星，做空动能较强，高价区出现应该出局为宜，回避风险，静观其变，特别是有其他看跌 K 线组合一起出现时，如果伴随成交量的放大，必须离场，否则将是残酷的套牢。"顶部十字长"的主要图形特征如图 4-22 所示。

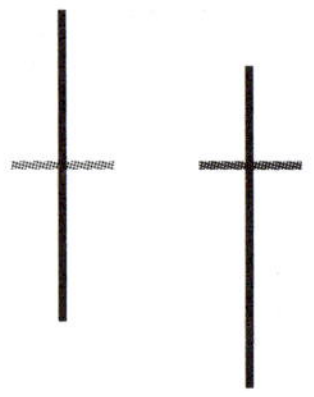

➢ 通常在上涨末端出现，可能是阴线也可能是阳线。

➢ 开盘价与收盘价相同或者基本相同。

➢ 上下影线很长，最高价和最低价拉得很开。

图 4-22 "顶部十字长"的图形特征

第5章 组合K线应用技巧 ⟶

学前提示

无论是单独的一根K线，还是两三根K线的组合形态，如果投资者想要从中解读出有用的信息，甚至是可靠的信息，都需要通过其正确地分析出市场多空双方力量的转变情况，从而在变幻莫测的股票市场中把握住稍纵即逝的机会。

要点展示

● 经典K线组合的要点分析
● 常见K线集群形态的分析

5.1 经典 K 线组合的要点分析

在众多的股票技术分析工具中，K 线形态最能反映主控资金的操作心理，它是职业投资者进行潜力股套利与判断大盘转折的常用工具；在大盘与个股出现一个长期单边走势（可能连续下跌、连续上涨、连续横盘）后发生一个或者两个经典的 K 线组合，是波段操作的最重要信号提示。

5.1.1　关键性双 K 线组合精要解析

无论是两根 K 线还是三根 K 线，都是以两根 K 线的相对位置的高低和阴阳来推测行情的。投资者可以先将前一天的 K 线按数字划分成 5 个区域，如图 5-1 所示，而第二天的 K 线则是进行行情判断的关键。

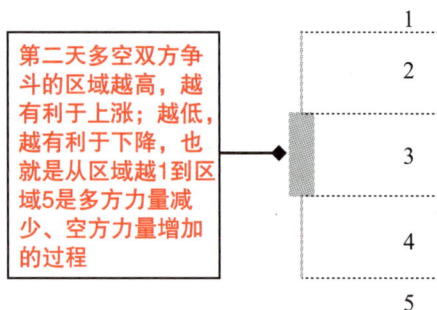

第二天多空双方争斗的区域越高，越有利于上涨；越低，越有利于下降，也就是从区域越 1 到区域 5 是多方力量减少、空方力量增加的过程

1
2
3
4
5

图 5-1　将 K 线划分成 5 个区域

由两根 K 线推测市场行情的方法如表 5-1 所示。

表 5-1　由两根 K 线推测市场行情的方法

图形	名称	分　析
	连续两阴阳	表示多空双方的一方已经取得决定性胜利，牢牢地掌握了主动权，今后将以取胜的一方为主要运动方向。左图表示多方获胜，右图表示空方获胜。第二根 K 线实体越长，超出前一根 K 线越多，则取胜一方的优势就越大

（续表）

图形	名称	分　析
	连续跳空阴阳线	左图一根阳线之后又一根跳空阳线，表明多方全面进攻已经开始。如果出现在低价位附近，则上涨将开始；如果在长期上涨行情的尾端出现，可能会是最后一涨，第二根阳线的上影线越长，则跌势越明显。右图的情况正好与左图相反
	跳空阴阳交替K线	左图由一根阳线加上一根跳空的阴线，说明空方力量正在增强。若出现在高价位，说明空方有能力阻止股价继续上升。右图与左图完全相反，多空双方中多方在低价位取得一定优势，改变了前一天的空方优势的局面，今后的情况还要分是在下跌行情的图中，还是在低价位而定
	两阳和两阴	左图连续两根阳线，第二根的收盘比第一根低，说明多方力量有限，空方出现暂时转机，股价可能将向下调整。右图与左图正好相反，右图连续两根阴线，第二根的收盘不比第一根低，说明空方力量有限，多方出现暂时转机，股价回头向上的可能性大
	阴吃阳和阳吃阴	左图一根阳线被一根阴线吞没，说明空方已经取得决定性胜利，多方已经瓦解，阴线的上影线越长，空方的优势越明显。右图与左图正好相反，一根阴线被一根阳线吞没，说明多方已经取得决定性胜利，空方将节节败退，寻找新的抵抗区域。阳线的下影线越长，多方优势越明显
	迫入线	"迫入线"主要表示进攻失败。左图空方显示了力量和决心，但收效不大，多方没有伤元气，可以随时发动进攻。右图与左图刚好相反，多方进攻了，但效果不大，空方还有相当实力。同样，第二根 K 线的上下影线的长度也是很重要的
	孕线	左图为一根阴线后的小阳线，说明多方抵抗了，但力量相当弱，很不起眼，空方将发起新一轮攻势。右图与左图正好相反，空方弱，多方将发起进攻，创新高
	包入线	第二根阳线或阴线，吃掉了第一根阴线或阳线，表示反转出现，这是重要的买入或卖出信号

利用这些经典的双日 K 线形态，投资者可以很好地了解到多空双方力量的阶段性转变情况，当这些典型的双日 K 线形态出现在一波上涨走势后的高点或是一波下跌走势后的低点时，往往是阶段性反转走势即将出现的信号，也是投资者短线卖出或买入的明确信号。

5.1.2　关键性三 K 线组合精要解析

很多经典的三日 K 线组合形态可以帮助投资者很好地把握住个股的短期走势，

特别是当这些典型的三日 K 线组合形态出现在一波上涨走势后的高点，或是一波下跌走势后的低点时，更是价格阶段性反转走势即将出现的可靠信号。

三根 K 线与两根 K 线考虑问题的方式是一样的，都是由最后一根 K 线相对前面 K 线的位置来判断多空双方的实力大小。由于三根 K 线组合比两根 K 线组合多了一根 K 线，获得的信息就多些，得出的结论相对于两根 K 线组合来讲要准确些，可信度更大些。由三根 K 线推测市场行情的方法如表 5-2 所示。

表 5-2　由三根 K 线推测市场行情的方法

图形	名称	分析
	反击成功	左图中，一根阳线比两根阴线长，表示多方充分刺激股价上涨，空方已经失败。右图与左图正好相反，它是空方一举改变局面，空方因此而势头大增
	反击失败	左图为连续两根阴线之后出现一根短阳线，而且比第二根阴线低，说明多方力量不大，这一次的反击已经失败，下一步是空方发动新一轮攻势、再创新低的势头。右图与左图刚好相反，表示空方力量不足，多方力量仍占据主动地位
	反击两天失败	左图为一长阴、两小阳，且两阳比一阴短，表明多方虽顽强抵抗第一根 K 线的下跌形势，但收效甚微，下面即将来临的是空方的进攻开始；右图与左图相反，多方占据主动，空方力量已消耗过多，多方将等空方力尽展开反击
	反击一天失败后再获优势	左图一根阴线没有一根阳线长，表示空方力度不够，多方第三天再度进攻，但未能突破上档压力，后势将是以空方进攻为主，空方这次力度的大小将决定大方向；右图与左图正好相反，多空双方反复拉锯之后，现在轮到多方向上抬升，结果将如何，要看向上的力度
图（1） 图（2）　　图（3）	两阴吃一阳	两根阴线吃掉第一天的一根阳线，表示空方的力量已经显示出很强大。多方连续两天失利，并不能肯定就完全无望，此时应结合这三根 K 线前一天的 K 线情况加以细分。 如图（1），两根阴线比两根阳线短，说明多方优势还在，还握有主动权。 如图（2），两根阴线比两根阳线长，说明空方优势已确立，下一步是空方的主动。 如图（3），四根 K 线中有三根阴线，说明空方进攻态势很明确；另外，单从前三根 K 线看，第四天将是多方的主动，但是第四根 K 线只稍微向上拉了一下就向下直降，表明投资者原先期待的多方优势其实非常的小，根本经不起空方的冲击

（续表）

图形	名称	分　析
图（1）　　　　 图（2）　　图（3）	两阳吃一阴	这是同上图刚好相反的图，只是多方和空方的地位正好掉了一下。 图（1），表示空方优势仍然在手。 图（2），表示空方优势已经不存在了。 图（3），表示多方优势明显
	两阴（阳）夹一阳（阴）	左图一根阳线比前一根阴线长，说明多方力量占据优势，后一根阴线未超过前一根阳线，说明空方力量已经到头了，后市将由多方主导。右图与左图正好相反，是空方的市场，因为第三根阳线比第二根阴线低
	两阴（阳）夹一阳（阴）	左图两阴夹一阳，第三根阴线比第二根阳线低，这是与上一图最为根本的区别，正是这一区别，使得这两种图的力量对比发生了根本的变化。左图是空方占优，在下落途中多方只作了较小的抵抗，暂时收复了一些失地，但在第三天空方的强大打击下，溃不成军，空方已占优势。右图与左图相反，是多方的优势

5.1.3　关键性多 K 线组合精要解析

通过前面逐级学习，我们对 K 线形态已经有了进一步的理解，比如单根 K 线较两根 K 线出现骗线[①] 的概率要高，三根 K 线又比两根 K 线的成功率高。这是因为观察的 K 线数量越多，获得的市场信息也就越多，成功率自然也就越高。下面将介绍一些多根 K 线组合在一起的经典 K 线组合形态，如表 5-3 所示。

表 5-3　由多根 K 线推测市场行情的方法

图形	名称	分　析
	三个白武士	"三个白武士"是由三根短小的连续上升的阳 K 线组成，K 线收盘价一日比一日高，表示武士勇敢前进，基础扎实，后市涨幅将加大

---

① 骗线是指主力庄家利用股民们迷信技术分析数据、图表的心理，故意抬拉、打压股指，致使技术图表形成一定线型，引诱股民大量买进或卖出，从而达到他们大发其财的目的。

（续表）

图形	名称	分　析
	叠叠多方炮	"叠叠多方炮"的 K 线组合就是两根小阴线夹在 3 根阳线中间，在实践中是一组非常实用的 K 线组合，这个组合出现后，股价继续上涨的概率极大
	上升三步曲	这组 K 线组合出现在上升途中，由 3 根较大阳线接 3 根较小阴线，再接一根较大阳线组合，是行情看涨的信号，预示后市将继续上涨
	三只黑乌鸦	中间由 3 个短小连续下跌的小阴实体组成，K 线收盘价一日比一日低，表示空方力量在逐步加强，后市看淡，下跌速度将加快
	下跌三步曲	一根长阴线后跟 3 根连续小幅上涨的"小阳线"，随后又是一根"大阴线"，反映市场极度虚弱，小涨大跌空方绝对占优的情况
	三阴夹两阳	"三阴夹两阳"的 K 线组合就是两跟阳线夹在 3 根阴线中间，这常是一个下跌途中的形态。表示股价下跌，中间遇到小阳线的抵抗，但还是挡不住空方的进攻力量，股价将继续走下跌行情
	空方反击线	"空方反击线"是由出现在阶段性高点的大阳线（或中阳线），随之而来的小阴线（也可是十字星或小阳线等）、空方反击的大阴线（或中阴线）组合而成，当这一组合形态出现在价格的一波快速上涨走势后的阶段性高点或是盘整震荡区域的相对高点位时，是空方开始反击的信号，也是价格走势反转向下的信号

5.1.4　关键性周期 K 线组合精要解析

对于投资者而言，在实际操作中常常将 K 线按周期分为：1 分钟 K 线、5 分钟 K 线、15 分钟 K 线、60 分钟 K 线、日 K 线、周 K 线等，应用这些周期的 K 线来组合看一只股票，可靠性就会大大提高。

例如，短线操作者应该重视 1 分钟 K 线，但是并不是所有的股票都能通过 1 分钟 K 线看出名堂来。通常情况下，上涨是一个持续的过程，在日线里连收 5 个阳线一般要面临回调，可能一个缩量阴线之后又继续上涨，但在 1 分钟 K 线里则不然，上涨和下跌都是一连串的阳线和阴线，当连续一段阳线后的第一个阴线出现，意味着将会有一连串的阴线，如图 5-2 所示。

从上涨形态上讲，圆弧顶在 1 分钟 K 线里是比较常见的，当缩量止跌之后，卖压减轻，这时候稍有一点买力就会在分钟 K 线上形成一根大阳，紧接着是接二连三的大阳线，渐渐地上升幅度由陡变缓，则往往宣告一个圆弧顶即将形成

图 5-2　1 分钟 K 线图

在实战操作中，无论是对哪一个周期的 K 线图形，只要 K 线实体不断缩小，一般都表示上涨遇阻。此外，投资者分析不同周期的 K 线图时，还可以结合各项分析指标，如 VOL 指标、KDJ 指标、MACD 指标等。

专家提醒　例如，在实战中，投资者可以在 15 分钟 K 线图上设置 1 根 21 单位均线以及 1 根 5 单位均线。若 5 单位均线上穿 21 单位均线，则是买入信号；若 5 单位均线下穿 21 单位均线，则要坚决离场。

5.1.5　关键性 K 线缺口组合精要解析

当股价在快速大幅变动中有一段价格没有任何交易，显示在股价趋势图上是一个真空区域，这个区域称之"缺口"，它通常又称为跳空。当股价出现"缺口"，经过几天甚至更长时间的变动，然后反转过来，回到原来"缺口"的价位时，称为"缺口"的封闭，又称"补空"。

如图 5-3 所示，相临的两根价格线（可以是 K 线或柱状线等）在垂直方向上没有重叠部分，则形成一个“缺口”，即图形上没有发生任何交易的那个价格区。

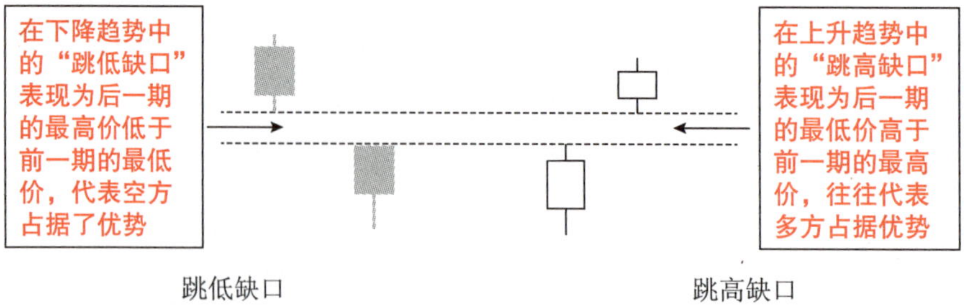
在下降趋势中的“跳低缺口”表现为后一期的最高价低于前一期的最低价，代表空方占据了优势
在上升趋势中的“跳高缺口”表现为后一期的最低价高于前一期的最高价，往往代表多方占据优势
跳低缺口
跳高缺口

图 5-3 “缺口”

“缺口”产生的原因往往在于突发事件所导致的供求关系的骤然变化。“缺口”既可以出现在上升趋势中，也可以出现在下降趋势中。

一般意义上的缺口根据其所处的不同位置可分为 4 种：普通缺口、突破性缺口、持续性缺口、消耗性缺口，如图 5-4 所示。

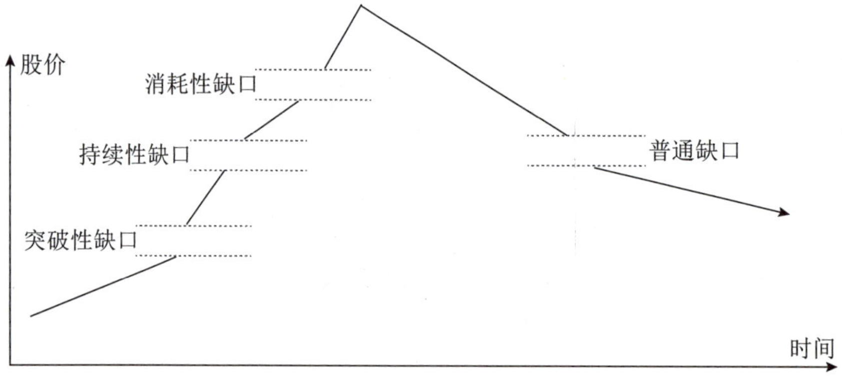
股价
消耗性缺口
持续性缺口
突破性缺口
普通缺口
时间

图 5-4 “缺口”的种类

如图 5-5 所示为保利地产（600048）的 K 线走势图，此股在横盘整理后出现了一个向上突破性缺口。突破性缺口的出现，往往意味着方向的选择已定，向下突破性缺口意味着行情向下发展，向上突破性缺口意味着行情将进入一片新天地。

突破性缺口常出现在整理形态濒临结束时，由于技术面或基本面的优势，在多空拉锯中作出跳空上涨或跳空下跌而脱离盘整的情形，比如投资者常见的跌破支撑、突破阻力。在实战操作中，当出现向上突破性缺口后，投资者第一时间介入都是正确的，如果第一时间即当日没能把握好介入点也没关系，仍可以利用其后的震荡回调收阴时介入，或者利用多种低位买入法介入。

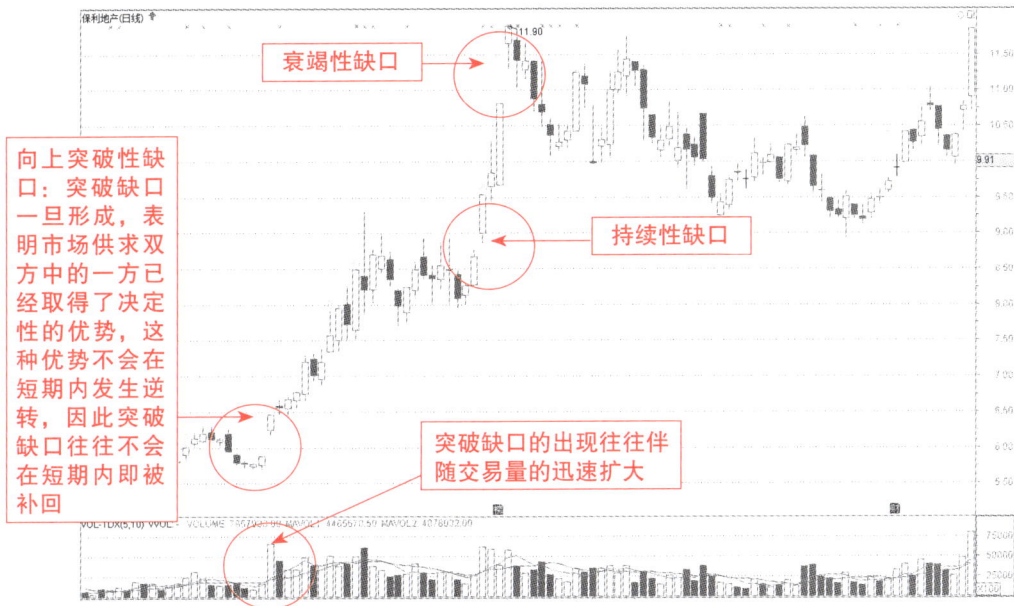

图 5-5 保利地产 K 线图

5.2 常见 K 线集群形态的分析

在前面的章节中,我们讲解了单根 K 线、两根 K 线、三根 K 线以及多跟 K 线等形态,但是这种形态仅仅只是一种局部形态,它们可以指导投资者进行阶段性的高抛低吸操作,但却难以让投资者看清价格的整体运行情况。随后的章节中将介绍可以反映价格整体走势的 K 线集群形态。

5.2.1 整理形态:三角形

"三角形整理"形态是一种最为常见的整理形态,依据其形态特征也将其分为 4 种:上升三角形、下降三角形、收敛三角形和扩散三角形。

1. 上升三角形和下降三角形

上升三角形、下降三角形一般以直角的形态出现,因而也可以称之为直角三角形,如图 5-6 所示。

当股价在某水平呈现当正当强大的卖压,价格从低点回升到水平便告回落,但市场的购买力十分强，股价未回至上次低点即告弹升，这情形持续使股价随着一条阻力水平线波动日渐收窄。若把每一个短期波动高点连接起来，可画出一条水平阻力线；而每一个短期波动低点则可相连出另一条向上倾斜的线，这就是上升三角形。下降三角形的形状的上升三角形恰好相反。

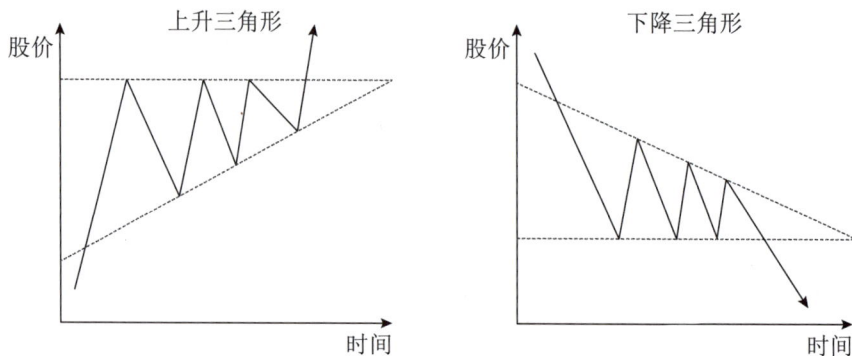

图 5-6 "上升三角形"与"下降三角形"形态

2. 上升三角形和下降三角形

收敛三角形和扩散三角形一般以对称形态出现，因而也可以称之为对称三角形或正三角形，如图 5-7 所示。对称三角形一般应有 6 个转折点，这样上下两条直线的支撑压力作用才能得到验证。

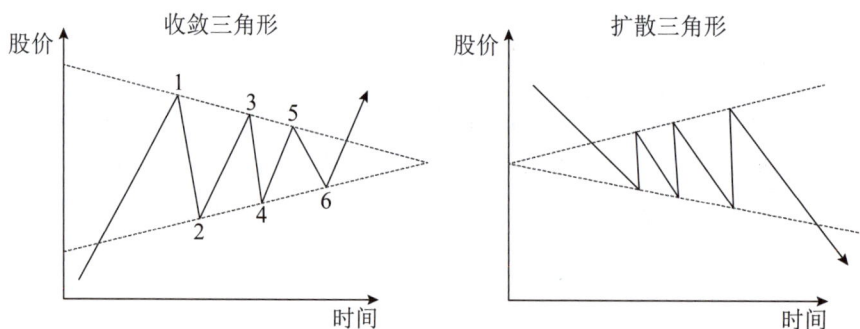

图 5-7 "收敛三角形"和"扩散三角形"形态

对称三角形的成交量因愈来愈小的股价波动而递减，而向上突破需要大成交量配合，向下突破则不必。没有成交量的配合，很难判断突破的真假。

5.2.2 整理形态：旗形

"旗形整理"形态是一个趋势的中途休整过程，休整之后，还要保持原来的趋势方向，如图 5-8 所示。"旗形整理"形态就像一面挂在旗杆顶上的旗帜，通常在急速而又大幅的市场波动中出现，股价经过一连串紧密的短期波动后，形成一个稍微与原来趋势呈相反方向倾斜的长方形，这就是旗形走势，可分作上升旗形和下降旗形。

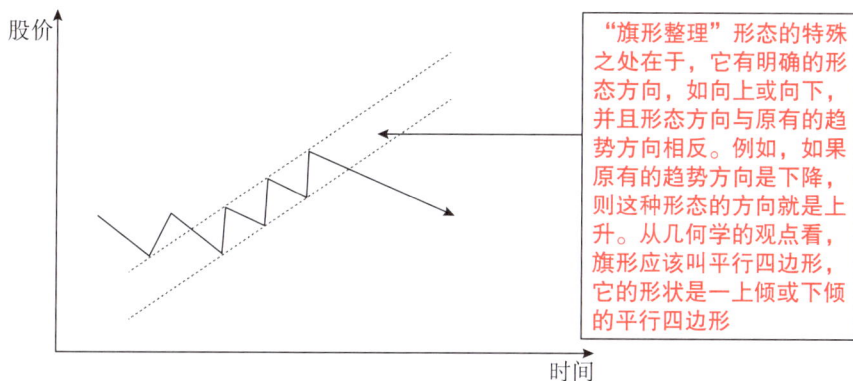

图 5-8 "旗形整理"形态

（1）上升旗形：股价经过陡峭的飙升后，接着形成一个紧密、狭窄和稍微向下倾斜的价格密集区域，把这密集区域的高点和低点分别连接起来，就可以划出二条平行而又下倾的直线，这就是上升旗形。

（2）下降旗形：当股价出现急速或垂直的下跌后，接着形成一个波动狭窄而又紧密，稍微上倾的价格密集区域，像是一条上升通道，这就是下降旗形。

"旗形整理"形态大多发生在市场极度活跃、股价运动近乎直线上升或下降的情况下，且出现在第四浪的概率较大，随后的趋势虽然将继续，但距离趋势结束可能也将不远了，此时操作要注意防范风险。

5.2.3 整理形态：矩形

"矩形整理"形态是股价由一连串在两条水平的上下界线之间变动而成的形态，股价在其范围之内出现上落，如图 5-9 所示。

"矩形整理"形态为冲突型形态，是描述实力相当的争战双方的竞争，其形成原理如下。

（1）"矩形整理"形态在形成之初，多空双方全力投入，各不相让。空方在价格涨到某个位置就抛压，多方在股价下跌到某个价位就买入，时间一长就形成两条明显的上下界线。

股价

价格上升到某水平时遇上阻力，掉头回落，但很快地便获得支持而升，可是回升到上次同一高点时再一次受阻，而挫落到上次低点时则再得到支持。这些短期高点和低点分别以直线连接起来，便可以绘出一条通道，这通道既非上倾，亦非下降，而是平行发展，这就是"矩形整理"形态

时间

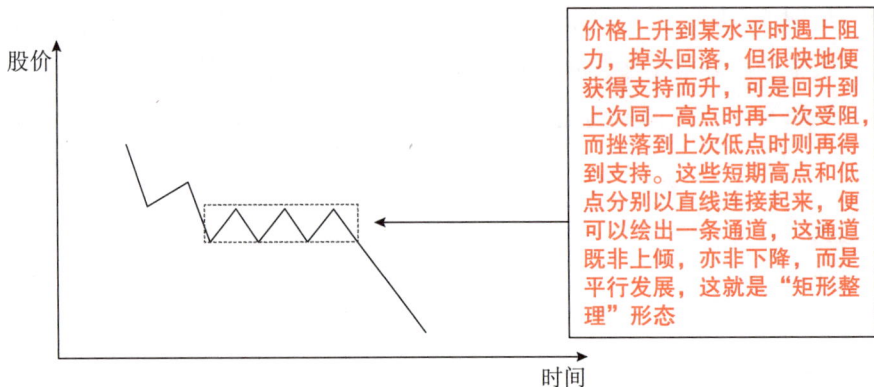

图 5-9 "矩形整理"形态

（2）随着时间的推移，双方的战斗热情会逐步减弱，成交量减少，市场趋于平淡。如果原来的趋势是上升，那么经过一段矩形整理后，会继续原来的趋势，多方会占优势并采取主动，使股价向上突破矩形的上界；如果原来是下降趋势，则空方会采取行动，突破矩形的下界。

5.2.4 整理形态：楔形

如果上下两条线相交时称为"楔形整理"形态，它与旗形显得很相似，不同处在于旗形的持续时间较长。如果将旗形中上倾或下倾的平行四边形变成上倾或下倾的三角形，就会得到"楔形整理"形态，如图 5-10 所示。

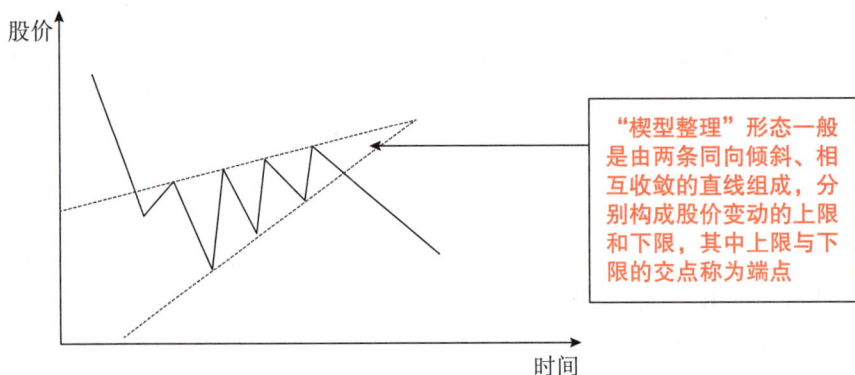

股价

"楔型整理"形态一般是由两条同向倾斜、相互收敛的直线组成，分别构成股价变动的上限和下限，其中上限与下限的交点称为端点

时间

图 5-10 "楔形整理"形态

"楔形整理"形态可分为上升楔形和下降楔形两种。

（1）上升楔形：上升楔形是指股价经过一次下跌后产生强烈技术性反弹，价格升至一定水平后又掉头下落，但回落点比前次高，然后又上升至新高点，再回落，

在总体上形成一浪高于一浪的势头。如果把短期高点相连，则形成一向上倾斜直线，且两者呈收敛之势。上升楔形表示一个技术性反弹渐次减弱的市况，常在跌市中的回升阶段出现，显示股价尚未见底，只是一次跌后技术性的反弹。

（2）下降楔形：下降楔形则正好与上升楔形相反，股价的高点和低点形成一浪低于一浪之势，常出现于中长期升市的回落调整阶段。

"楔形整理"形态属于短期调整形态，整理的时间不宜太长，一般在 8 至 15 日内，时间太久的话，形态力道将消失，也可能造成股价反转的格局。

5.2.5　反转形态：头肩顶和头肩底

"头肩顶"形态是最常见的顶部反转形态，一般出现在上升趋势的末期，是行情上涨到顶点后的反转信号，其形态如图 5-11 所示。

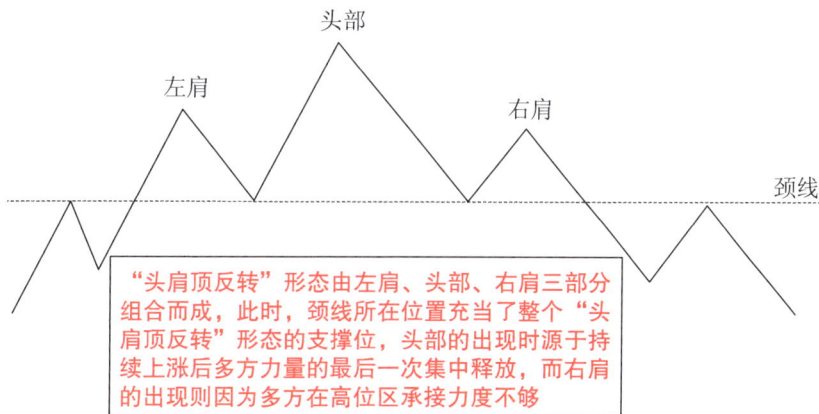

图 5-11　"头肩顶反转"形态

"头肩顶反转"形态可以划分为以下不同的部分。

（1）左肩：股价持续一段上升的时间，成交量很大，过去在任何时间买进的人都有利可图，于是开始沽出获利，令股价出现短期的回落，成交较上升到其顶点时有显著的减少。

（2）头部：股价在经过短暂的回落后，又有一次强力的上升，成交亦随之增加。不过，成交量的最高点较之于左肩部分，明显减退。股价升破上次的高点后再一次回落，而且成交量在这回落期间亦同样减少。

（3）右肩：当股价下跌到接近上次的回落低点时，又再获得支持回升。不过，市场投资的情绪显著减弱，成交较左肩和头部明显减少，股价没法抵达头部的高点便告回落，于是形成右肩部分。

（4）颈线：股价在上冲失败向下回落时形成的两个低点又基本上处在同一水平线上，这同一水平线，就是通常说的颈线，当股价第三次上冲失败回落时，这根颈线就会被击破，于是"头肩顶反转"形态正式宣告成立。

"头肩底反转"形态是较常呈现的 K 线形状图形，代表着市场逐步改变方向，在底部，当市场力求发起一轮牛市的时候，有必要得具有较多的成交量才行，也即是说，有必要具有显著增强的买进推力。如图 5-12 所示，为标准的"头肩底反转"形态，它由左肩、头部、右肩三部分组合而成，此时，颈线所在位置充当了整个"头肩底反转"形态的阻力位。

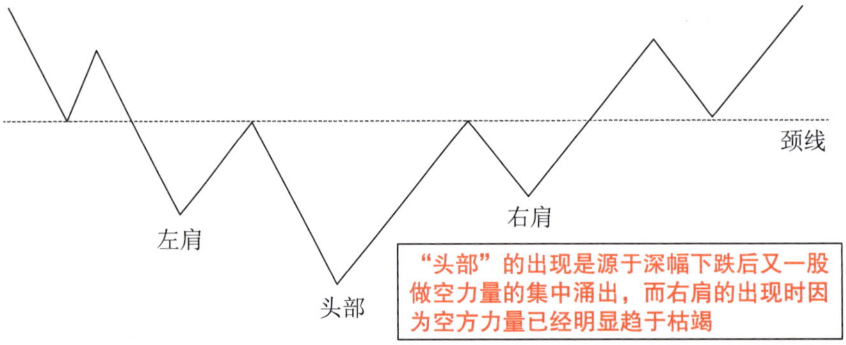

图 5-12　标准的"头肩底反转"形态

5.2.6　反转形态：双重顶和双重底

"双重顶"形态又称为"M 形反转"形态，它出现在持续上涨后的高位区，是价格走势二次探顶所产生的，因其形态与英文字母"M"相近，故得名为"M 形反转"形态，其形态如图 5-13 所示。

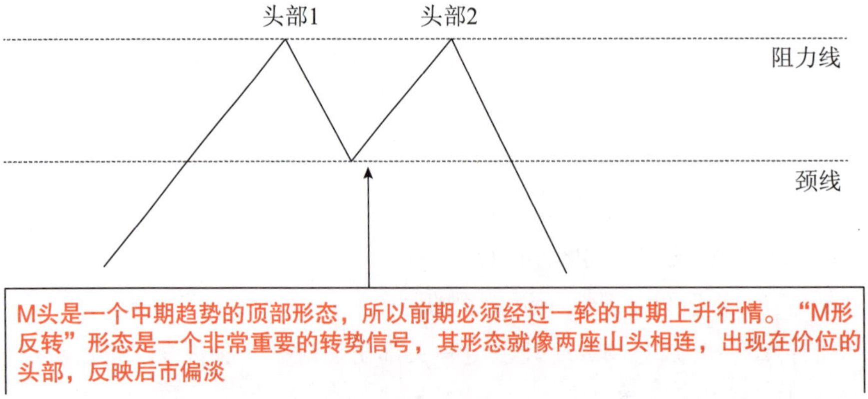

图 5-13　"M 形反转"形态

"M 形反转"形态与"头肩顶"形态十分相似，投资者可以通过 M 头形态来判断出顶部何时股价下跌，从而不亏损。

"双重顶"形态又称为"W 形底反转"形态，是一种重要的 K 线形状，其走势外观如英文字母"W"，如图 5-14 所示。W 底形状归于一种中期底部形状，通常发生于波段跌势的晚期，通常不会呈现在行情趋势的半途。

"W形底反转"形态内有两个低点和两次上升，从第一个高点可制作出一条水平颈线压力，报价再次向上打破颈线时，必需要随同活跃的成交，W底才算正式建立

颈线

底部　　　底部

图 5-14　"W 形底反转"形态

5.2.7　反转形态：三重顶和三重底

"三重顶"（或"三重底"）形态是指在跌市中以三个价位大致相同的高点（或低点）形成的顶部（或底部）反转形态。"三重顶"和"三重底"形态通常形成时间比较长，这也增加了股价反转的可靠性。如图 5-15 所示，为"三重底"形态，股价向上突破其颈线时，表示行情将进入一致上升期。

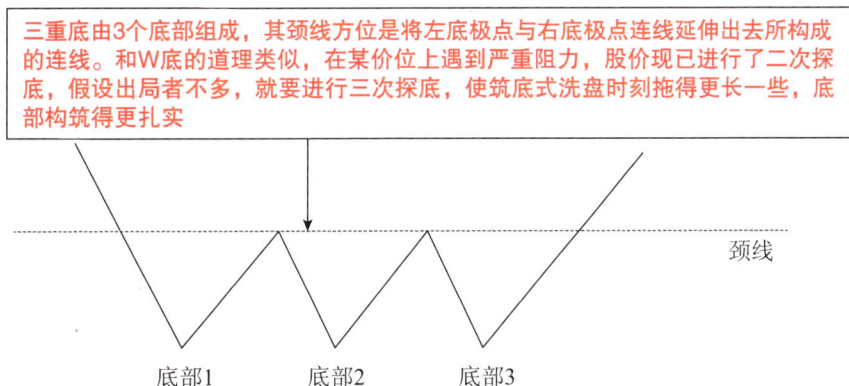

三重底由3个底部组成，其颈线方位是将左底极点与右底极点连线延伸出去所构成的连线。和W底的道理类似，在某价位上遇到严重阻力，股价现已进行了二次探底，假设出局者不多，就要进行三次探底，使筑底式洗盘时刻拖得更长一些，底部构筑得更扎实

颈线

底部1　　　底部2　　　底部3

图 5-15　"三重底反转"形态

三重顶和三重底的要点提示有以下几点。

（1）三重顶（底）之顶峰与顶峰，或谷底与谷底的间隔距离与时间不必相等，同时三重顶之底部与三重底之顶部不一定要在相同的价格形成。

（2）三个顶点价格不必相等，大致相差 3% 以内就可以了。

（3）三重顶的第三个顶，成交量非常小时，即显示出下跌的征兆；而三重底在第三个底部上升时，成交量大增，即显示出股价具有突破颈线的趋势。

5.2.8　反转形态：圆弧顶和圆弧底

"圆弧顶反转"形态形似圆弧，这种形态较为清晰地勾勒出了多空双方力量的转化过程，是投资者识别趋势反转的重要形态之一，其形态如图 5-16 所示。

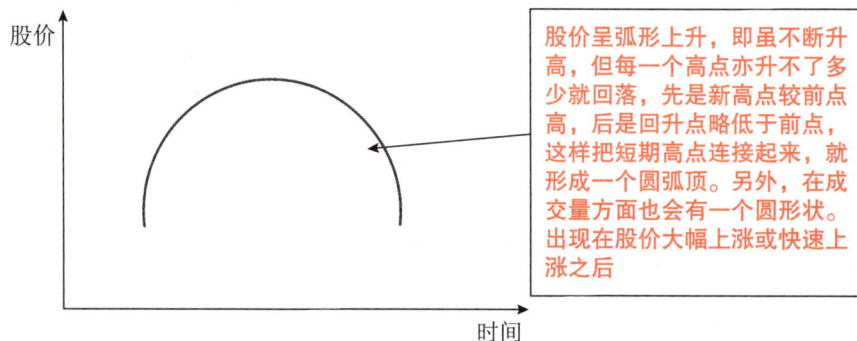

> 股价呈弧形上升，即虽不断升高，但每一个高点亦升不了多少就回落，先是新高点较前点高，后是回升点略低于前点，这样把短期高点连接起来，就形成一个圆弧顶。另外，在成交量方面也会有一个圆形状。出现在股价大幅上涨或快速上涨之后

图 5-16　"圆弧顶反转"形态

"圆弧底反转"形态归于一种盘整形状，其形状如锅底状，如图 5-17 所示。与潜伏底相似之处在于，交投清淡，耗时几个月甚至更久，体现弱势行情典型特征，是投资者在跌市中，信心极度匮乏在技术走势上的体现。这时空方的能量也基本释放完毕，但由于前期下跌杀伤力强，短时间内买方也难以汇集买气，无法快速脱离底部上涨，只有长期停留在底部休整，以时间换空间，慢慢恢复元气，价格陷入胶着，振幅很小，此时便会形成圆弧底形态。

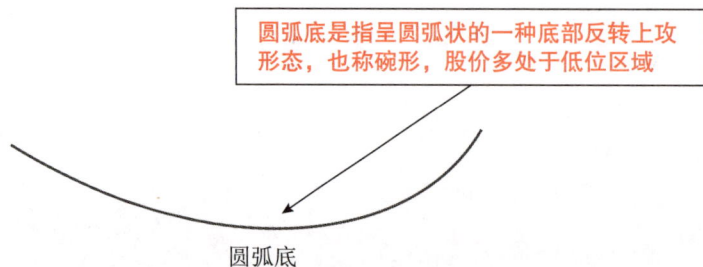

> 圆弧底是指呈圆弧状的一种底部反转上攻形态，也称碗形，股价多处于低位区域

圆弧底

图 5-17　"圆弧底反转"形态

5.2.9　反转形态：V 形顶和倒 V 形底

"倒 V 形反转"形态也常称为"尖顶"形态，经常出现在股价一路持续上涨，很少调整或只有微小调整，且股价在持续上涨的过程中又出现过价格跳空的市场中，先是股价快速上扬，随后股价快速下跌。头部为尖顶，就像一个倒写的英文字母"V"字形状，其形态如图 5-18 所示。

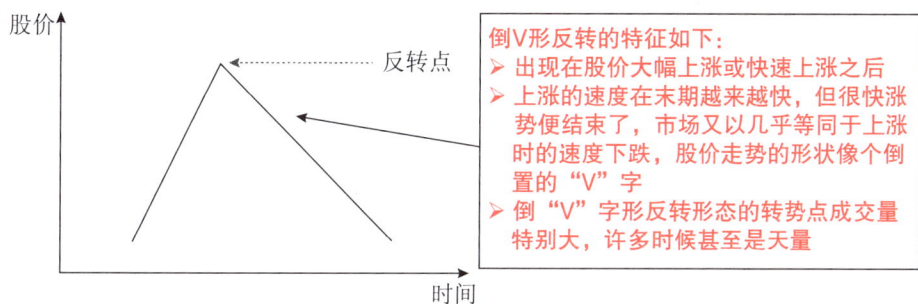

倒 V 形反转的特征如下：
- 出现在股价大幅上涨或快速上涨之后
- 上涨的速度在末期越来越快，但很快涨势便结束了，市场又以几乎等同于上涨时的速度下跌，股价走势的形状像个倒置的"V"字
- 倒"V"字形反转形态的转势点成交量特别大，许多时候甚至是天量

图 5-18　"倒 V 形反转"形态

"倒 V 形反转"形态是一种暴涨暴跌的形态，人们常说的"股灾"，很多时候都用倒"V"字形来表现。

"V 形底反转"形态是指股价先一路下跌，随后一路攀升，底部为尖底，在图形上就像英文字母 V 一样，如图 5-19 所示。

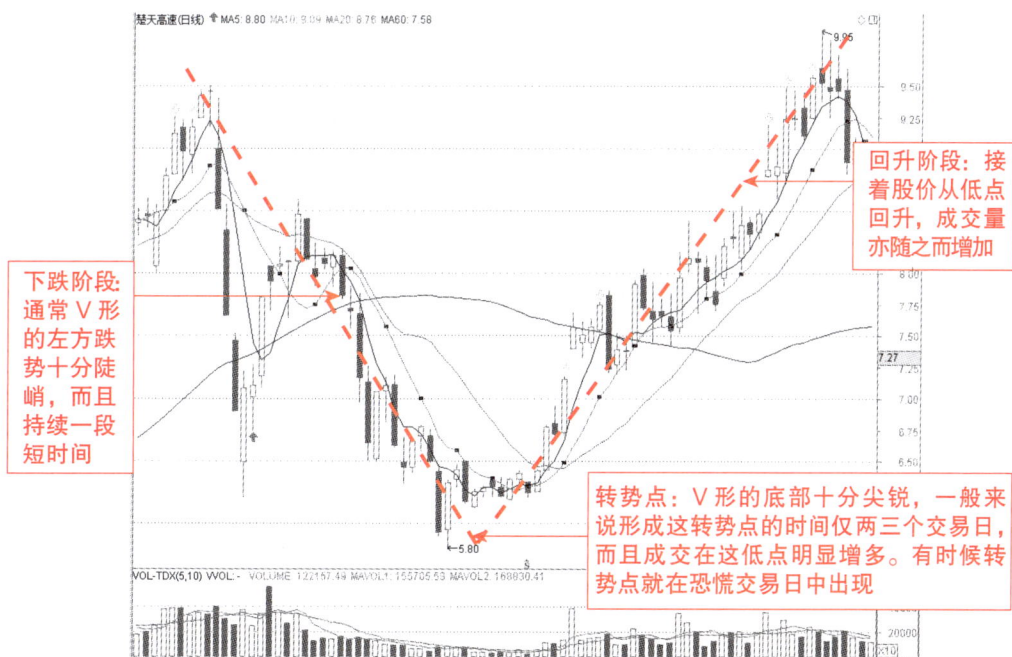

图 5-19　"V 形底反转"形态

　　"V形底反转"形态的出现一般没有事先的征兆，并且是一种失控的形态，在应用时要特别小心。不过形态完成后潜能相当惊人，所达到的上升或下跌幅度也不可测算，但转势一经形成，可确认性较高，具有十分重要的实战意义。

第6章 K线形态买卖点分析

学前提示

　　在股市实战中，K线技术是分析中最基础的技术。通过K线的不同形态，可以预测股价未来的走势，捕捉涨跌信号，把握买卖时机，本章将详细介绍通过K线形态解析股票市场规律的相关内容。

要点展示

- 见底形态K线组合——买入点
- 攻击形态K线组合——买入点
- 见顶形态K线组合——卖出点

6.1 见底形态 K 线组合——买入点

对于股票投资者而言，通过 K 线组合形态显示出的见底起涨信号，可以大概分析股票的买入时机，本节将介绍几种常见的见底 K 线形态。

6.1.1 早晨之星：预示"光明"的到来

"早晨之星"顾名思义：就是在太阳尚未升起的时候，黎明前最黑暗的时刻，一颗明亮的启明星在天边指引着那些走向光明的夜行人，前途当然看好。在股市中，K 线图上的"早晨之星"即预示着跌势将尽，大盘处于拉升的前夜，行情摆脱下跌的阴影，逐步走向光明，也称"希望之星"。

"早晨之星"一般由 3 个交易日的 3 根 K 线构成，如图 6-1 所示。

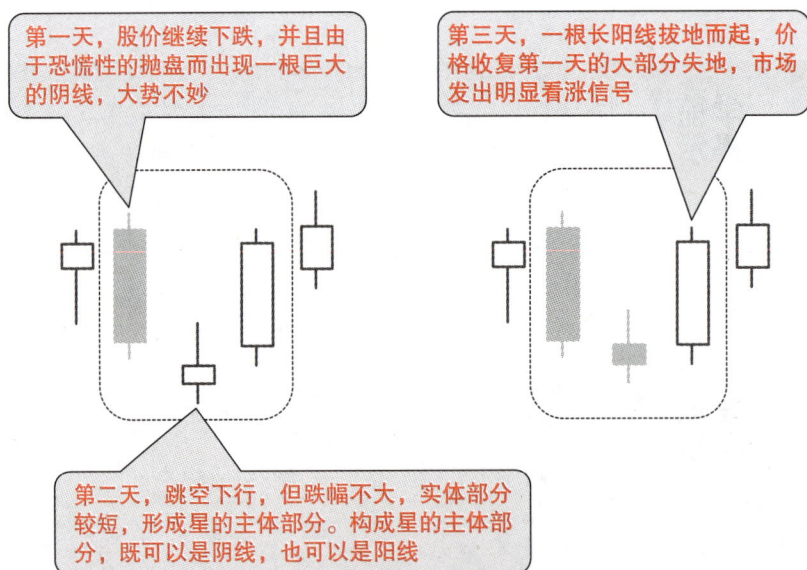

第一天，股价继续下跌，并且由于恐慌性的抛盘而出现一根巨大的阴线，大势不妙

第三天，一根长阳线拔地而起，价格收复第一天的大部分失地，市场发出明显看涨信号

第二天，跳空下行，但跌幅不大，实体部分较短，形成星的主体部分。构成星的主体部分，既可以是阴线，也可以是阳线

图 6-1 "早晨之星"的 K 线形态

专家提醒

第一根阴线出现后，市场还处于空方市场，多方还是浪弱，次日跳空低开说明空方继续打压，而 K 线实体浪短说明多方在收市前奋力反扑，第三日的大阳线深入阴线内部，说明多方实力大增，行情逆转信号强烈，后市上涨可能性浪大。

6.1.2 曙光初现：意味着市况由淡转好

"曙光初现"形态是由两支不同颜色的"阴阳烛"组成，意味着市况由淡转好，通常在一个下跌市况后出现，其形态如图 6-2 所示。

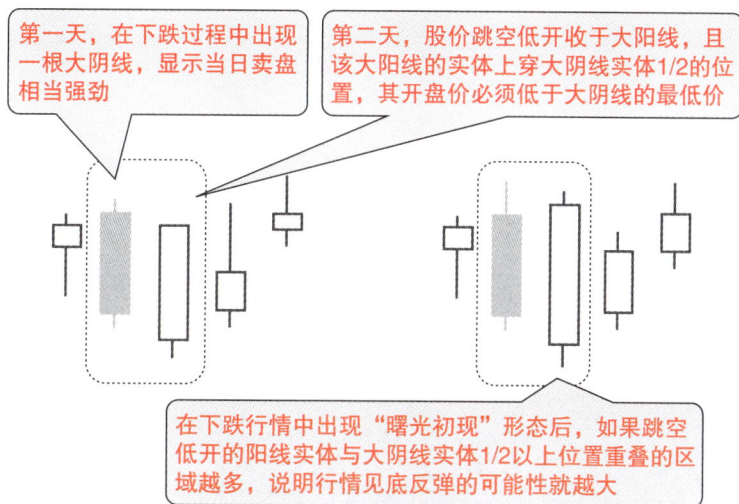

第一天，在下跌过程中出现一根大阴线，显示当日卖盘相当强劲

第二天，股价跳空低开收于大阳线，且该大阳线的实体上穿大阴线实体1/2的位置，其开盘价必须低于大阴线的最低价

在下跌行情中出现"曙光初现"形态后，如果跳空低开的阳线实体与大阴线实体1/2以上位置重叠的区域越多，说明行情见底反弹的可能性就越大

图 6-2 "曙光初现"形态

"曙光初现"形态一般出现在连续下跌的行情末期，该 K 线组合说明多方开始强势反击，后市继续上涨可能性大。

6.1.3 旭日东升：即将迎来"美好日子"

"旭日东升"原意是指：初升的太阳，早上太阳从东方升起，形容朝气蓬勃的气象，也比"喻艰苦的岁月已过去，美好的日子刚刚来到"。

在股市中，"旭日东升"形态一般出现在股价下跌行情末期，由两根 K 线组成，且前后两根 K 线实体长度近乎相等，是一种市场反转信号，如图 6-3 所示。

"旭日东升"形态的实战运用技巧如下所述。

● 见底信号强于"曙光初现"形态。

● 阳线实体高出阴线实体部分越多，转势信号越强。

● 阴线最高价是支撑。

> "旭日东升"形态由两根K线组成，第一根为中大阴线，第二根阳K线是一根高开高走的中大阳线，且该阳线的收盘价超过了前一根大阴线的开盘价。操作上一旦突破上一根阴线的开盘价就可以积极进场，K线组合的特征往往伴随着成交量的放大更可靠。一般短线可以全仓买入。该K线组合出现在连续下跌过程中，往往形成短期底部和阶段性底部的可能性大。往往第二阳线实体越长，成交量越大，后市反转的力度就越强

标准"旭日东升"　　　　　　变化的"旭日东升"图形

图6-3　"旭日东升"形态

（1）如图6-4所示为孚日股份（002083）2015年5—9月的K线图，股价经历了一波震荡下跌行情产生见底信号，并于9月15日收出一根大阴线。

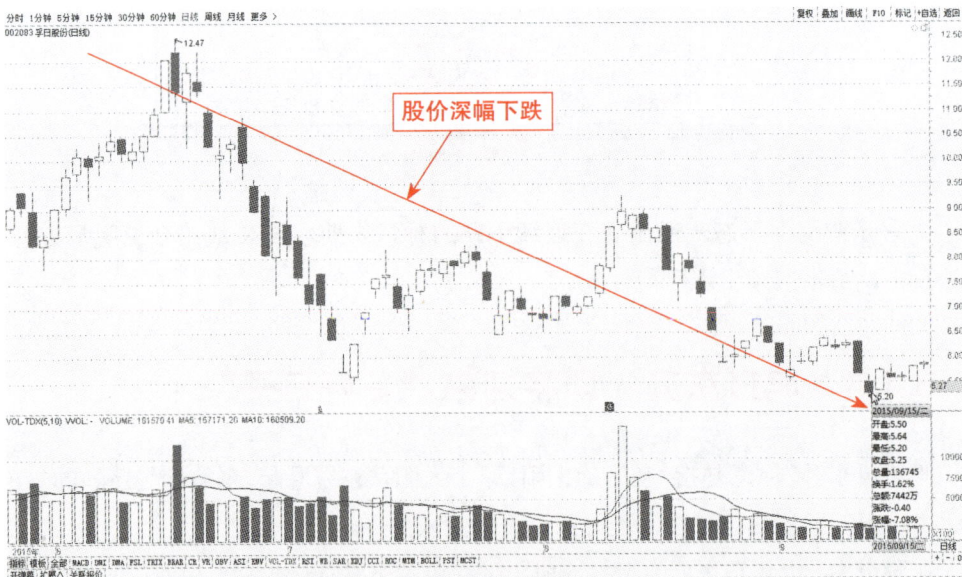

股价深幅下跌

图6-4　孚日股份K线图（1）

（2）9月16日股价高开高走收一根大阳线，其收盘价高于前一天的开盘价，形成"旭日东升"形态，如图6-5所示。此时，底部已经确认，上涨行情已经展开，投

资者应该及时跟进。

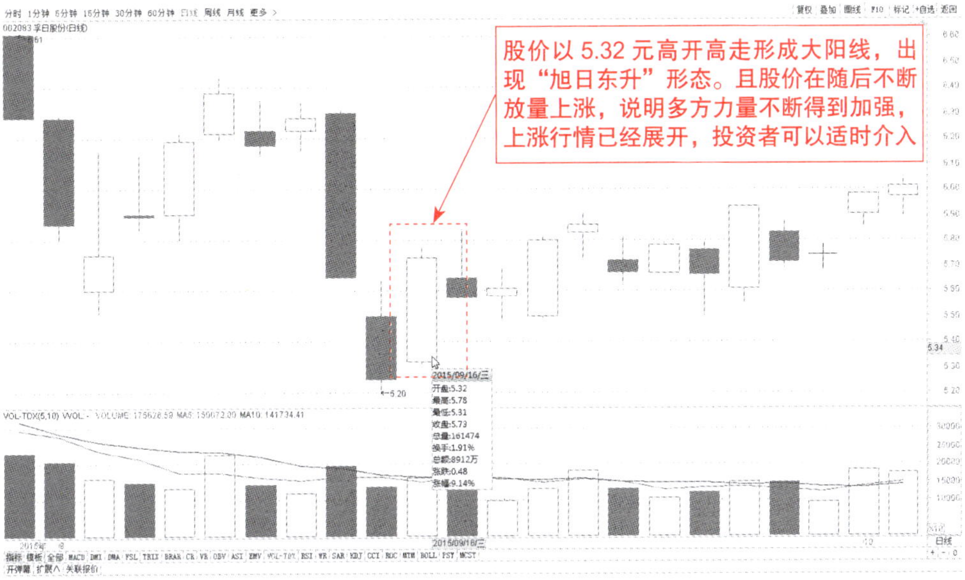

图 6-5　孚日股份 K 线图（2）

（3）该股在出现"旭日东升"组合形态后，股价几乎没有受到任何阻力，一路飙升至 8.34 元，如图 6-6 所示。

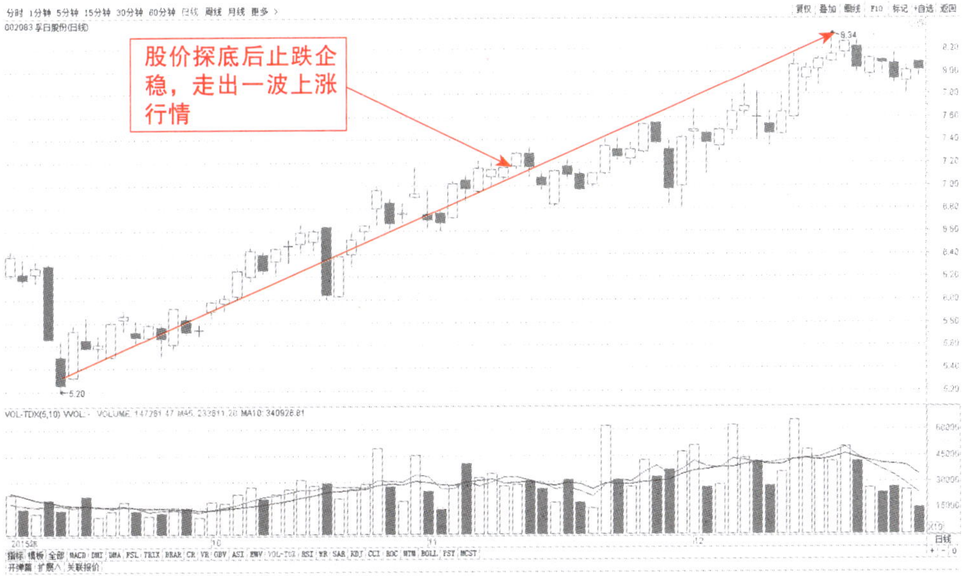

图 6-6　孚日股份 K 线图（3）

6.1.4 平底线：预示价格上涨的信号

当股价下跌到低位后，出现了两条最低价为同值的K线，这两条K线，就称为"平底线"，又称"镊底"或"平头底"。

"平底线"形态是较为可信的见底信号，它表明空方力量正在减弱，而多方力量则开始汇聚，是一种预示价格上涨的信号。"平底线"出现的频率也很高，可在任何部位出现，但只有处在低价圈或波段底部低点部位的"平底线"才是可信的买入信号，其他部位出现的"平底线"就慎重操作。

如图6-7所示，为宏图高科（600122）的K线走势图，此股在一波回调走势后的相对低点出现了一个双日最低价持平的"平底线"形态，这是空方阶段性抛压减轻，多方力量逐步转强的标志，预示着一波反弹上涨走势的出现。

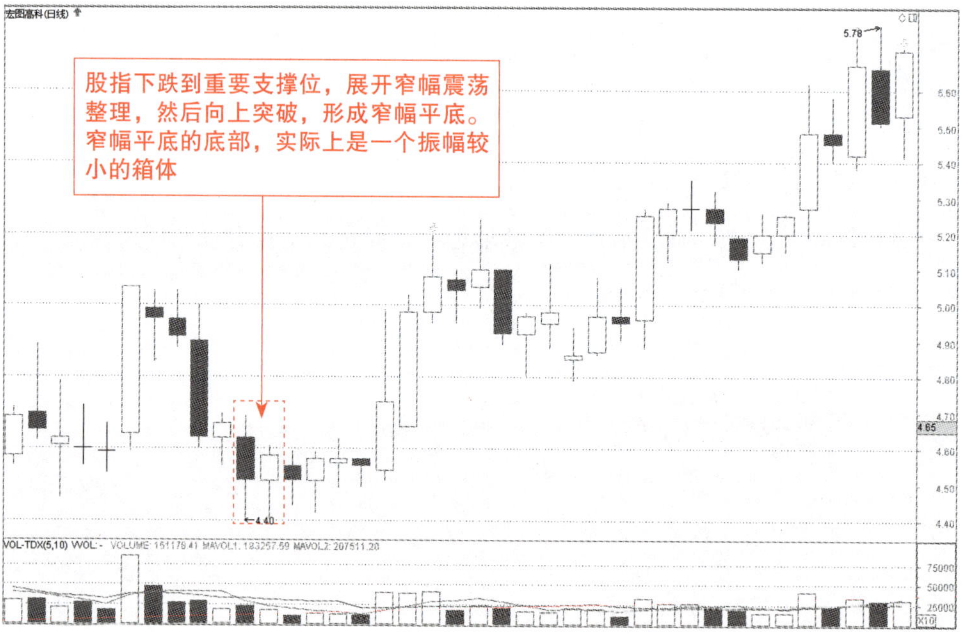

图6-7　宏图高科K线图

6.2 攻击形态K线组合——买入点

攻击形态K线组合包括红三兵、三个白武士、多方尖兵、仙人指路等形态，本节将具体介绍其形态样式以及应用技巧。

6.2.1 三个白武士：股价可能继续上涨

在股价上涨过程中，连续出现 3 根阳线，每一根阳线的收盘价都要高于前一根阳线的收盘价，这样的 K 线组合就是"三个白武士"形态，又叫"前进三兵"或"白色三兵"，如图 6-8 所示。

"三个白武士"形态是由三根短小的连续上升的阳K线组成，K线收盘价一日比一日高，表示"武士"勇敢前进，基础扎实，后势涨幅将加大。"三个白武士"形态表明股价已经过充分换手，积累了一定的上升能量，如若成交量能同步放大，继续上涨可能性极大

图 6-8 "三个白武士"形态

在上涨行情途中，如果出现"三个白武士"组合形态，暗示着多方实力逐渐累积，当突破阻力线后，就会产生质变，表现在股价上，就是后市股价飙升，因此该形态是投资者介入盈利的机会。

6.2.2 多方尖兵：深入空方腹地的尖兵

"多方尖兵"形态由若干根 K 线组成的，一般出现在上涨行情中，如图 6-9 所示。有人将"多方尖兵" K 线组合比喻成深入空方腹地的尖兵，实际"多方尖兵"是多方主力发动全面进攻的一次洗盘，它的出现表示股价会继续上涨，投资者应该积极做多。

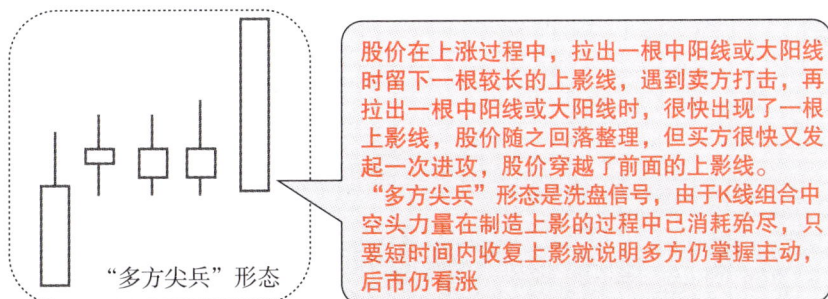

股价在上涨过程中，拉出一根中阳线或大阳线时留下一根较长的上影线，遇到卖方打击，再拉出一根中阳线或大阳线时，很快出现了一根上影线，股价随之回落整理，但买方很快又发起一次进攻，股价穿越了前面的上影线。
"多方尖兵"形态是洗盘信号，由于K线组合中空头力量在制造上影的过程中已消耗殆尽，只要短时间内收复上影就说明多方仍掌握主动，后市仍看涨

"多方尖兵"形态

图 6-9 "多方尖兵"形态

6.2.3 仙人指路：明显的上升中继信号

"仙人指路"形态是一根带有较长上影线的 K 线，但其位置主要出现在个股上升途中，是一种十分明显的上升中继信号，如图 6-10 所示。一般涨幅尚小、未经连续上涨主升时出现，第二天一般收阳至少收平。这根 K 线既可以是一根阳线，也可以是一根阴线。

股价长期下跌后庄家开始建仓进入某股，随着该股成交量的逐步放大，均线系统多头排列，筹码的收集成本越来越高

此时庄家会拉出一根带长上影的K线，其后股价回落整理，等到被仙人指路套牢的筹码都洗掉后，股价会持续拉升越过"仙人指路"，一路向上。此上影线就犹如仙人的手指一样，指到哪里，股价就会涨到哪里，故名"仙人指路"

图 6-10　"仙人指路"形态

（1）如图 6-11 所示，为飞乐音响（600651）2014 年 2 月 25 日至 6 月 11 日期间的 K 线图，股价冲高到一定的价位后于 3 月 28 日收出一根带长上影线的 K 线，形成"仙人指路"形态。

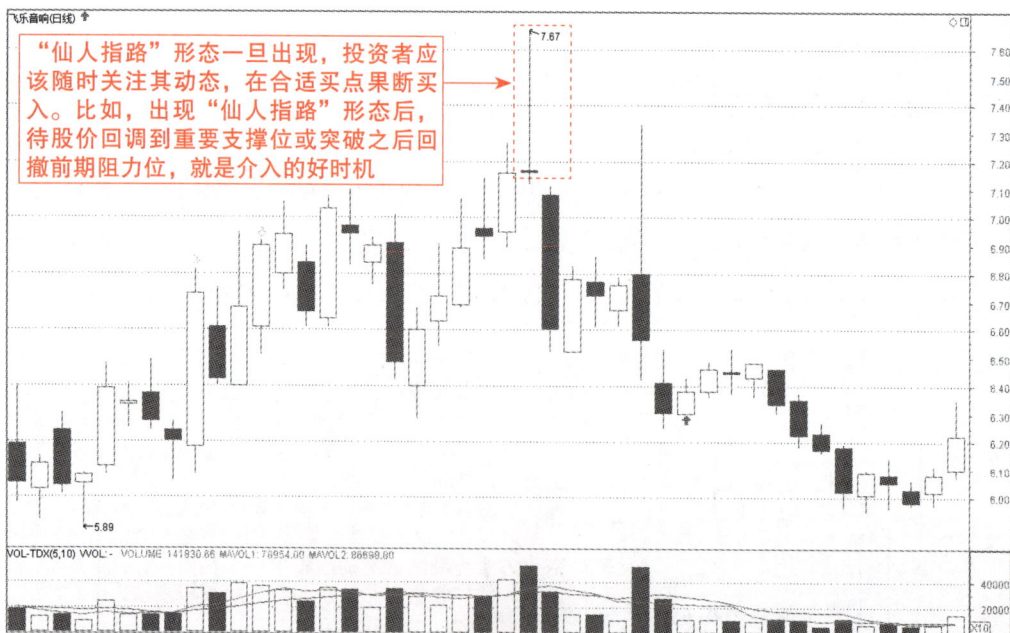

"仙人指路"形态一旦出现，投资者应该随时关注其动态，在合适买点果断买入。比如，出现"仙人指路"形态后，待股价回调到重要支撑位或突破之后回撤前期阻力位，就是介入的好时机

图 6-11　飞乐音响 K 线图（1）

（2）随后股价经历了一波回落行情，但仅仅持续了两个多月，行情就发生了反转，并一直上涨到"仙人指路"上影线的位置，如图 6-12 所示，且后市继续上涨，投资者应该及时跟进。

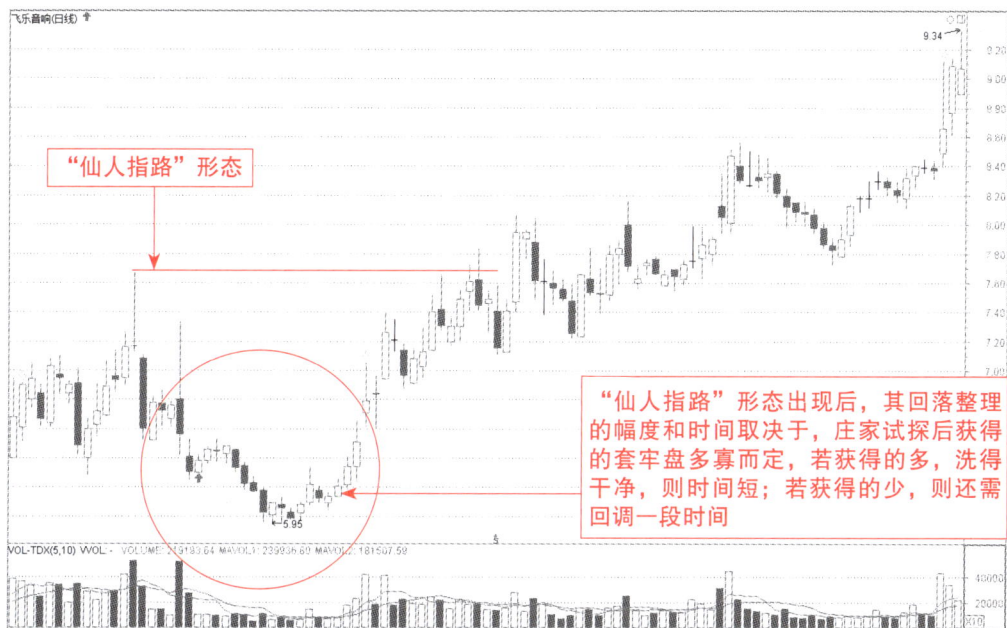

图 6-12　飞乐音响 K 线图（2）

"仙人指路"形态是 K 线的一种特殊形态，有其运用条件和特征，在应用实盘指导操作时一定要判断其处于什么时期什么阶段。

（1）"仙人指路"出现在阶段性的中期底部。这是主力展开向上攻击性试盘的动作，意在测试盘面筹码的稳定度，同时发出进一步加大建仓力度的操盘信号指令。如果当天反复盘跌的即时图形中，出现典型的冲击波型结构，则是主力打压建仓的重要特征。

（2）"仙人指路"出现在拉升阶段的初期。这是主力展开向上攻击性试盘动作，主要目的是测试盘面筹码的稳定度和上档阻力，同时暗中发出进一步攻击指令。股价在经过短期调整后，再度展开总攻的时间已经十分逼近了。因此，在当天反复盘跌的过程中，主力通过打压洗盘，为即将到来的正式拉升做好充分的蓄势准备。

（3）"仙人指路"出现在拉升波段的中期。这是主力在盘中展开强势洗盘的操盘动作，属于极强势的操盘特征，洗盘完成后，通常还会出现更大更猛烈的涨幅。

6.3 见顶形态 K 线组合——卖出点

前面介绍了几种常见的股票买入 K 线组合形态，本节将介绍如何从 K 线组合中发现见顶起跌信号，分析股票的卖出时机。

6.3.1 黄昏之星：下跌行情即将到来

当太阳像一颗红色的泪珠从西山之巅缓缓滚落之时，在这夕阳的余光之中，"黄昏之星"就像"魔鬼的特使"君临股市，市场在持续的涨势之后，已激情不再，就像再好的筵席也有散场之时。

"黄昏之星"由三根 K 线组成，通常出现在上升行情末期，属于反转信号，用于判断 K 线头部形态的形成，其形态如图 6-13 所示。"黄昏之星"表示股价回落，是卖出信号，投资者应伺机抛货。

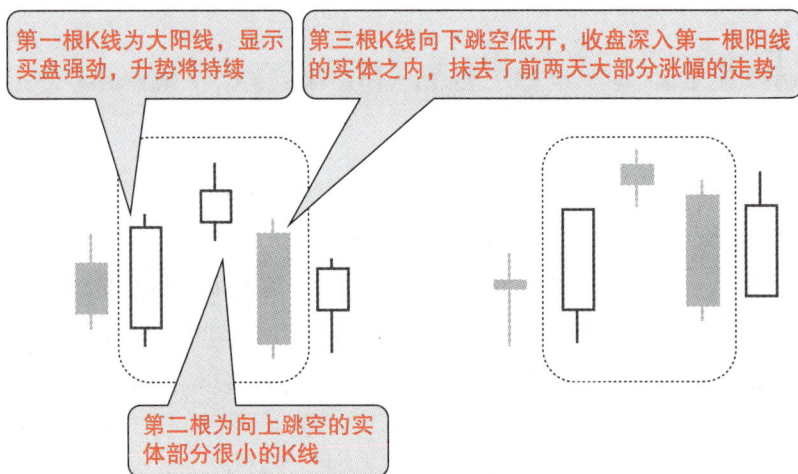

第一根K线为大阳线，显示买盘强劲，升势将持续

第三根K线向下跳空低开，收盘深入第一根阳线的实体之内，抹去了前两天大部分涨幅的走势

第二根为向上跳空的实体部分很小的K线

图 6-13 "黄昏之星"形态

在股市中，"黄昏之星"形态充当顶部的几率非常高，通常在牛市后期，投资者要特别警惕这种反转信号，如果"黄昏之星"形态的星体是阴线，且成交量放量，则下跌行情即将到来。

6.3.2 乌云盖顶：意味着上升动力耗尽

"乌云盖顶"形态一般出现在上升阶段末期，由两根 K 线组成，由于第二根大阴线就如同一片乌云盖住了第一根 K 线，也阻挡了个股的上涨，故得名"乌云盖顶"，如图 6-14 所示。

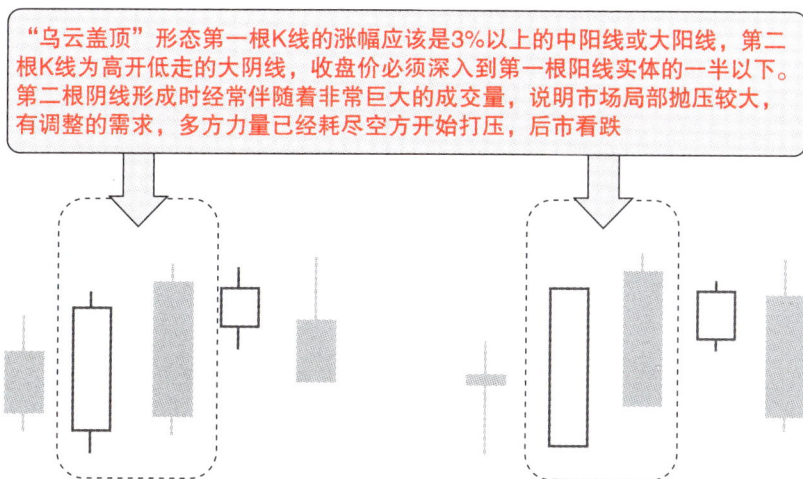

"乌云盖顶"形态第一根K线的涨幅应该是3%以上的中阳线或大阳线，第二根K线为高开低走的大阴线，收盘价必须深入到第一根阳线实体的一半以下。第二根阴线形成时经常伴随着非常巨大的成交量，说明市场局部抛压较大，有调整的需求，多方力量已经耗尽空方开始打压，后市看跌

图 6-14　"乌云盖顶"形态

如图 6-15 所示，为北京文化（000802）的 K 线走势图，股价经历了一波较大涨幅的上升行情。北京文化在大幅拉升的后期出现一根中阳线，第二天股价大幅高开，显示出还要大涨的态势，但是股价并没有继续上涨，而是一路下跌，当天形成了一根高开低走的大阴线，股价在高位形成"乌云盖顶"形态，后市看跌。

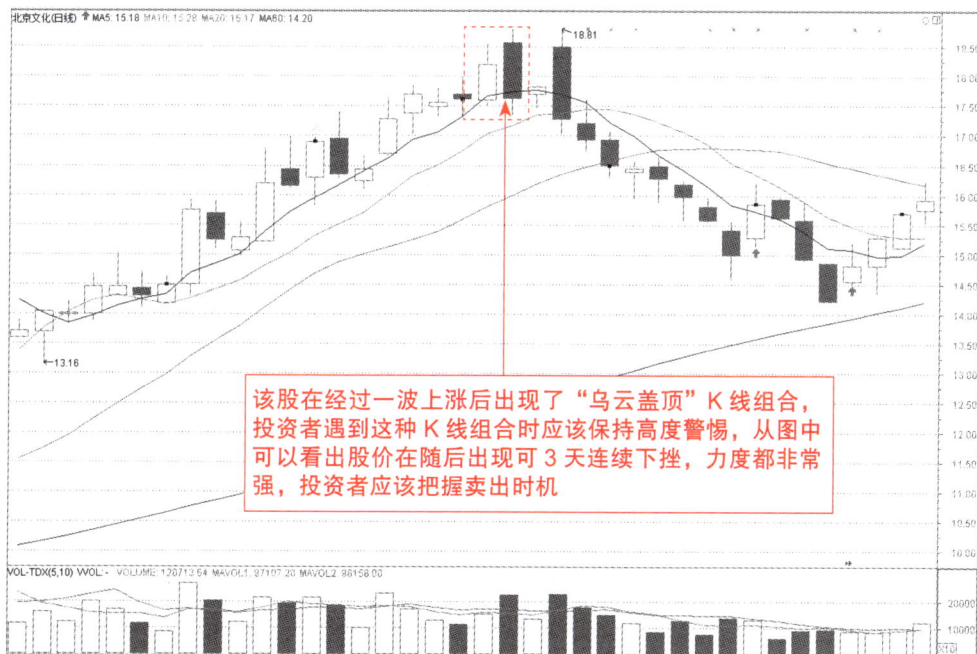

该股在经过一波上涨后出现了"乌云盖顶"K 线组合，投资者遇到这种 K 线组合时应该保持高度警惕，从图中可以看出股价在随后出现可 3 天连续下挫，力度都非常强，投资者应该把握卖出时机

图 6-15　北京文化 K 线图

"乌云盖顶"是一个非常重要且较为常见的看跌反转信号，经常发生在一个超长期的上升趋势中。第二日的长阴 K 线，意味着市场价格上升动力耗尽，多方策划的最后一番上攻失利，空方已控制大局，是一波下跌走势即将出现的信号。

6.3.3　倾盆大雨：预示股价将由强转弱

"倾盆大雨"形态常出现在上涨趋势末期中，由一阳一阴两根 K 线组成，如图 6-16 所示。投资者应对这一 K 线组合保持高度警惕，凡在股价高位出现"倾盆大雨" K 线组合，第二天又继续收阴线时，投资者应坚决卖出股票。

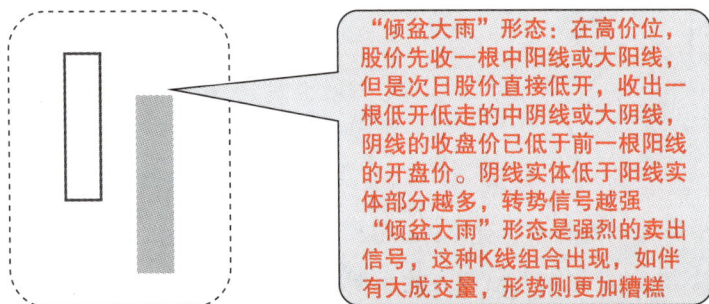

"倾盆大雨"形态：在高价位，股价先收一根中阳线或大阳线，但是次日股价直接低开，收出一根低开低走的中阴线或大阴线，阴线的收盘价已低于前一根阳线的开盘价。阴线实体低于阳线实体部分越多，转势信号越强

"倾盆大雨"形态是强烈的卖出信号，这种K线组合出现，如伴有大成交量，形势则更加糟糕

图 6-16　"倾盆大雨"形态

（1）如图 6-17 所示，为北方股份（600262）2010 年 2—4 月的 K 线图，股价经历了一波较大涨幅的上升行情，并于 4 月 28 日收一根大阳线。

北方股份 2010 年 2 月至 4 月股价大幅上涨

2010/04/28/三
开盘:14.79
最高:15.99
最低:14.52
收盘:15.72
总量:86467.6
换手:13.10%
总额:1.32亿
涨跌:0.84
涨幅:5.65%

图 6-17　北方股份 K 线图（1）

（2）4 月 29 日，该股在上涨末期高位出现了一根大阴线，当天的收盘价为

14.45 元，低于前一天的开盘价 14.79 元，形成"倾盆大雨"K 线组合形态，后市看跌，如图 6-18 所示。

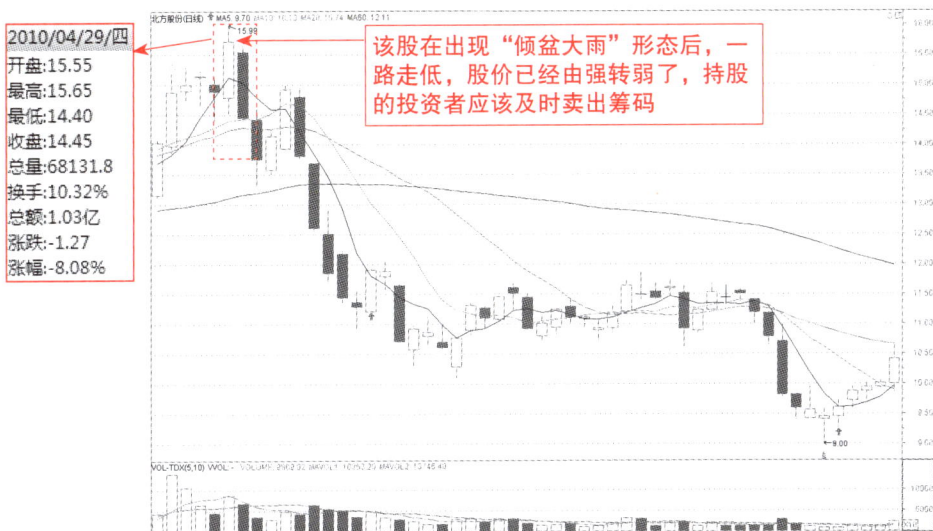

图 6-18　北方股份 K 线图（2）

6.3.4　双飞乌鸦：见顶回落向淡的意义

俗话说"天下乌鸦一般黑"，乌鸦挂树梢会带来厄运，股市中也不例外，出现在 K 线组合中，就有见顶回落向淡的意义。作为典型见顶回落的 K 线组合，"双飞乌鸦"形态与"黑三鸦"都具有极强的转势意义，其形态如图 6-19 所示。

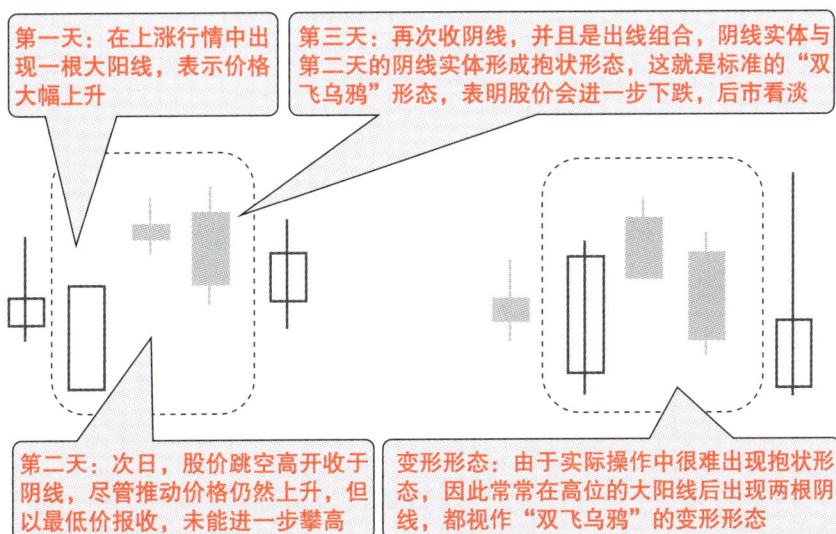

图 6-19　"双飞乌鸦"形态

"双飞乌鸦"的形态特征如下：

● 大阳线后的两条小阴线，一是要呈向上空跳的走势；二是两条小阴线要形成抱线形态。不符合这两个特征的图线，只能算是非标准形态的"双飞乌鸦"。

● 标准形态的"双飞乌鸦"，出现频率也相当低，因此有效性特别高，对这一形态应多加关注。"双飞乌鸦"是典型的见顶信号，第二条阴线出现时，应毫不犹豫地卖出股票。

6.3.5 三只乌鸦：典型的见顶回落形态

"黑三鸦"形态由三根阴线构成，一般出现在上升阶段末期，是典型的见顶回落 K 线组合，其形态如图 6-20 所示。

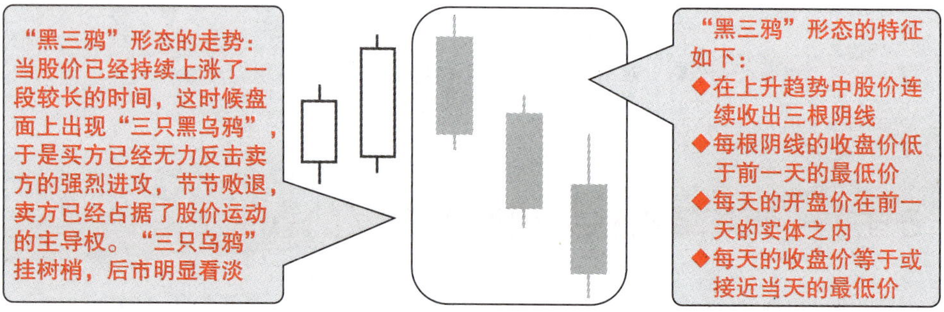

"黑三鸦"形态的走势：当股价已经持续上涨了一段较长的时间，这时候盘面上出现"三只黑乌鸦"，于是买方已经无力反击卖方的强烈进攻，节节败退，卖方已经占据了股价运动的主导权。"三只乌鸦"挂树梢，后市明显看淡

"黑三鸦"形态的特征如下：
◆ 在上升趋势中股价连续收出三根阴线
◆ 每根阴线的收盘价低于前一天的最低价
◆ 每天的开盘价在前一天的实体之内
◆ 每天的收盘价等于或接近当天的最低价

图 6-20 "黑三鸦"形态

在大幅上涨到高价位区域后，如果出现"黑三鸦"形态，且连续下跌的阴线越多，股价见顶的可能性就越大，后市下跌的可能性也越大，因此投资者在高位区应特别谨慎对待该形态，一旦遇到这种形态，应立即离场。

第7章 K线法则与量价分析

学前提示

在实战操作中，投资者可以从股票交投的成交量来分析K线走势行情，股票的量价关系是预测股市运行趋势量能的重要依据，本章将详细介绍有关量价分析的相关知识和看盘技巧，从而帮助投资者把握买卖时机。

要点展示

- 练好量价关系"基本功"
- 掌握6种经典量价关系

7.1 练好量价关系"基本功"

在股市中，成交量是研判股市行情的重要依据，它可以反映股价走势的强弱即主力操盘的痕迹，通过对成交量的分析，在一定程度上能帮助投资者提供判断的准确性和可靠性。

7.1.1 解析成交量的形式

股市中有个说法叫"量在价先"，就是说成交量比股价还重要。成交量在股市中不仅因为可以反映买卖数量变化而占据重要地位，更重要的是通过成交量的变化可以看出多空双方的力量变化。

在进行量价分析之前，首先需要对成交量的一些基本概念有一定的了解，包括成交、成交量、成交量值，其具体含义如表 7-1 所示。

表 7-1　成交量的相关概念

相关概念	基本含义
成交	买卖双方报价一致从而达成的交易行为
成交量	指定时间内成交的数量，其计算单位为手，1 手相对于 100 股
成交量值	指实际成交金额（每股成交价 × 成交量），其基本统计单位是元，在行情分析软件上都是以万元为统计单位

虽然说成交量也容易作假，但仍是最客观、最直接的市场要素之一。因此成交量形态变化对行情研判也具有非常大的参考价值。

1. 放量

放量是指个股在某个阶段的成交量与其历史成交量相比，出现明显增大的形态。在股价低价位区和高价位区中，成交量形态的意义不同，具体情况如表 7-2 所示。

表 7-2　放量的情况分析

放量阶段	形态分析
股价低价位区放量	当股价深幅下跌运行到低价区后，成交量出现放量形态，说明行情可能见底，后市看好，投资者可以低价建仓
股价高价位区放量	当股价大幅上涨运行到高位区后，成交量出现放量形态，说明行情可能见顶逆转，投资者此时就应该谨慎操作

2. 缩量

缩量是指个股在某个阶段的成交量与其历史成交量相比，出现明显减小的形态。在不同的行情中，成交量缩量形态的意义不同，具体情况如表 7-3 所示。

表 7-3　缩量的形态分析

缩量阶段	形态分析
上涨行情缩量	在上涨行情途中出现缩量形态，这主要是主力洗盘的一种手法，后市还会上涨，投资者可以在该阶段逢低吸纳。如果在高位出现缩量，说明上涨动能衰减，后市可能逆转，投资者应抛售出局
下跌行情缩量	在下跌行情途中，如果成交量出现缩量形态，说明后市还将继续下跌，投资者应果断卖出，离场观望。待股价下跌到一个低价位出现放量后再介入，这样不失为一个有效的回避风险的方法

3. 天量

天量是指股价在运行过程中突然放出一根巨大的量（至少是前一天成交量的两倍以上）。天量出现的位置不同，其市场含义也不同，具体情况如表 7-4 所示。

表 7-4　天量的形态分析

出现位置	形态分析	操作策略
股价的高价位区	此时可能是主力在高位放量出货，预示股价见顶，后市可能出现行情逆转，股市中常说的"天量天价"就是指这个阶段的天量	当股价大幅上涨后出现天量，投资者应果断出局，逃离风险
股价低价位区或上涨过程中	此时的天量是主力通过对敲手段制造的，其目的是清理浮筹	只要在出现天量后几个交易日中股价不跌破天量当日的低点，且股价超过前期高点，投资者就可以适当介入

4. 地量

地量就是指个股成交量呈现出极度缩小的状态，而且一般还具有一定的持续性，如图 7-1 所示。

图 7-1　中信海直 2014 年 5 日出现地量

7.1.2　成交量与 K 线的配合

成交量与 K 线的关系主要包括量价配合和量价背离两方面，其具体内容如下。

（1）量价配合：成交量的增减与股价涨跌成正比，当股价上涨（K 线呈上升趋势），成交量增大，表明投资者看好后市，放心做多；股价下跌（K 线呈下降趋势），成交量减少，如图 7-2 所示，表明投资者对后市充满信心，待股惜售。

（2）量价背离：成交量的增减与股价涨跌成反比，当股价上涨（K 线呈上升趋势），成交量却减少或持平；股价下跌（K 线呈下降趋势），成交量却增大，如图 7-3 所示。

图 7-2　量价配合

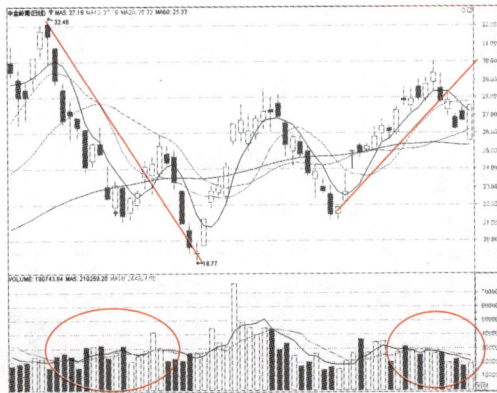

图 7-3　量价背离

结合 K 线和成交量的走势形态进行分析，可提高判断的准确性，也是要想取得成功的重要保证。

7.1.3　价格上涨的成交量分析

通常情况下，对于上升行情中的成交量特性的分析，投资者可以从以下几个方面入手。

（1）识别顶部特征。当股价在上升行情中不断升高，且成交量不断增加的走势持续了一段时间之后，投资者就需要随时注意一些见顶的预兆，如图 7-4 所示。

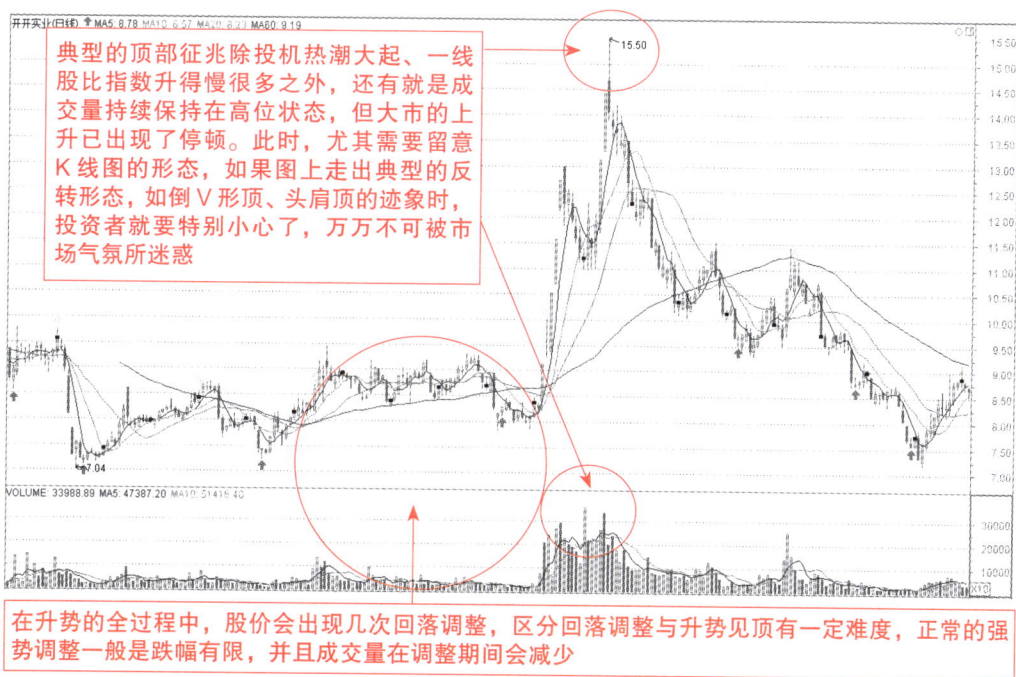

典型的顶部征兆除投机热潮大起、一线股比指数升得慢很多之外，还有就是成交量持续保持在高位状态，但大市的上升已出现了停顿。此时，尤其需要留意 K 线图的形态，如果图上走出典型的反转形态，如倒 V 形顶、头肩顶的迹象时，投资者就要特别小心了，万万不可被市场气氛所迷惑

在升势的全过程中，股价会出现几次回落调整，区分回落调整与升势见顶有一定难度，正常的强势调整一般是跌幅有限，并且成交量在调整期间会减少

图 7-4　K 线上升行情中的成交量特性

（2）发掘"天量"与"天价"。在上升行情中，成交量的变化一般都领先于价格的变化，所以大盘再创新高时并不一定要求新的"天量"出现。通常，"天量"会早于"天价"出现，不过"天量"出现也往往意味着上升行情进入了下半程。在此过程中，上升行情仍然是一个持续放量的过程，只是要求这个成交量足以推动大盘持续上行即可。

（3）成交量放大有上限。股市的上涨需要资金的支持，每一轮上涨行情同时也是一个成交量持续放大的过程，但成交量不可能无限放大，当达到一定水平（即"天量"）后就会难以为继，股市继续上涨的基础也就发生动摇。一旦成交量由持续放大变为持续萎缩，往往都伴随着调整行情的展开。

7.1.4 价格下跌的成交量分析

K 线下跌行情中的成交量特性可以分为以下几个阶段。

（1）下跌行情初期，成交量特性如图 7-5 所示。

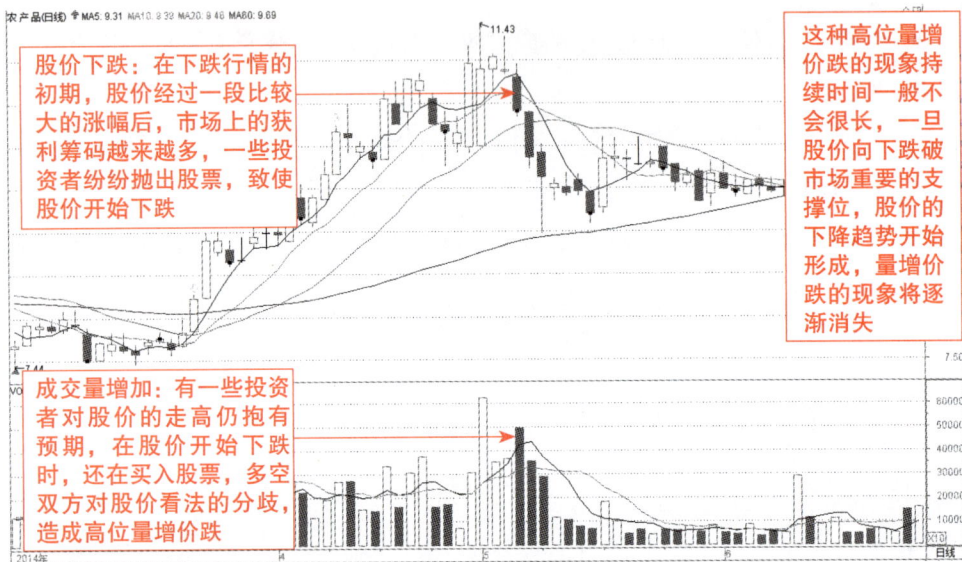

股价下跌：在下跌行情的初期，股价经过一段比较大的涨幅后，市场上的获利筹码越来越多，一些投资者纷纷抛出股票，致使股价开始下跌

这种高位量增价跌的现象持续时间一般不会很长，一旦股价向下跌破市场重要的支撑位，股价的下降趋势开始形成，量增价跌的现象将逐渐消失

成交量增加：有一些投资者对股价的走高仍抱有预期，在股价开始下跌时，还在买入股票，多空双方对股价看法的分歧，造成高位量增价跌

图 7-5 农产品（000061）K 线图（1）

（2）下跌行情途中，成交量特性如图 7-6 所示。

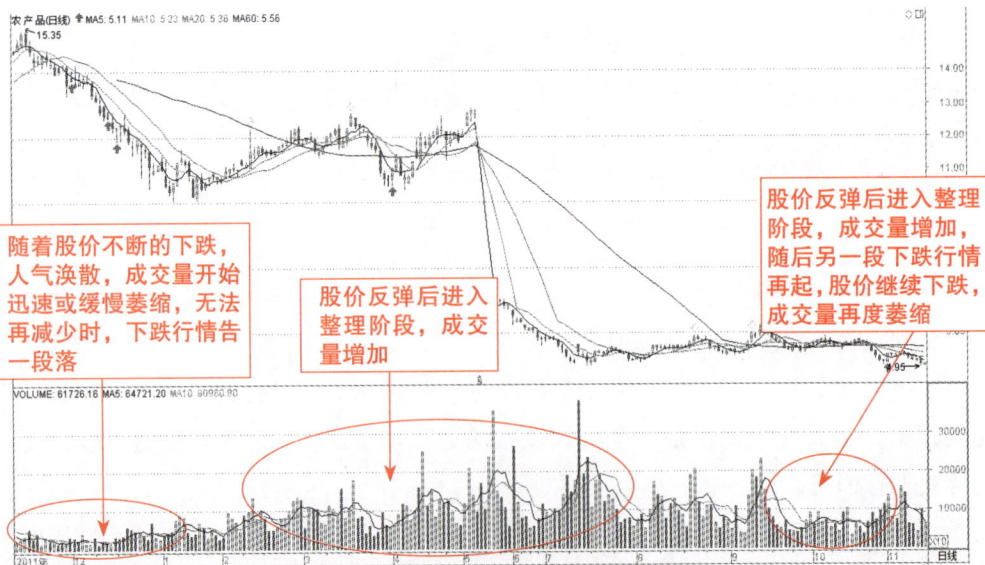

随着股价不断的下跌，人气涣散，成交量开始迅速或缓慢萎缩，无法再减少时，下跌行情告一段落

股价反弹后进入整理阶段，成交量增加

股价反弹后进入整理阶段，成交量增加，随后另一段下跌行情再起，股价继续下跌，成交量再度萎缩

图 7-6 农产品（000061）K 线图（2）

（3）下跌行情末期，成交量特性如图 7-7 所示。

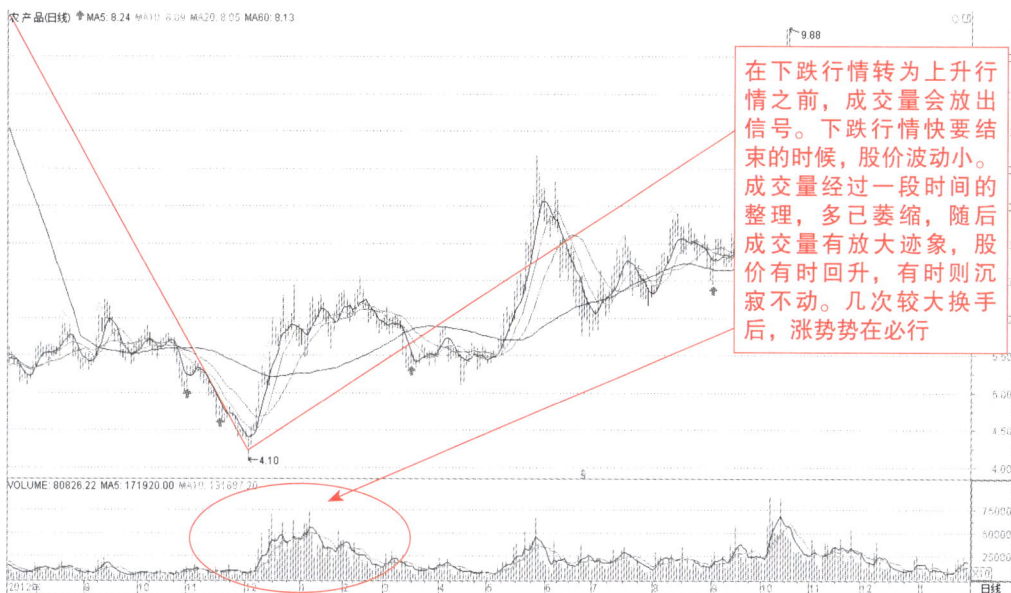

图 7-7　农产品（000061）K 线图（3）

专家提醒　成交量是反映股市上人气聚散的一面镜子，人气旺盛才可能买卖踊跃，成交量自然放大；相反，在人气低迷时成交量必定萎缩。在实际操作中，成交量萎缩反映出许多问题，其中最关键的是说明筹码安全性好，也就是说没有人想抛出这只股票了，而如果同时股价不下跌，这更说明市场抛压穷尽。

7.1.5　横盘整理的成交量分析

在 K 线走势图中，横盘整理形态不仅仅出现在头部或底部，也会出现在上涨或下跌途中，根据横盘出现在股价运动的不同阶段，可将其分为：上涨中的横盘、下跌中横盘、高位横盘、低位横盘 4 种情形，如表 7-5 所示。

表 7-5　K 线盘整形态中的成交量特性

阶段	成交量特性
上涨中的盘整	此种盘整是股价经过一段时间急速的上涨后，稍作歇息，然后再次上行。其所对应的前一段涨势往往是弱势后的急速上升，从成交量上看，价升量增，到了盘整阶段，成交量并不萎缩，虽有获利回吐盘抛出，但买气旺盛，不足以击退多方。该盘整一般以楔形、旗形整理形态出现
下跌中的盘整	此种盘整是股价经过一段下跌后，稍有企稳，略有反弹，然后再次调头下行。其所对应的前一段下跌受利空打击，盘整只是空方略作休息，股价略有回升，但经不起空方再次进攻，股价再度下跌，从成交量看，价跌量增

（续表）

阶段	成交量特性
高位横盘	此种横盘是股价经过一段时间的上涨后，涨势停滞，股价盘旋波动，多方已耗尽能量，股价很高，上涨空间有限，庄家在头部逐步出货，一旦主力撤退，由多转空，股价便会一举向下突破，从成交量看，通常为量增价平。此种盘整一般以矩形、园弧顶形态出现
低位横盘	此种横盘是股价经过一段时间的下跌后，股价在底部盘旋，加之利多的出现，人气逐渐聚拢，市场资金并未撤离，只要股价不再下跌，就会纷纷进场，由空转多，主力庄家在盘局中不断吸纳廉价筹码，浮动筹码日益减少，上档压力减轻，多方在此区域蓄势待发。当以上几种情况出现时，盘局就会向上突破了，从成交量看，通常为量减价平。此种盘整一般会以矩形、圆弧底形态出现

> **专家提醒**　股价可以骗人，而成交量却难以骗人，没有成交量支持的股价运动是空虚的价格运动。而底部成交量放大、股价却不大涨的个股，则只能是主力的压价吸货行为。将 K 线图与成交量结合起来分析，会起到事半功倍的效果。

7.2　掌握 6 种经典量价关系

许多股民投资者对于成交量变化的规律认识不清，这是非常危险的，K 线分析只有与成交量的分析相结合，才能真正地读懂市场的语言，洞悉股价变化的奥妙。成交量是价格变化的原动力，其在实战技术分析中的地位不言自明。

7.2.1　放量拉升形态解析

放量拉升是股价上涨中比较可靠的一个阶段，因为股价是放量拉升，所以通常出现在个股刚启动时，实战中看到有个股底部出现成交量放大，股价上涨时，应当快速分析个股状况，适合操作的果断进场。

（1）如图 7-8 所示，为卧龙地产（600173）2014 年 9—12 月的 K 线走势图，股价在 10 月 21 日左右运行到高位后回落，成交量一度缩量至 5 日均量线下方，股价运行至底部后成交量出现放量，股价出现上涨趋势。

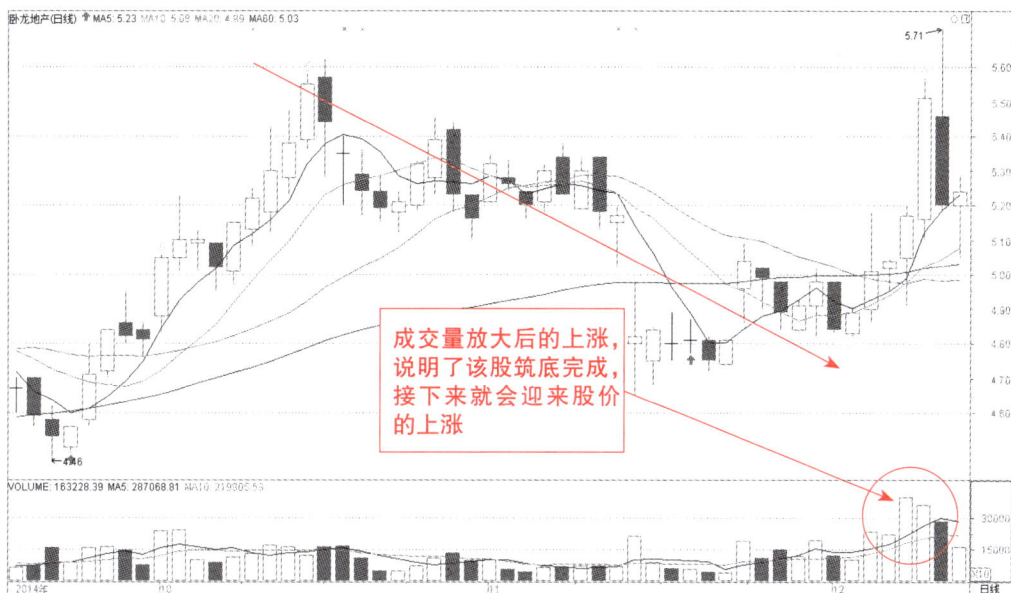

图 7-8　卧龙地产 K 线图（1）

（2）如图 7-9 所示，随后该股确实展开了一波上涨趋势，股价处在上涨趋势中，成交量也是逐渐放大的趋势。

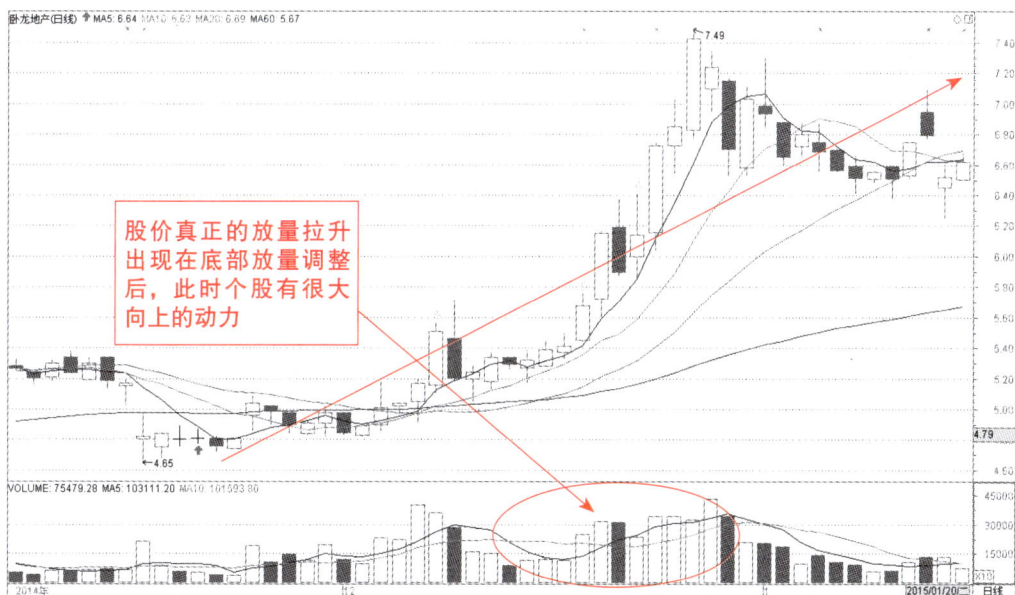

图 7-9　卧龙地产 K 线图（2）

　　主力连续放量拉升股价时，主力的行踪就会暴露，我们把这样的股票称为强庄股。此时研究成交量的变化非常有实际意义，投资者如果能够准确地捕捉到主力的操作思路，那么可以回避拉升中的正常回调，在回调完毕后又能快速买进，持股等待主力拉升。

7.2.2 缩量上涨形态解析

缩量上涨形态是指股价重心连续上行，而成交量却对应逐渐缩小的过程，如图 7-10 所示。这种现象说明成交的只是场内资金买盘，场外资金进场不积极。

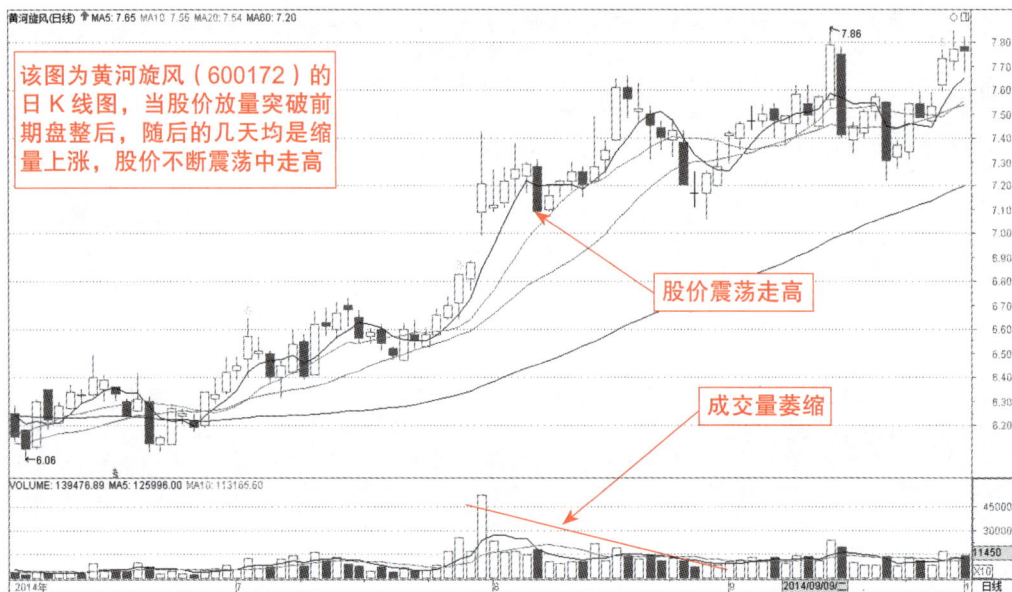

图 7-10 缩量上涨形态

- 若在相对低位出现缩量上涨形态，说明投资者观望气氛浓厚，空头经过前期的打压，能量也消耗不少，多空对决，多方略胜一筹，接下来量能温和放大，上涨的持续性值得期待。

- 若在相对高位出现缩量上涨形态，说明随着股指的上涨，投资者变得谨慎起来，追高意愿不强，一旦后续能量不能随着股指的上涨有所放大的话，见顶回落的可能性较大。对于波段升幅较大的个股来说，且股价缩量上升时 K 线实体越来越小的情况，通常是股价即将见顶特征。

7.2.3 量增价升形态解析

量增价升是指股价随成交量的不断增大而上升，如图 7-11 所示。如果股价逐渐上升，成交量也增加，说明价格上升得到了成交量增加的支撑，后市将继续看好。同时成交量的相应增大，也是市场上人气聚积的具体表现。

图 7-11　量增价升形态

7.2.4　量增价平形态解析

量增价平形态是指股价随着成交量的不断增大而保持在某个价位范围内波动，如图 7-12 所示，它意味着多、空双方的意见分歧比较大；或者是大盘在成交量放大的情况下，指数却没有出现上涨，而是在原来的点位上下波动。

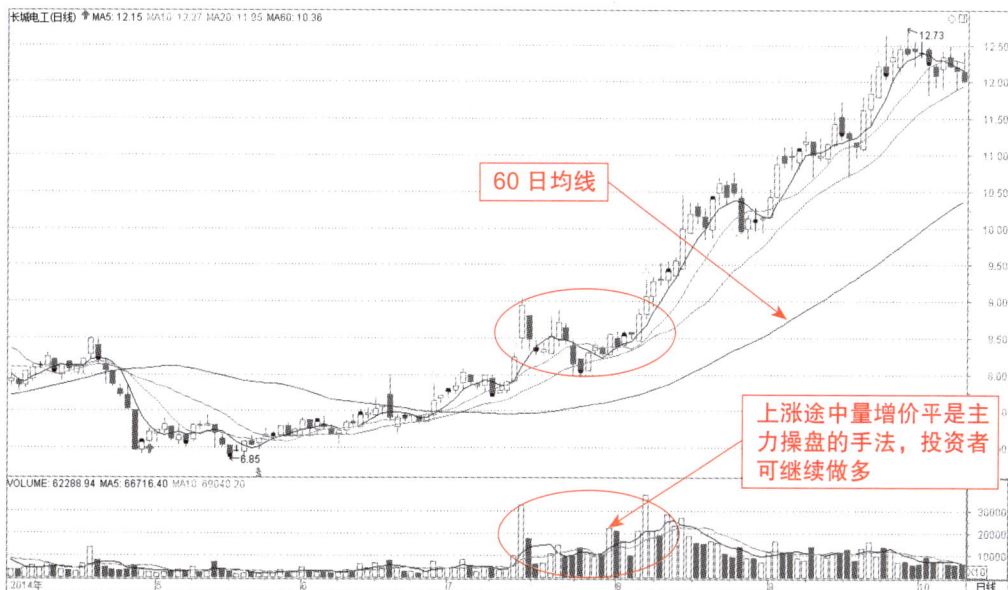

图 7-12　量增价平形态

在上涨初期或上涨途中出现量增价平形态，说明场内抛压重，只要股价没有跌破 60 日均线，后市将向上突破盘整后会继续上涨。

7.2.5 量增价跌形态解析

量增价跌形态主要是指个股在股价下跌的情况下成交量反而增加的一种量价配合现象，是一种典型的短线价量背离的现象，如图 7-13 所示。

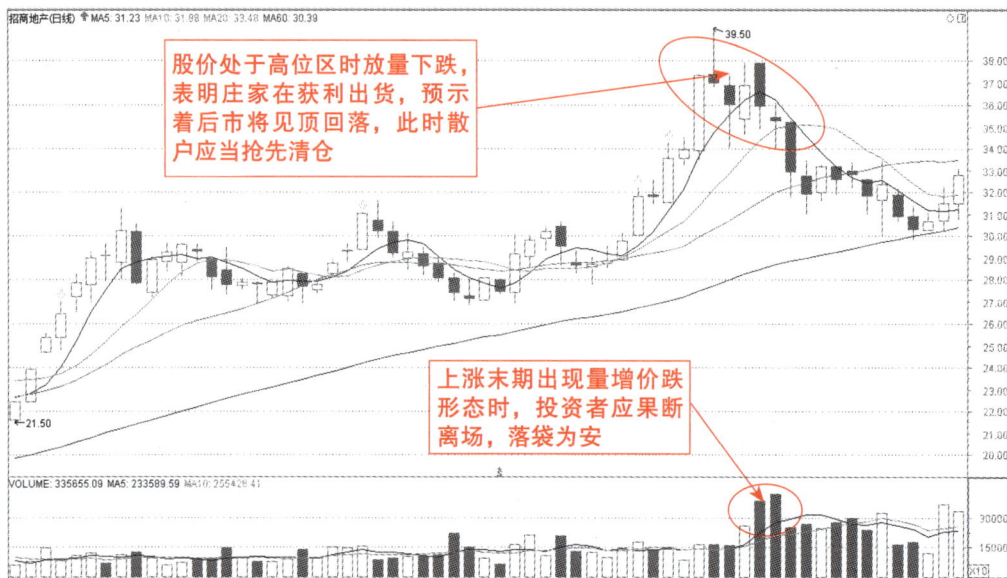

图 7-13 量增价跌形态

量增价跌形态用在股市上，表现为价格下跌，成交量反而上升，说明价格的下跌得到部分买家的认可大批购买，但也可能是庄家、主力在疯狂出逃，所以要看成交量、消息面、大市行情的局面。

在大家都疯狂出逃时，也会有人认为是建仓的好时机，价跌量增实质上是买卖双方分歧较大的反应。

7.2.6 量减价升形态解析

量减价升形态是不健康的量价结构，股价随着成交量的不断减小而上升，属于典型的背离现象，如图 7-14 所示。

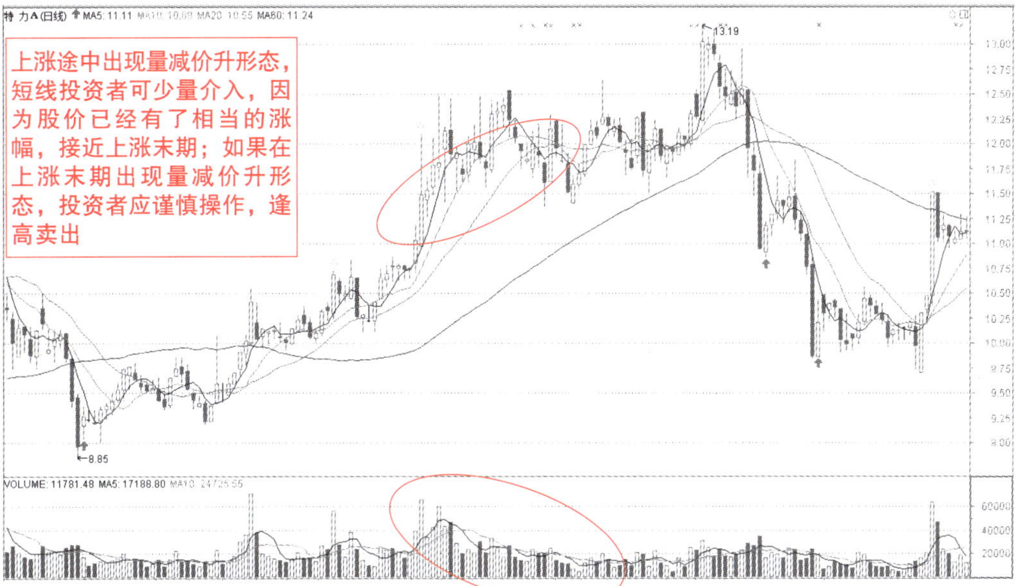

上涨途中出现量减价升形态，短线投资者可少量介入，因为股价已经有了相当的涨幅，接近上涨末期；如果在上涨末期出现量减价升形态，投资者应谨慎操作，逢高卖出

图 7-14　量减价升形态

在不同阶段出现量减价升形态，其代表的市场意义也不同，如表 7-6 所示。

表 7-6　量减价升形态的市场意义

阶段	市场意义
上涨初期和下跌末期	在上涨初期或下跌末期出现量减价升形态，股价上涨无成交量的配合，说明上涨高度有限，后市可能会出现股价回落下调或者横盘整理
上涨途中	在上涨途中出现量减价升形态，这是主力大量吸筹后锁仓拉升股价的表现，后市会继续上涨。若在大盘中出现该形态，说明大盘走势转弱，投资者应谨慎做多
上涨末期	在上涨末期出现量减价升形态，这是明显的量价背离形态，是强烈的行情逆转信号，后市将进入一段下跌行情
下跌初期和下跌途中	在下跌初期和下跌途中出现量减价升形态，说明价格会反弹，但是如果成交量不能继续放大，股价反弹将结束，后市继续看跌

第8章 K线操盘与主力分析 ➡

学前提示

对于每一位长期涉足股市投资的股民而言，学会操盘的基本理论、运用技巧以及各种主力操盘手法是一门极其重要的必修课，正确地解读K线盘口玄机，可以提高股价行情运行趋势预测的准确性，从而直接影响投资者投资成功或失败。

要点展示

- 股票大师的操盘理论
- 实盘操作中的K线运用技巧
- 看懂主力操盘手法

8.1　股票大师的操盘理论

在股市中要想更好地运用 K 线形态展开实战，就应深刻地把握原理、打好基本功，本节将带读者逐一领略技术分析领域的基本理论，力求从根源上挖掘出操盘技术分析的精髓。

8.1.1　道氏理论：股市的趋势运行规律

查尔斯·道是美国最伟大的财经资讯公司——道琼斯公司的缔造者，他也是《华尔街日报》的创办人之一。直到 1902 年离开人世，查尔斯·道一直在《华尔街日报》担任编辑工作。在生命的最后几年里，他写过一些关于股票市场的评论文章，这些文章是查尔斯·道本人唯一现存的观察股市规律的记录。这些记录是以股票每日价格平均波动为基础的，该指数的计算包括了铁路类和工业类的股票。

直到今天，许多成功的投资者都运用道·琼斯铁路和工业指数来分析股票价格乃至经济走势。该指标堪称是迄今为止设计得最为可靠的指标。人们通常把使用股票平均价格指数分析市场趋势的方法称为道氏理论。

道氏理论主要讲述了股市的趋势运行规律，而且它对于趋势不同级别的划分也极其重要。下面为道氏理论的主要内容。

- 道氏理论断言，股票会随市场的趋势同向变化以反映市场趋势和状况。股票的变化表现为 3 种趋势：主要趋势、中期趋势及短期趋势，如图 8-1 所示。

（1）**主要趋势**：持续一年或以上，大部分股票将随大市上升或下跌，幅度一般超过 20%。

（2）**中期趋势**：又称为次级回调趋势，它与主要趋势完全相反的方向，持续期多在几周之内，幅度为基本趋势的 1/3 ～ 2/3。

（3）**短期趋势**：又称为小趋势，只反映股票价格的短期变化，持续时间不超过六天，多由一些偶然因素导致，从道氏理论的角度来看，短期趋势并无规律可循。

● 上升趋势与下跌趋势的运行过程各分为三个阶段。

（1）**上升趋势**：包括建仓阶段（也称为吸筹阶段）、持续上涨阶段、狂热中见顶阶段，它对投资者理解上升趋势的运行过程是十分有帮助的。

（2）**下跌趋势**：包括筑顶阶段（也称为出货阶段）、持续下跌阶段、恐慌中见底阶段。

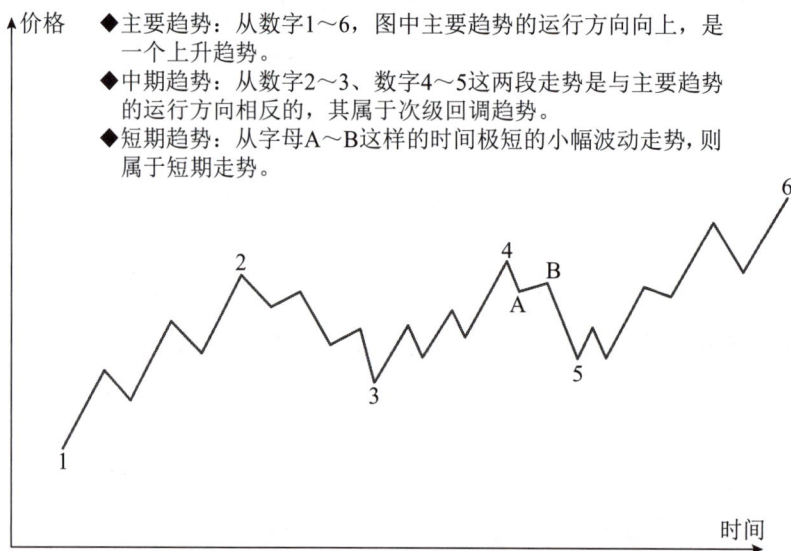

◆主要趋势：从数字1～6，图中主要趋势的运行方向向上，是一个上升趋势。
◆中期趋势：从数字2～3、数字4～5这两段走势是与主要趋势的运行方向相反的，其属于次级回调趋势。
◆短期趋势：从字母A～B这样的时间极短的小幅波动走势，则属于短期走势。

图 8-1　主要趋势、中期趋势及短期趋势形态示意图

● 成交量可以验证趋势的运行。例如，在下跌趋势中，由于买盘力量始终无法大量涌入，而卖盘的抛压又是以车轮式的方式出现，因而其整个运行过程往往呈现出典型的"缩量下行"形态。

● 基本趋势会持续下去，直至发出明确的反转信号为止。当一个主要趋势形成，通常会朝着既有的方向运动，除非有外部动力来改变其运动方向为止。市场永远在发展变化，牛市不可能一直延续，熊市也早晚会触及底部。

8.1.2　江恩理论：功效神奇的测市工具

江恩理论，是波浪理论以外，另一套完整而且又功效神奇的测市工具。对于大部分爱好技术分析的投资者来说，江恩理论几乎无人不知，他是 20 世纪初最伟大的

市场炒家威廉·江恩（William D. Gann）通过对数学、几何学、宗教、天文学的综合运用建立的独特分析方法和测市理论，结合自己在股票和期货市场上的骄人成绩和宝贵经验提出的，其准确程度往往匪夷所思，因此使得江恩理论蒙上了一层厚厚的面纱。

威廉·江恩认为，对于所有市场，决定其趋势是最为重要的一点，至于如何决定其趋势，学问便在里面。威廉·江恩认为，对于股票而言，其平均综合指数最为重要，以决定大市的趋势。此外，分类指数对于市场的趋势亦有相当启示性。所选择的股票，应以根据大市的趋势者为主。若将上面规则应用在外汇市场上，则"美元指数"将可反映外汇走势的趋向。

利用江恩回调法则，投资者可以较准确地提前预知股市将出现回调的位置区间。江恩认为：不论价格上升或下降，在江恩价位中，50%、63%、100% 最为重要，他们分别与几何角度 45°、63° 和 90° 相对应，这些价位通常用来决定建立 50% 回调带。例如，如图 8-2 所示，为上证指数（999999）2008 年 9 月—2009 年 9 月的 K 线走势图，股价在此期间从 1700 点附近开始了一轮中长期上涨，直至涨幅接近 100%（达到 3400 点附近时）才出现了明显的回调，而这种 100% 的涨幅与江恩回调法则中的 100% 基本吻合。

图 8-2　江恩回调法则走势分析

8.1.3　波浪理论：强调波动原理的预测价值

股市里有一句俗话："道氏理论告诉人们何为大海，而波浪理论指导你如何在大海上冲浪。"

美国证券分析家拉尔夫·纳尔逊·艾略特（R. N. Elliott）利用道琼斯工业指数平均（Dow Jones Industrial Average，DJIA）作为研究工具，发现不断变化的股价结构性形态反映了自然和谐之美，提出了一套相关的市场分析理论，并特别强调波动原理的预测价值，这就是久负盛名的艾略特波段理论，又称波浪理论。

艾略特波浪理论（Elliott Wave Theory）是股票技术分析的一种理论，认为市场走势不断重复一种模式，每一周期由 5 个上升浪和 3 个下跌浪组成，如图 8-3 所示，前面五浪所组成的波浪是股市运行的主要方向，后面三浪所组成的波浪是股市的次要方向。波浪理论用"五升三降"来揭示股票市场的趋势运行规律，这五升三降的八浪运动过程也是股票市场的一个完整循环过程。

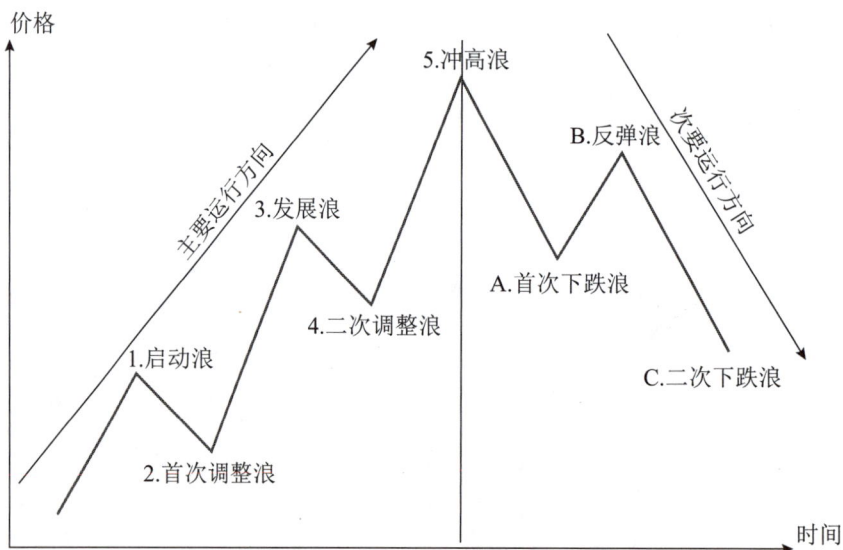

图 8-3　波浪理论形态示意图

- 推动浪：在波浪形态中，推动浪指的是每一个上升的波浪，如上图中的 1、3、5 浪。在整个大循环中，第 1 ~ 5 浪又是一个大推动浪。
- 调整浪：在波浪形态中，调整浪指的是每一个下降的波浪，如上图中的 2、4 浪。在整个大循环中，第 A ~ C 浪又是一个大调整浪。

8.1.4　箱体理论：解密股价运行的箱体

箱体理论是目前小型散户投资者使用得最多的股票分析理论之一，其产生于纽约华尔街，是由达韦斯·尼古拉（Darvas Nicola）在美国证券市场投资的过程中所创造的一种理论。达韦斯·尼古拉认为指数或股价的局部运动是以单个"箱体"的方式呈现出来的，而整体走势则是以一个"箱体"接着一个"箱体"的方式呈现出来的，如图 8-4 所示。

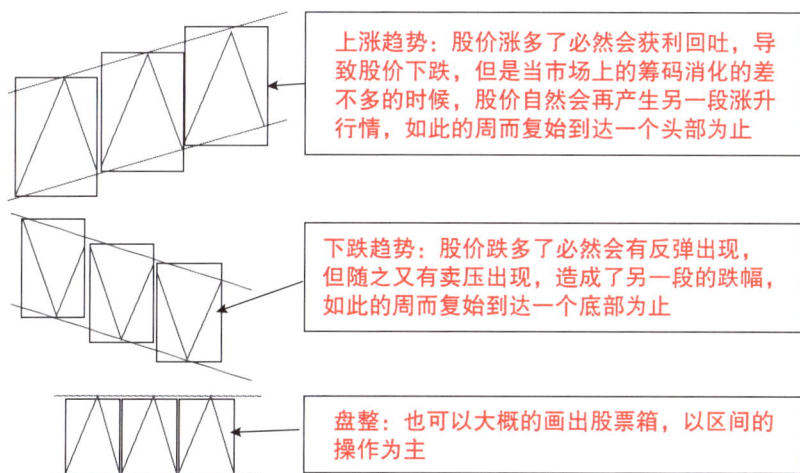

上涨趋势：股价涨多了必然会获利回吐，导致股价下跌，但是当市场上的筹码消化的差不多的时候，股价自然会再产生另一段涨升行情，如此的周而复始到达一个头部为止

下跌趋势：股价跌多了必然会有反弹出现，但随之又有卖压出现，造成了另一段的跌幅，如此的周而复始到达一个底部为止

盘整：也可以大概的画出股票箱，以区间的操作为主

图 8-4　"箱体"的移动方式

8.1.5　量价理论：成交量是股市的动力

量价理论是一种衡量股价的理论，最早见于美国股市分析家葛兰碧（Joseph E. Granville）所著的《股票市场指标》。

葛兰碧认为成交量是股市的元气与动力，成交量的变动，直接表现股市交易是否活跃，人气是否旺盛，而且体现了市场运作过程中供给与需求间的动态实况，没有成交量的发生，市场价格就不可能变动，也就无股价趋势可言，成交量的增加或萎缩都表现出一定的股价趋势。

例如，量价理论非常强调量价齐升的量价配合关系，说明涨势仍将继续。成交量上涨的同时股价也跟着上涨，即所谓的有价有市。如图 8-5 所示，为上涨指数（999999）2014 年 2 月—2015 年 4 月的 K 线走势图。

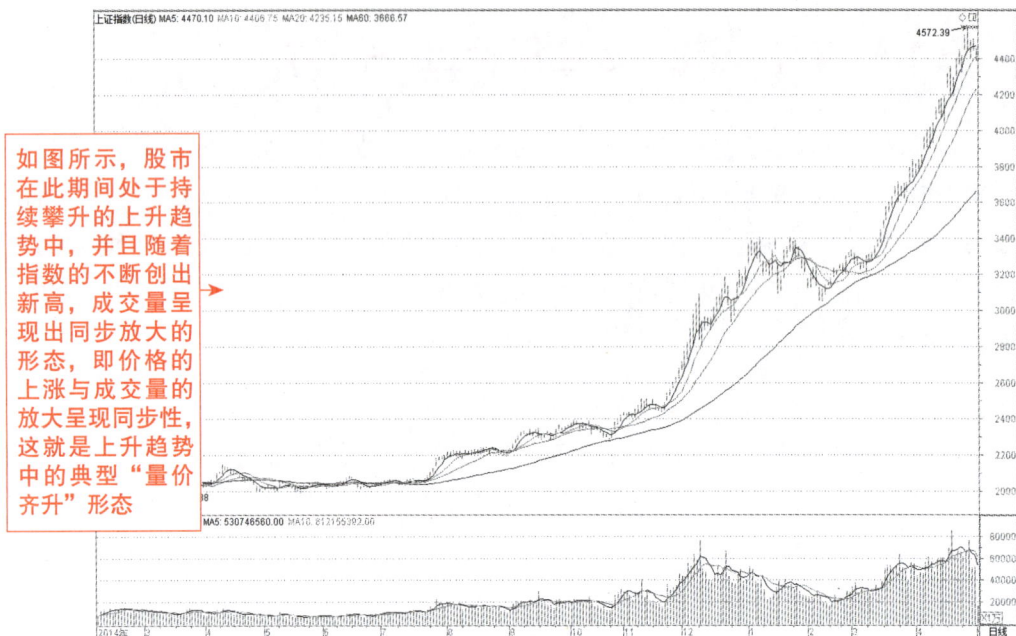

如图所示，股市在此期间处于持续攀升的上升趋势中，并且随着指数的不断创出新高，成交量呈现出同步放大的形态，即价格的上涨与成交量的放大呈现同步性，这就是上升趋势中的典型"量价齐升"形态

图 8-5　上证指数的"量价齐升"形态

8.2.6　黄金分割理论：为买卖股票提供指导

数学家法布兰斯在 13 世纪列出了一些奇异数字的组合，即 1、1、2、3、5、8、13、21、34、55、89、144、233…任何一个数字都是前面两数字的总和 2 = 1 + 1、3 = 2 + 1、5 = 3 + 2、8 = 5 + 3…如此类推。有人说这些数字是他从研究金字塔所得出，金字塔和上列奇异数字息息相关。金字塔的几何形状有五个面，八个边，总数为十三个层面。由任何一边看入去，都可以看到三个层面。金字塔的长度为 5813 寸（5-8-13），而高底和底面百分比率是 0.618，那即是上述神秘数字的任何两个连续的比率，譬如 55/89 = 0.618，89/144 = 0.618，144/233 = 0.618。

黄金分割又称黄金律，是指事物各部分间一定的数学比例关系，即将整体一分为二，较大部分与较小部分之比等于整体与较大部分之比，如图 8-6 所示。

| 长段0.618 | 短段0.382 |

将一条线分成 0.618 与 0.382 两部分，该数据有以下两个特性。
◆特性1：长段与短段之比刚好等于整条线与长段之比，即 0.618÷0.382=1.618=1÷0.618。
◆特性2：长段的平方等于全长与短段的乘积，即 0.618×0.618 ≈ 1 ×0.382。

图 8-6　黄金分割的基本特性

黄金分割理论在股市中的运用方法很简单，当一轮上涨行情或下跌行情的涨幅或跌幅达到黄金分割理论数值时（如 0.382、0.618 等）将会受到阻挡，此时，原有的趋势运行状态将会出现回调甚至反转。

8.2　实盘操作中的 K 线运用技巧

面对种类繁多、形态复杂的 K 线图，投资者只有熟练掌握它并在实盘操作中应用自如，才能依靠 K 线获取巨大的财富。

8.2.1　短线操盘技巧

短线炒股是一种听着美好、说来容易却非常不易掌握的一种操作手法。不是每个人都能够灵活地在股票市场快进快出，以"四两拨千斤之力"豪取"百万之金"。只有不断学习股票知识，掌握高超的短线技术，才能逐渐成为一名短线高手。短线炒股的技巧非常多，本书第一篇对已经对短线做了详细介绍，下面再列举了一个实例，读者可以认真学习、举一反三，掌握股价涨跌的内在规律，成为真正的短线高手。

（1）如图 8-7 所示，为万业企业（600641）2014 年 12 月 8 日—2015 年 2 月 5 日的 K 线走势图，股价在一波快速下跌后的低点位出现了前阴后阳的"阳孕线"形态，预示着股价阶段性反转走势即将出现。

（2）2015 年 1 月 26 日，股价向上运动到阶段高位后回落，在下跌过程中再次形成"阳孕线"形态，如图 8-8 所示，是短线买入的信号，投资者可继续做多。

8.2.2　中长线操盘技巧

长线是金，即使是在一个赌性十足的短线为主的市场里，坚持长线投资的人仍然是最大的赢家。对于中长线投资者而言，可以通过多种途径来选择买卖时机。一般情况下，投资者可以根据大盘周 K 线的波动来把握中长线买卖点，如图 8-9 所示。

股价快速下跌

在孕线形态中，如果前面的一根长K线为阴线，后面的一根短K线为阳线，则形成"阳孕线"形态，多出现在一波下跌走势后的低位区，是空方力量阶段性枯竭，多方力量开始转强的信号，预示着一波反弹上涨走势即将出现

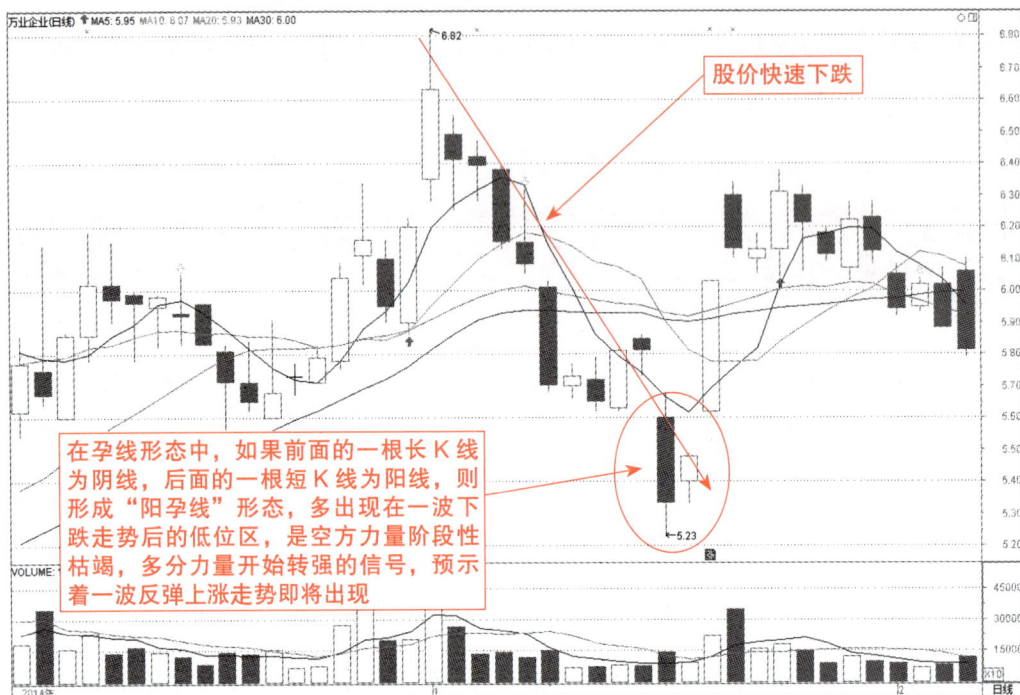

图 8-7　万业企业 K 线图（1）

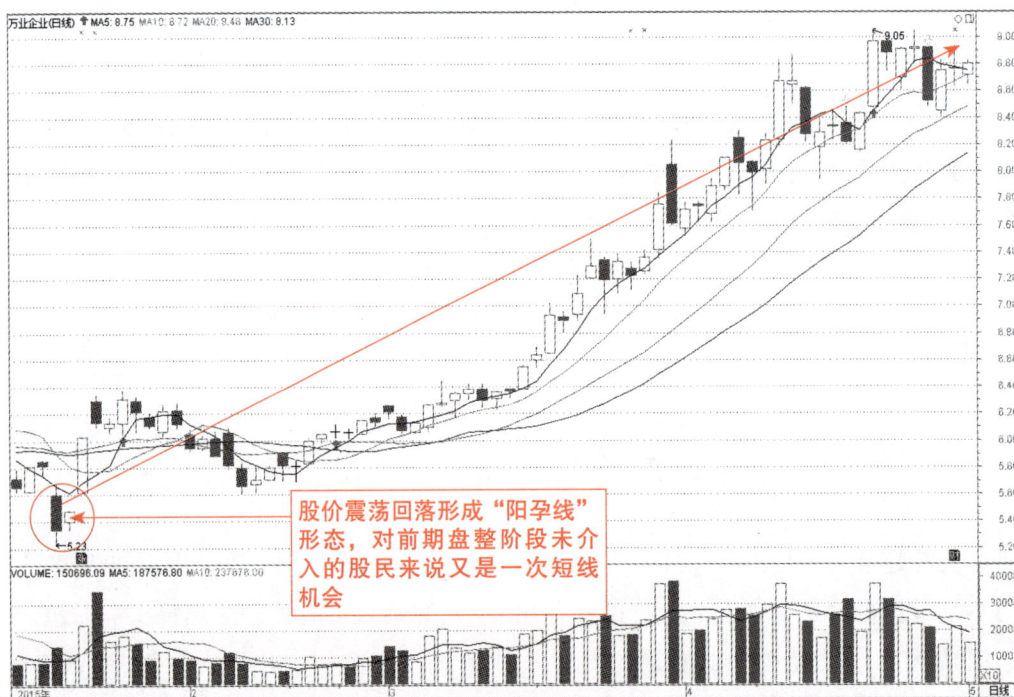

股价震荡回落形成"阳孕线"形态，对前期盘整阶段未介入的股民来说又是一次短线机会

图 8-8　万业企业 K 线图（2）

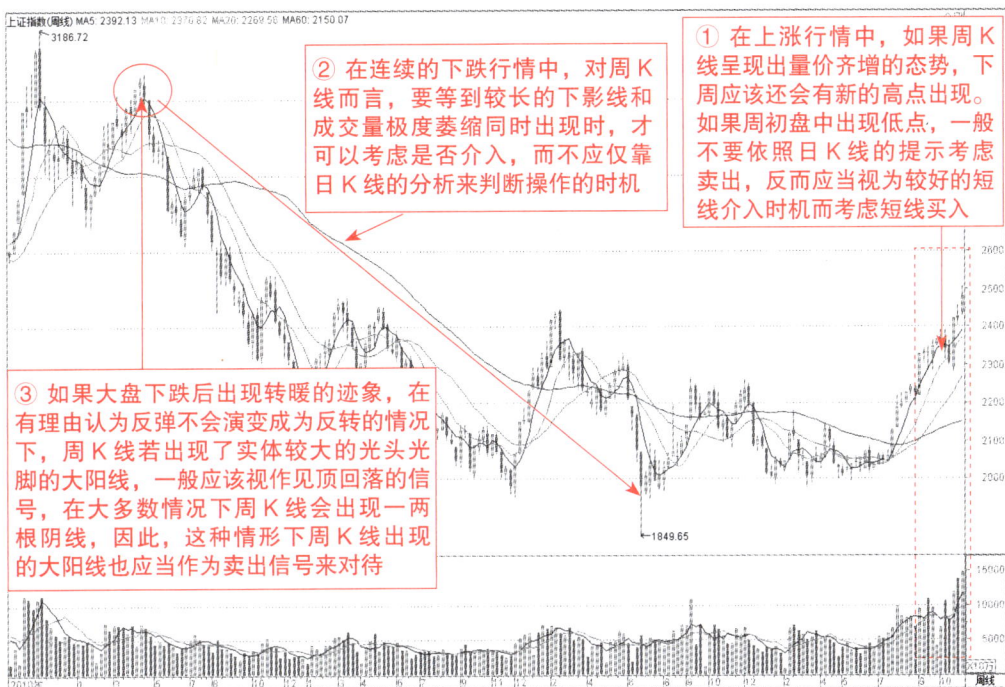

② 在连续的下跌行情中，对周 K 线而言，要等到较长的下影线和成交量极度萎缩同时出现时，才可以考虑是否介入，而不应仅靠日 K 线的分析来判断操作的时机

① 在上涨行情中，如果周 K 线呈现出量价齐增的态势，下周应该还会有新的高点出现。如果周初盘中出现低点，一般不要依照日 K 线的提示考虑卖出，反而应当视为较好的短线介入时机而考虑短线买入

③ 如果大盘下跌后出现转暖的迹象，在有理由认为反弹不会演变成为反转的情况下，周 K 线若出现了实体较大的光头光脚的大阳线，一般应该视作见顶回落的信号，在大多数情况下周 K 线会出现一两根阴线，因此，这种情形下周 K 线出现的大阳线也应当作为卖出信号来对待

图 8-9　大盘周 K 线图

8.3　看懂主力操盘手法

作为散户，在这个高风险的股票市场中，应当有自己的杀手锏来对付庄家的各种手法。兵法曰："知己知彼，百战不殆。"本节将重点介绍主力操盘的关键步骤，为散户提供了解主力的窗口，提高散户跟庄操作的技巧。

8.3.1　主力建仓阶段的盘口特点

主力庄家坐庄的前提是要收集筹码并建仓，只有收集够控盘所需要的筹码，才便于将来其他的操作。如表 8-1 所示，分析了主力建仓的 5 种常用方式。

表 8-1　主力建仓的 5 种常用方式

建仓方式	基本方法
拉高建仓	让投资者获利，使短线投资者出局，拉升段成交密集，说明主力在建仓。拉高建仓后期，股价一般长势很凶猛

（续表）

建仓方式	基本方法
反弹建仓	主力采用股价反弹的方式建仓，即主力拉高股价，利用市场散户的"反弹出货"或"高抛低吸"的弱点，几次大量吸纳市场外抛出的筹码
拉锯建仓	主力在很短的时间内把股价拉上去，又快速砸下来，来不及反应的散户只好匆匆离场而去，将筹码送给庄家
横盘震荡建仓	主力在某一个价格高点挂上大量卖单，给股价上行带来压力。同时在某一个价格低点挂上大量买单，使股价在一个箱体内做小幅震荡整理，K线图上的走势几乎呈一条横线运行
潜伏底建仓	主力战略性建仓后，先打压股价，之后基本不主动操作，使个股仿佛处于"无庄"的状态，导致散户纷纷抛出手中的筹码。待时机成熟后，庄家只需再最后收集一部分筹码，便能轻松控盘

主力建仓就是一个筹码换手的过程，庄家买入，散户卖出，主力的吸筹建仓区域就是所持股票的成本区。因此，主力总是会想尽一切可能的办法来降低仓持仓成本。

主力在建仓时所走出的K线形态和分时图，犹如一个人在雪地上行走一样，不可能踏雪无痕，必然会留下踪迹，而一旦主力开始对一只股票建仓，也必然会通过K线形态及分时图反映出来。

8.3.2　主力拉升阶段的盘口特点

在股市中，主力可以通过操盘手段主动拉升股价，而散户只能等待股价上涨。因此，在前期未介入的散户投资者，在这个阶段逢低介入，短期持有也会获利。

一般来讲，主力在盘中拉高股价时往往多采用急速拉高、缓慢拉高、波段拉高和震荡式拉高的手法，但无论其使用何种拉高手法，都必须有量的配合，没有量的配合就无法推动股价的上涨。

例如，急速拉升是指主力在短时间内使用大量的成交量大幅拉升股价，甚至涨停，一般情况下，如果出现这种情况，说明主力的资金实力雄厚，在拉升初期，投资者可建仓介入，持股待涨。

（1）如图8-10所示，为长春一东（600148）的急速拉升盘面分析。

（2）当然，主力绝对控盘的股票及短期内市场一致看好的股票在短期暴涨时会出现缩量上涨的情况，那是因为市场筹码被高度锁定的原因，这在日K线图中不易看出来，但在分时图上依然可看出有量的配合，如图8-11所示。

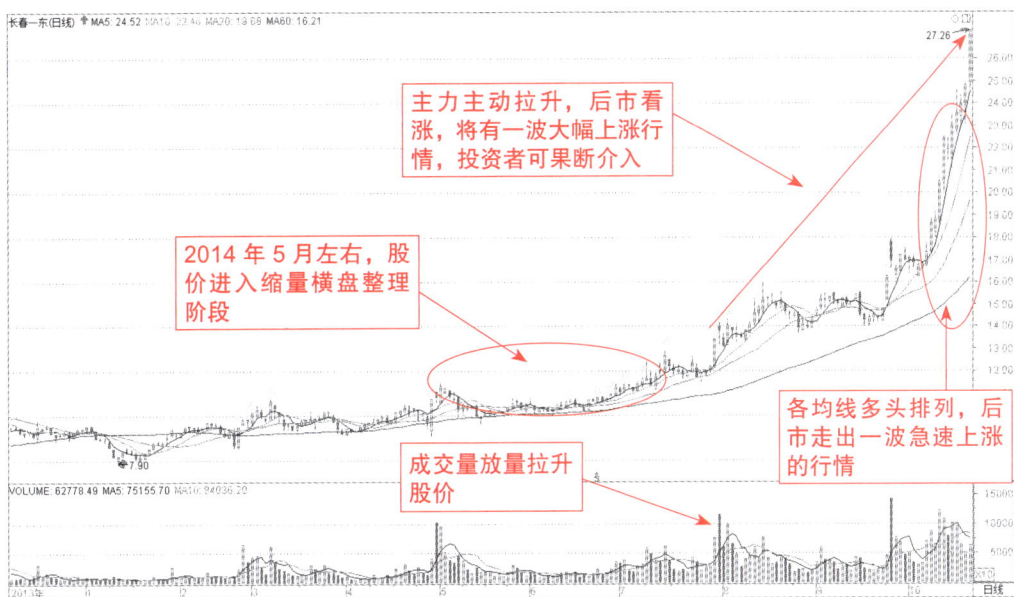

主力主动拉升，后市看涨，将有一波大幅上涨行情，投资者可果断介入

2014 年 5 月左右，股价进入缩量横盘整理阶段

各均线多头排列，后市走出一波急速上涨的行情

成交量放量拉升股价

图 8-10 长春一东 K 线走势图

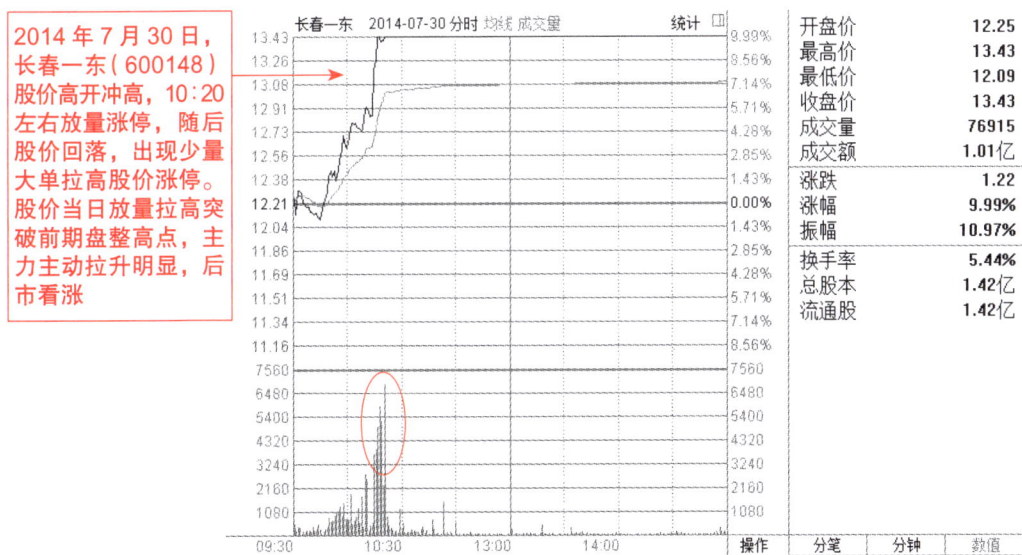

2014 年 7 月 30 日，长春一东（600148）股价高开冲高，10∶20 左右放量涨停，随后股价回落，出现少量大单拉高股价涨停。股价当日放量拉高突破前期盘整高点，主力主动拉升明显，后市看涨

图 8-11 长春一东 2014 年 7 月 30 日分时图

投资者可以从日 K 线图中找到主力的拉高动作信号，但仅从日 K 线图中来进行分析还是不够的，也是不及时的，投资者还必须将其细化到当天的分时图中，通过对当天的分时图的分析，就能进一步并且在第一时间抓住主力拉高时的种种迹象，从而在第一时间抢占先机，把握市场主动权。

8.3.3　主力洗盘阶段的盘口特点

在主力介入建仓后，股价出现了一定的上涨，为降低后期拉升的成本，主力通常会进行多次洗盘来清理浮筹，使那些持股意志不坚定的获利盘和跟风盘退出。横盘洗盘的目的主要是让普通投资者在相对低位卖出手中筹码，其手法是通过长时间的横盘震荡来折磨普通投资者的持股耐心和信心，事实上，有绝大部分普通投资者在横盘震荡的区域乖乖地向主力交出了手中的低价筹码。

如图 8-12 所示，为金发科技（600143）于 2014 年 12 月—2015 年 4 月的 K 线走势图，出现了明显的主力缩量横盘整理过程。

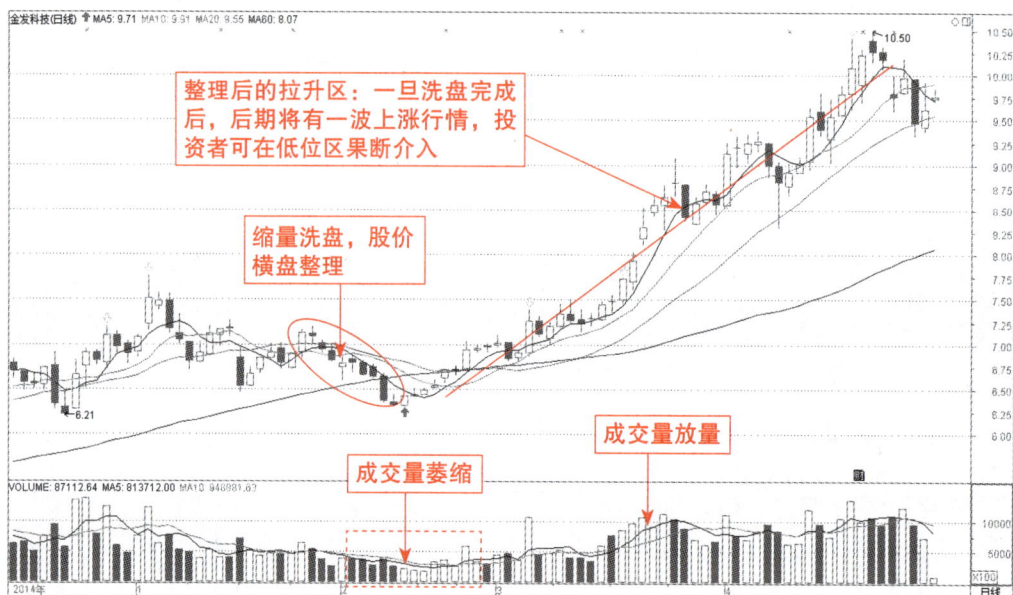

图 8-12　缩量横盘整理

8.3.4　主力出货阶段的盘口特点

主力将股价拉升到预期高位时就会抛售手中的筹码，为了能够顺利出货，通常会制造一些向好的股价形态误导场外资金追踪入场承接主力抛盘。因此，洞察主力出货的操盘手段，可以避免高位套牢。

例如，平台式出货时庄家往往利用高位震荡的行情来使投资者误以为股价在进行横盘整理，主力利用市场没有察觉的有利条件，来达到高位出货的目的。

下面举例分析拉高式出货的盘面：如图 8-13 所示，为三峡新材（600293）2011年 9 月—2012 年 1 月的 K 线走势图，从图中可以看到，主力在高位展开了横向整理的操作，股价在近乎水平的方向上运行，成交量小幅放量，总体水平较低，待庄家出货完毕后，股价就会一落千丈。

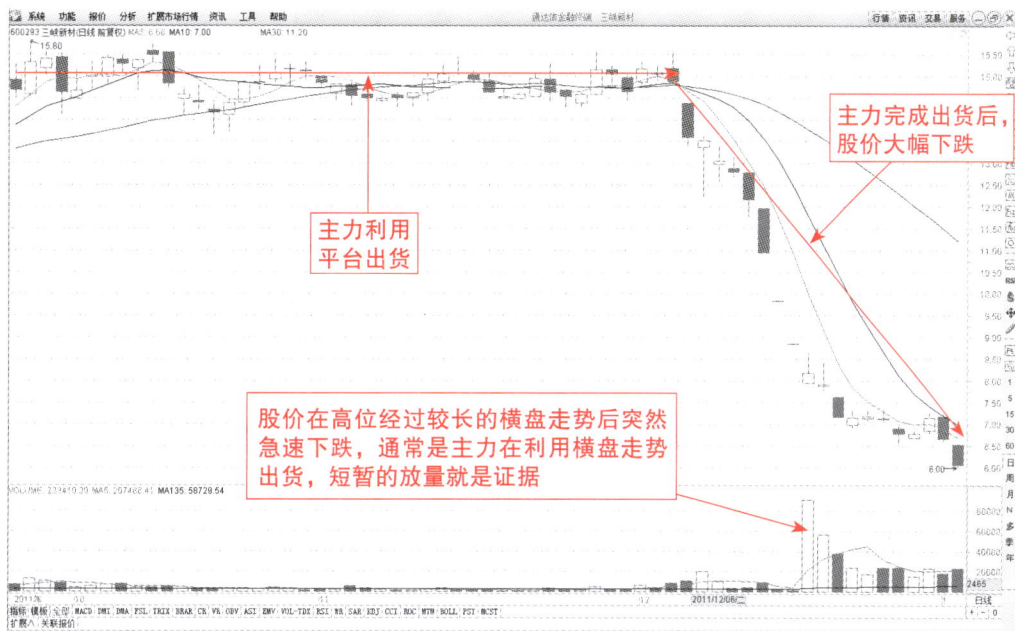

图 8-13 三峡新材（600293）K 线走势图

第9章 分时图的工具和策略

学前提示

为了在股市中成功获利，投资者应该首先了解日K线中价格的运行情况，了解股价波动过程中潜在波动幅度，而这一切的奥秘都藏在股票分时图中。因此，投资者必须读懂分时图，才能够更巧妙地在价格底部追涨并且在价格顶部杀跌，获得丰厚回报。

要点展示

- 什么是分时图
- 分时图的看盘工具运用
- 掌握分时图的看盘要点
- 运用分时图中的均价线工具
- 运用分时图中的技术策略

9.1　什么是分时图

分时图全称为分时走势图，与 K 线图类似，是记录股价运行变化的一种图表形式，而在整个分时图中，分时线占重中之重的地位。分时线就是将每分钟最后一笔成交价在图表中用线段连接起来而得到的曲线。

在实战研判过程中，分时图有着重要的作用，它可以动态反映大盘和个股的实时走势。分时图分为大盘指数分时图和个股即时分时图，其中横坐标代表时间，纵坐标的上半部分代表价格或指数，下半部分显示成交量。

9.1.1　了解大盘即时分时图

大盘指数即时分时图是指大盘指数在一天内每分钟的动态走势图，它反映了大盘指数一天内的运行情况。大盘指数即时分时图由买盘比率、卖盘比率、加权指标和不加权指标共 4 个部分组成，如图 9-1 所示。

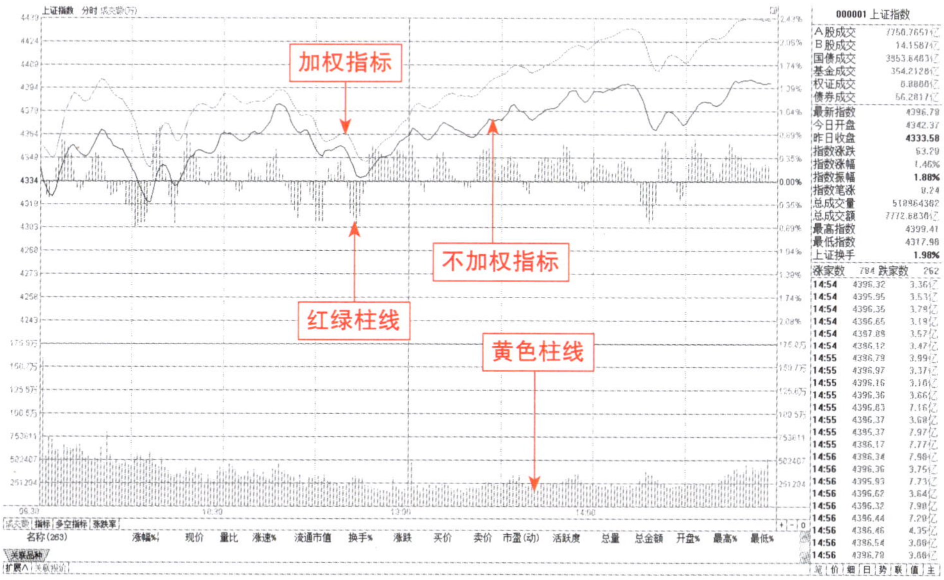

图 9-1　大盘分时图

- 加权指标：证交所每日公布媒体常说的大盘实际指数。
- 不含加权指标：大盘不含加权的指标，即不考虑股票盘子的大小，而将所有股票对指数影响看作相同而计算出来的大盘指数。
- 红绿柱线：在红白两条曲线附近有红绿柱状线，是反映大盘即时所有股票的买盘与卖盘在数量上的比率。红柱线的增长减短表示上涨买盘力量的增减；绿柱线的增长缩短表示下跌卖盘力度的强弱。
- 黄色柱线：用来表示每一分钟的成交量，单位是手。

> **专家提醒**
>
> 红绿柱线是股票买盘和卖盘的比率：红线柱增长，表示买盘大于卖盘，指数将逐渐上涨；红线柱缩短，表示卖盘大于买盘，指数将逐渐下跌。绿线柱增长，指数下跌量增加；绿线柱缩短，指数下跌量减少。

9.1.2 了解个股即时分时图

个股即时分时图显示的是个股每分钟价格变动的动态图，是研判个股当天走势的重要参考依据。个股即时分时图分别由成交价曲线、平均价曲线和成交量柱线共3部分组成，如图9-2所示。

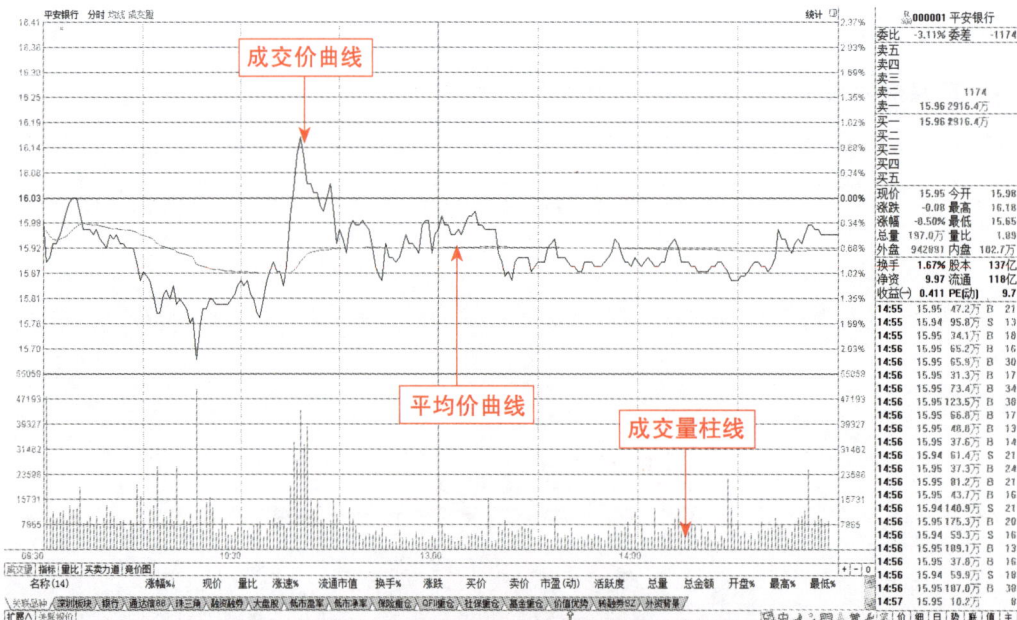

图9-2 个股即时分时图

- 成交价曲线：在个股分时走势图中，波动频繁的曲线是成交价曲线，又称为分时线。
- 平均价曲线：在个股分时走势图中，比较平滑的曲线是平均价曲线，又称为均价线。
- 成交量柱线：与大盘分时走势图相似，在个股分时走势图下方的黄色柱线代表每分钟该股的乘积手数。并且，移动鼠标光标也可以查看指定时间的成交手数。

9.2　分时图的看盘工具运用

通达信股票分析软件是多功能的证券信息平台，与其他行情软件相比，有简洁的界面和行情更新速度较快等优点。通达信股票分析软件在分时图方面的功能比较强大，投资者可以轻松地调出分时图标，并且查看有关分时图的基本信息。

9.2.1　调出分时图

散户利用分时图来进行买卖决策，首先必须要能够调出分时图。与 K 线图一样，分时图是主要的分析图表之一。

在通达信股票分析软件中显示分时图的具体操作方法如下。

（1）进入通达信股票分析软件，在股票列表中选择相应的股票名称（如金花股份），如图 9-3 所示。

（2）按 Enter 键或双击鼠标左键，即可转换到分时图界面，如图 9-4 所示。

（3）如果用户想查看某只股票的分时图，则可以在键盘中输入该股票的名称首写拼音字母或代码，如青岛啤酒（代码：600600），软件会自动弹出键盘精灵窗口，如图 9-5 所示。

（4）在此窗口中，用户可以查看所需分析的股票名称和代码，然后按 Enter 键即可查看分时图，如图 9-6 所示。

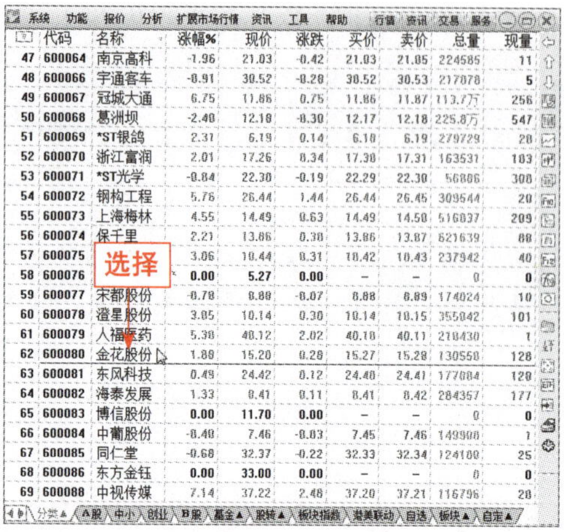

图 9-3　选择相应的股票名称

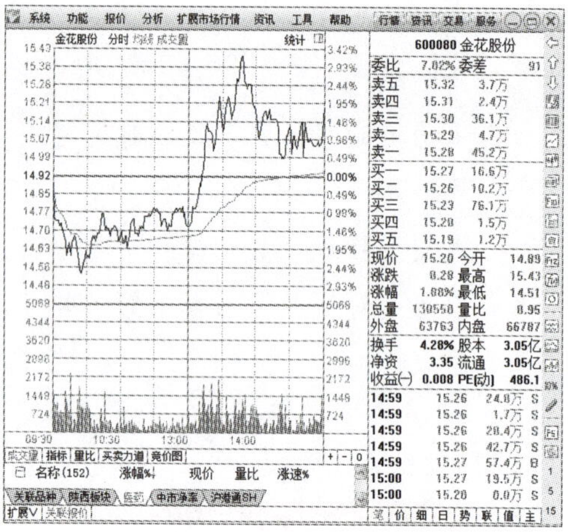

图 9-4　金花股份分时图

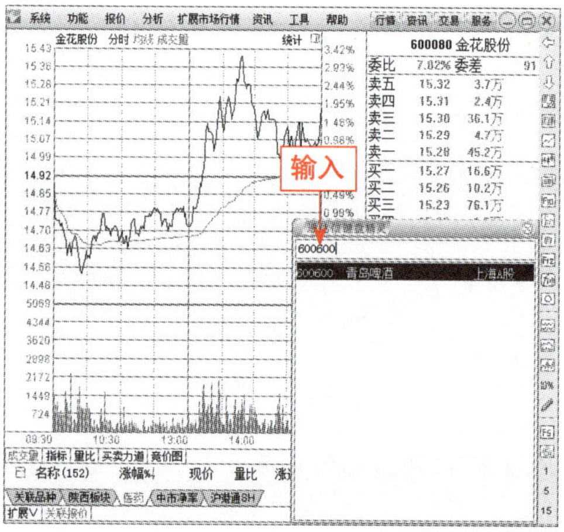

图 9-5　输入相应股票的代码

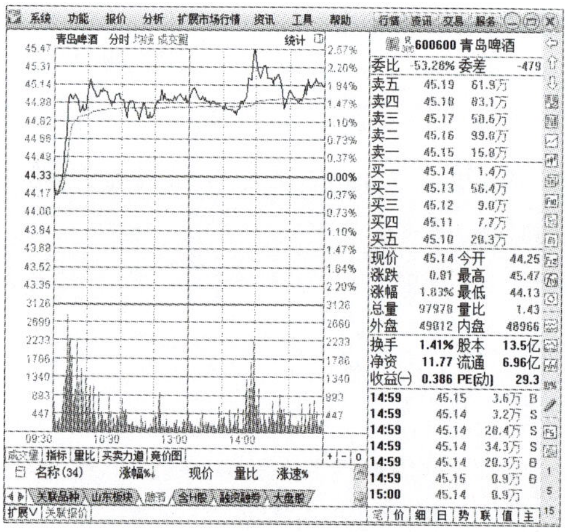

图 9-6　青岛啤酒分时图

9.2.2　查看某一时刻的成交数据

在分时图中，投资者如果想查看某一时刻的成交数据，例如，查看成交价格与成交量，则可以用键盘来进行操作。

在通达信股票分析软件中查看分时成交信息的具体操作方法如下。

（1）进入分时图后，按下键盘中的左右方向键，则在分时图中可显示一个十字光标，如图 9-7 所示。

（2）随着方向键的移动，光标也会在分时图中左右移动，将光标移动到所有查看的分时图中的分时线位置时，在分时图的左侧就会出现一个方块，列出了光标所在位置的相应数据，如图 9-8 所示。

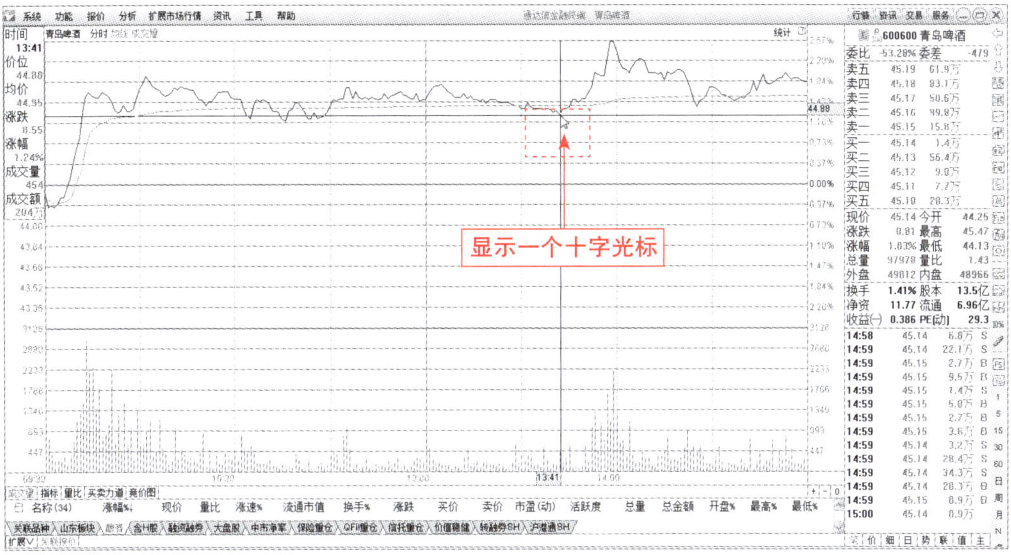

图 9-7 显示十字光标

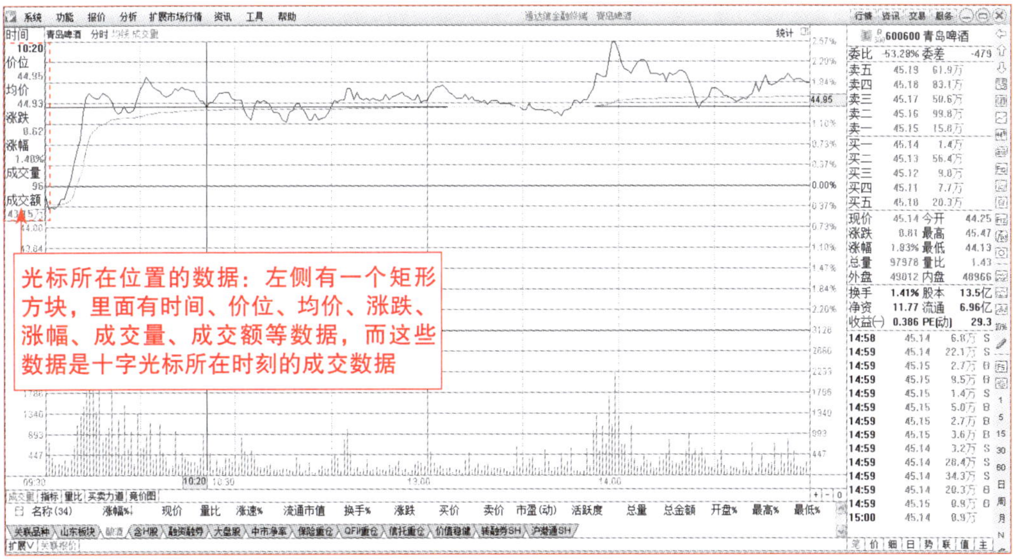

图 9-8 查看光标处的相关数据

9.2.3 叠加显示其他盘面

众所周知，个股的走势或多或少都会受到大盘指数的影响，因此很多投资者都希望在个股分时图中添加大盘指数、行业指数等走势，以此来共同研究后市情况。

在通达信股票分析软件中叠加显示分时图的具体操作方法如下。

（1）在个股分时图上点击鼠标右键，在弹出的快捷菜单中选择"叠加品种"→"自动叠加对应大盘指数"选项，如图9-9所示。

（2）执行操作后，即可自动叠加对应的大盘指数走势，如图9-10所示。

图9-9　选择"自动叠加对应大盘指数"选项

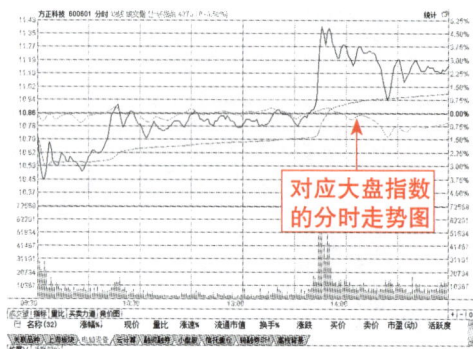

图9-10　叠加对应的大盘指数走势

9.2.4　使用多日分时图

分时图上只能显示一个交易日的走势，如果想了解近几个交易日的分时走势，则可以用查看多日分时图功能。

在通达信股票分析软件中查看多日分时图的具体操作方法如下。

（1）在个股分时图上点击鼠标右键，在弹出的快捷菜单中选择"查看多日分时图"选项，在弹出的子菜单中用户可以选择查看近10日的分时图，如图9-11所示。

（2）例如，选择"最近2日"选项，即可同时查看最近2日的分时图，如图9-12所示。

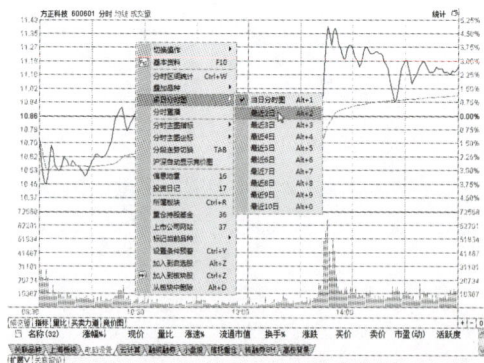

图9-11　选择"查看多日分时图"选项

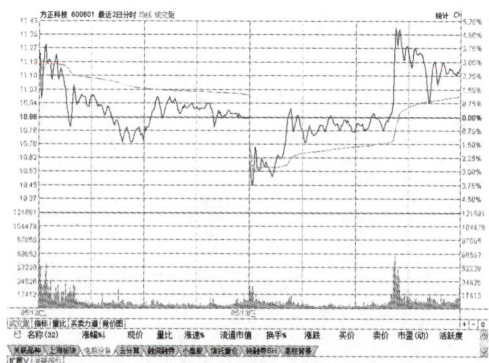

图9-12　同时查看最近2日的分时图

（3）用户也可以点击右侧工具栏中的"多日分时图"按钮，在弹出的菜单中选择相应的选项，如图9-13所示。

（4）例如，选择"最近 10 日"选项，即可同时查看最近 10 日的分时图，如图 9-14 所示。

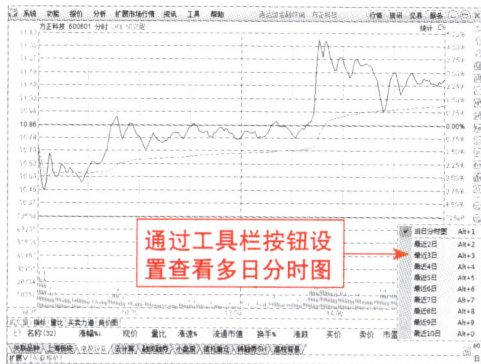

图 9-13　"多日分时图"菜单

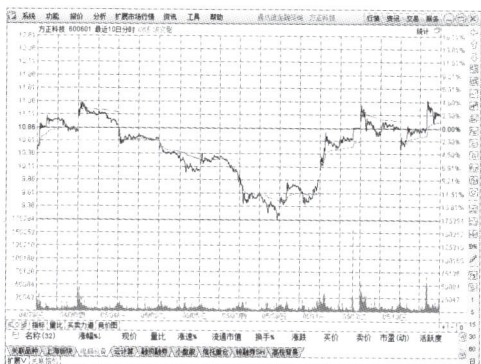

图 9-14　同时查看最近 10 日的分时图

专家提醒　将多个交易日的分时图连接起来并且在一个图中显示，可以使投资者对近几日的分时走势一目了然。

9.2.5　使用历史分时图

在每天早上 8 : 45 系统初始化之后，上一交易日的分时成交图就被完全清除。那如果投资者想要查看最近几日或之前某一交易日的分时走势图时，该如何查看呢？在通达信软件上不仅可在分时成交图上查看最近 10 个交易日以内的分时成交图，还可以在日 K 线图上查看任意某一交易日的分时走势以及成交量。

在通达信股票分析软件中查看历史分时图的具体操作方法如下。

（1）在个股分时图上点击鼠标右键，在弹出的快捷菜单中选择"查看多日分时图"→"进入分析图"选项，如图 9-15 所示。

（2）执行操作后，即可切换至个股 K 线走势图界面，如图 9-16 所示。

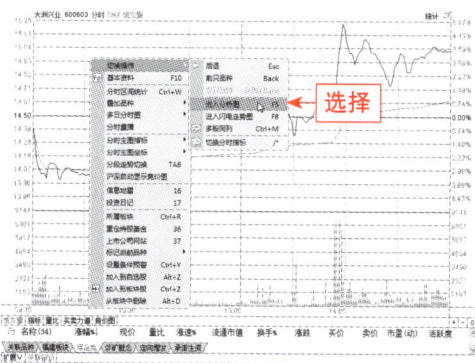

图 9-15　选择"进入分析图"选项

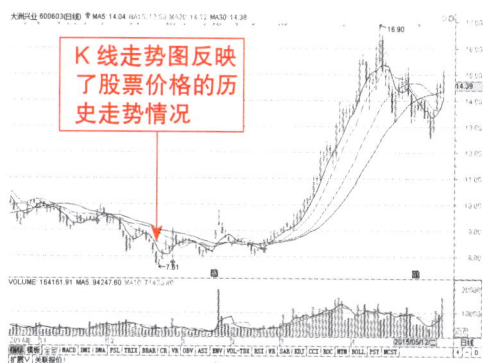

图 9-16　个股 K 线走势图

（3）用户可以通过键盘上的 ↑ 方向键和 ↓ 方向键，放大或缩小 K 线图所显示的时间范围，如图 9-17 所示。

（4）点击鼠标左键的同时向左或向右拖曳底部的时间轴，即可切换 K 线图的时间，如图 9-18 所示。

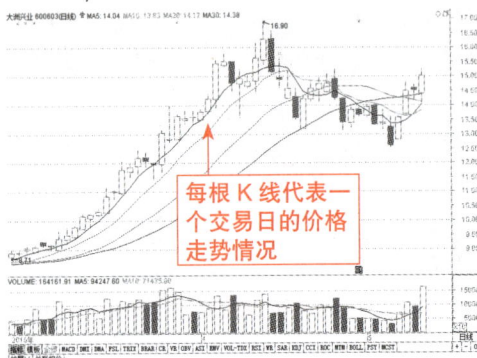

图 9-17　放大或缩小 K 线图的范围

图 9-18　切换时间

（5）选择相应时间的 K 线，即可在弹出的小窗口中查看当天的开盘、最高、最低、收盘、总量、换手、总额、涨跌、涨幅等数据，如图 9-19 所示。

（6）在 K 线上双击鼠标左键，或按 Enter 键，即可在弹出的窗口中查看当天的分时图，如图 9-20 所示。

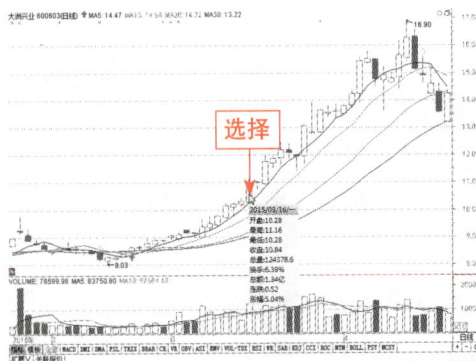

图 9-19　查看某天的相关数据

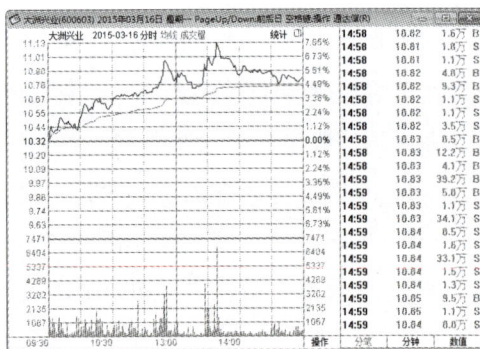

图 9-20　查看历史分时图

9.2.6　查看分时信息地雷

在股市中，一些基本面的变化或者一些突发的消息都会引起股价的上涨或下跌。因此，投资者往往希望在交易的同时及时观察该只股票的一些基本信息。而通达信软件在分时图中是以分时地雷的方式，将第一时间得到的消息传递给投资者。

在通达信股票分析软件中查看分时信息地雷的具体操作方法如下。

（1）在个股分时图上点击鼠标右键，在弹出的快捷菜单中选择"信息地雷"选项，如图 9-21 所示。

（2）执行操作后，即可在分时图下方显示实时信息地雷，如图 9-22 所示。

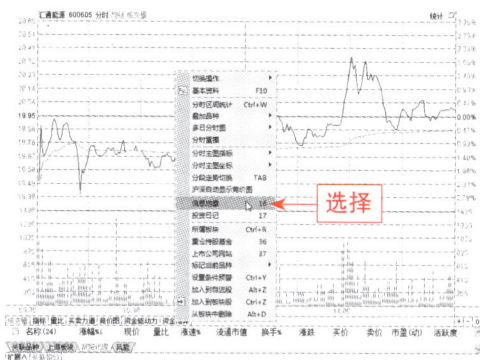

图 9-21　选择"信息地雷"选项

图 9-22　显示实时信息地雷

（3）选择相应资讯，点击右侧的"查看"按钮，即可显示详细的内容，如图 9-23 所示。

（4）点击"浮动"按钮，可以切换至浮动窗口查看资讯，如图 9-24 所示。

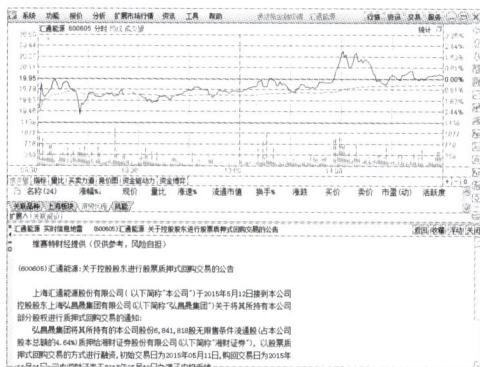

图 9-23　显示详细的内容

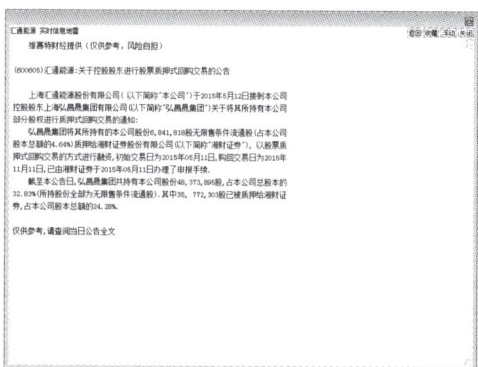

图 9-24　浮动窗口

9.2.7　扩大分时图的显示页面

分时图右侧会显示信息栏，里面涵盖了买入和卖出的数据，例如，五档盘口、开盘价、收盘价、最高价、最低价等，这样可以使投资者及时了解一些具体的交易信息，但它同时也会占据分时图中的显示空间。为了方便查看，有时投资者需要扩大分时图的显示页面，因此可以隐藏右侧的信息栏。

> **专家提醒**
>
> 打开个股分时走势图，在窗口的右边就会显示个股的外盘和内盘情况。投资者可以通过对比外盘和内盘的数量大小及比例，可能从中发现当前行情是主动性的买盘多还是主动性的卖盘多，是一个较有效的短线指标。

在通达信股票分析软件中隐藏分时信息栏的具体操作方法如下。

（1）在个股分时走势图上，单击右上角的"显隐行情信息"按钮 □，如图9-25所示。

（2）执行操作后，即可隐藏行情信息，如图9-26所示。

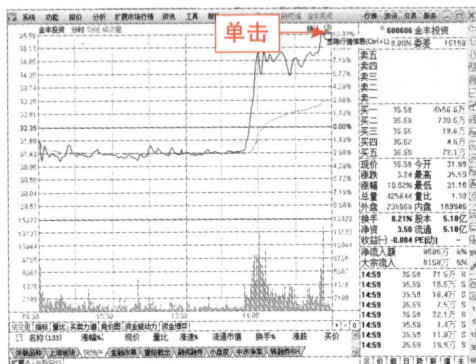

图9-25　单击"显隐行情信息"按钮

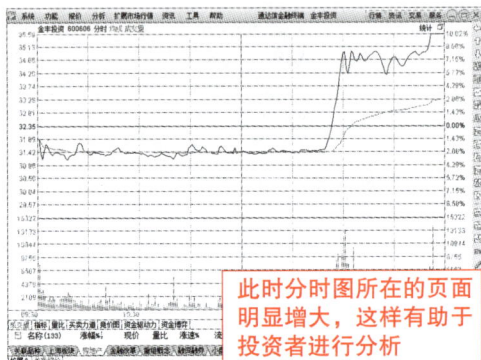

图9-26　隐藏行情信息

9.2.8　同时关注多个股票的动向

"多股同列"功能具有将多个股票的即时走势图在一个画面中同时列出的功能，让投资者可以同时关注多个股票的动向。

在通达信股票分析软件中显示多股同列的具体操作方法如下。

（1）单击个股分时图工具栏上的"多股同列"按钮 〰，如图9-27所示。

（2）执行操作后，即可多股同列显示，如图9-28所示。

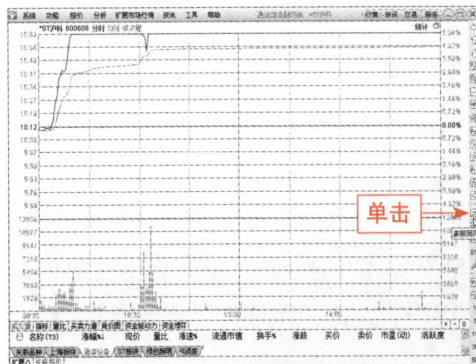

图9-27　单击"多股同列"按钮

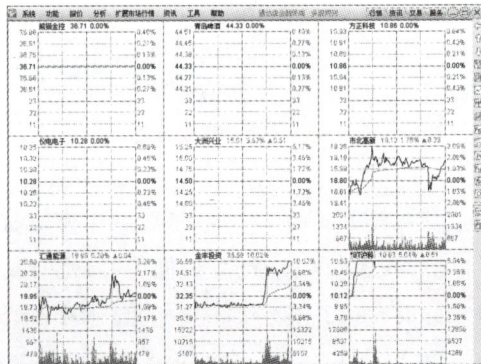

图9-28　多股同列显示

（3）滚动鼠标滚轮，即可切换查看不同的多股排列效果，如图 9-29 所示。

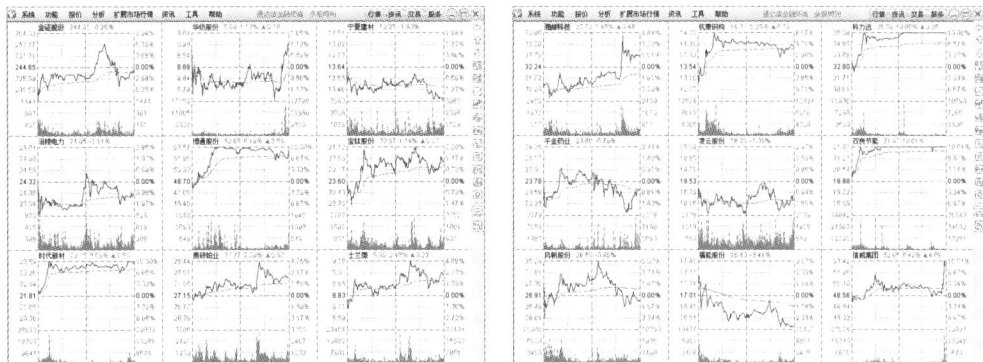

图 9-29　切换查看不同的多股排列效果

9.2.9　运用分时重播演示功能

每天收盘后，投资者也可以重播当天的分时走势，不是查看历史分时图，而是按照开盘的样子每分钟播放当天分时走势图，主要用于分时指标测试，看信号是否会消失。投资者还可以利用"分时重播"功能来判断盘中打开涨停的性质，保证操盘指令的准确率。在通达信股票分析软件中显示多股同列的具体操作方法如下。

（1）在个股分时图上单击鼠标右键，在弹出的快捷菜单中选择"分时重播"选项，如图 9-30 所示。

（2）执行操作后，弹出"分时重播"对话框，用户可以设置相应的播放速度和方向，如图 9-31 所示。

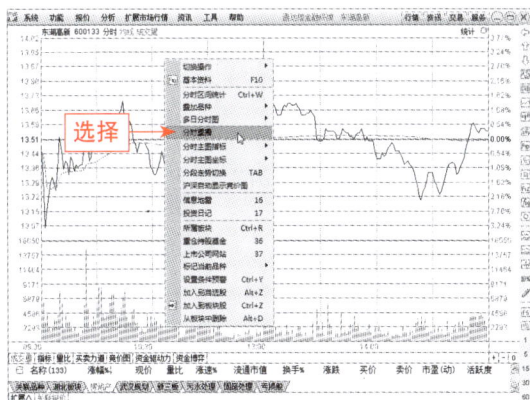

图 9-30　选择"分时重播"选项

图 9-31　"分时重播"对话框

（3）单击"播放"按钮，即可开始演示分时图运行情况，如图 9-32 所示。

（4）单击"暂停"按钮，即可暂停播放，如图 9-33 所示。

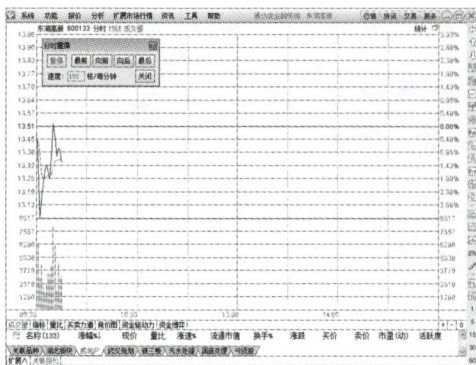

图 9-32　演示分时图运行情况

图 9-33　暂停播放

9.2.10　使用分时区间统计功能

在 K 线图和分时图里都能统计区间内的涨跌、振幅、换手等数据，帮助投资者迅速地统计出一个股票在一段时间内的各项数据，而且还提供阶段统计表格，这样就能对一个时间段内的数据在不同股票之间进行排序、比较，让投资者简单、快捷地分析股票的走势。在通达信股票分析软件中使用分时区间统计的具体操作方法如下。

（1）在个股分时图上点击鼠标右键，在弹出的快捷菜单中选择"分时区间统计"选项，如图 9-34 所示。

（2）执行操作后，弹出个股分时区间统计窗口，用户可以设置相应的起始时间、终止时间、分钟数目等参数，如图 9-35 所示。

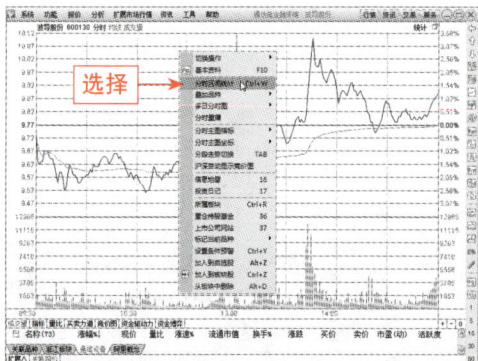

图 9-34　选择"分时区间统计"选项

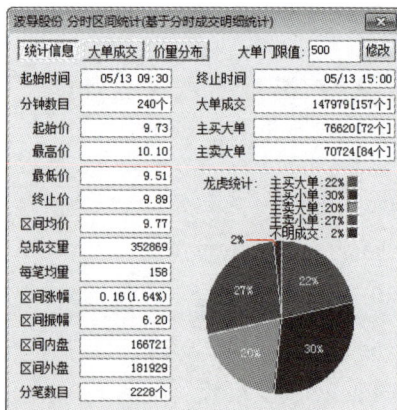

图 9-35　个股分时区间统计窗口

（3）切换至"大单成交"选项卡，即可查看相应时间段内的个股大单成交的统计信息，如图 9-36 所示。

（4）切换至"价量分布"选项卡，即可查看相应时间段内的股价与成交量统计信息，如图 9-37 所示。

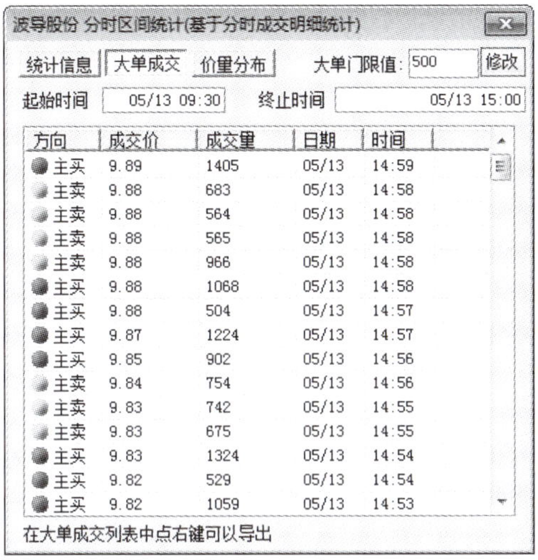

图 9-36 "大单成交"选项卡

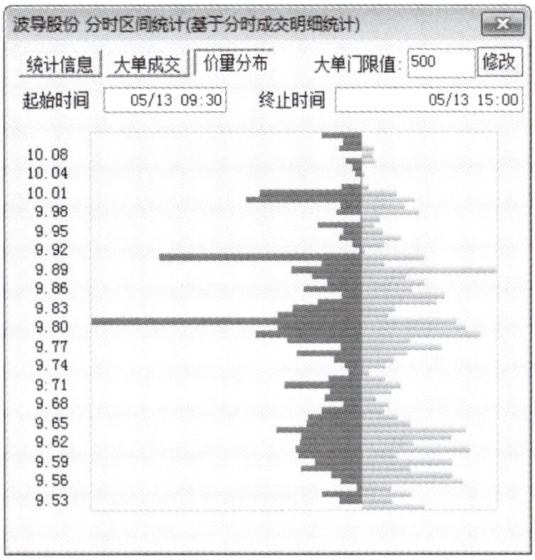

图 9-37 "价量分布"选项卡

9.3 掌握分时图的看盘要点

盘口是指股价在上下波动时，随时出现的具体成交数据，它会显示在分时图右侧的信息栏中。通达信软件显示的盘口信息十分丰富，本节将进行简单介绍。

9.3.1 查看分时成交明细

分时成交明细，就是按时间顺序记录成交单子的数量和价格，以及买卖情况。

分时成交明细表中各颜色数字含义如下。

（1）红、绿颜色数字：分时成交明细当中有红、绿两种箭头，它们代表的意义不一样：红箭头说明是主动性买入的成交，也就是以委卖的价格成交的手数；绿箭头说明是主动性卖出的成交，也就是以委买的价格成交的手数。如果没有箭头的说明这个成交价没有委托挂单。

（2）灰色数字：在分时成交明细中的最右边，偶尔会看一个灰色的数字，它的含义就是说这一个分笔成交只包含了几笔成交的数量（深市股票），比如说灰色数字是 3，就明这次成交一共有 3 笔。

在通达信股票分析软件中查看分时成交明细的具体操作方法如下。

（1）在个股分时图上右侧盘口信息栏最下方，会显示个股的成交时刻、成交价格、成交手数、买卖标记等分时成交信息，如图 9-38 所示。

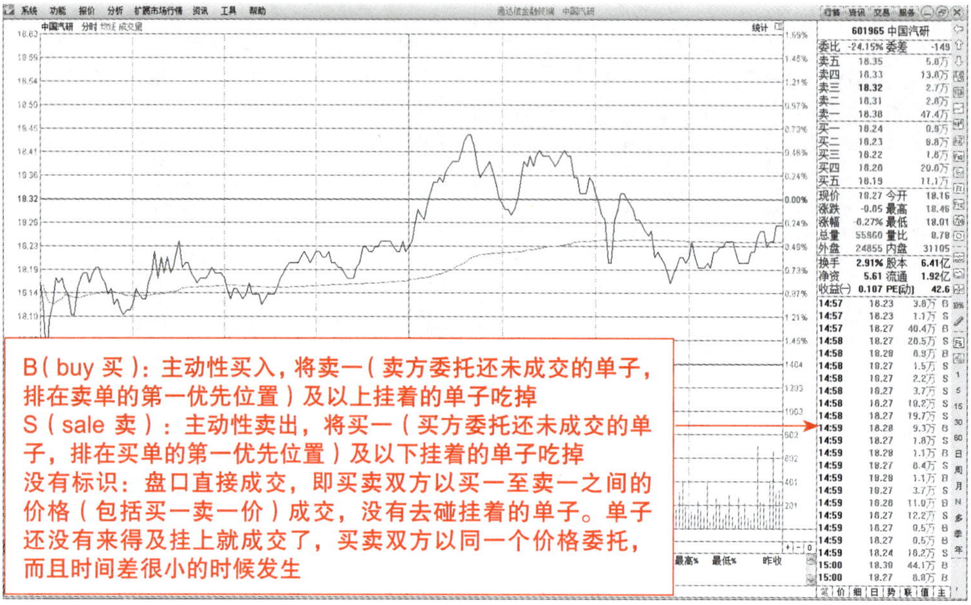

图 9-38　个股分时成交信息

（2）用户要想看到股票的成交量和大单买卖情况的话，就必须要用到分时成交明细，可以在股票软件中找到你需要的股票，输入"01"后按 Enter 键，就可以看到分时成交明细了，如图 9-39 所示。

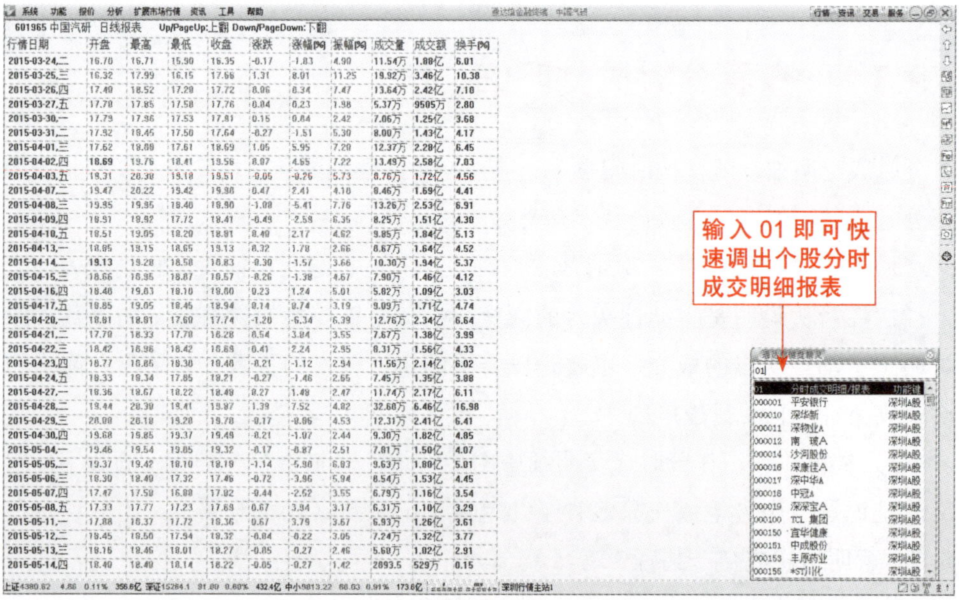

图 9-39　个股分时成交明细信息

9.3.2　观察盘口常用数据

盘口就是在交易过程中，通过盘面上的一些重要数据观察及时的交易动向。由于分时图体现了一个交易日内的细小波动，因此分时图中的盘口数据在实战过程中就显得尤为重要。

如图 9-40 所示，为凤凰传媒（601928）的分时图，图中右侧部分是全部的盘口数据区域，其中包括五档买入盘和五档卖出盘，这是目前市场上投资者愿意买入或卖出的报价和数量。

图 9-40　凤凰传媒分时图

9.3.3　查看移动筹码分布

筹码分布是寻找中长线牛股的利器，对短线投资者可能没有太大的帮助。但筹码分布在股市的运用将开辟技术分析一片新天地。筹码分析即成本分析，基于流通盘是固定的，无论流通筹码在盘中如何分布，累计量必然等于总流通盘。

在通达信股票分析软件中查看移动筹码分布的具体操作方法如下。

（1）在个股分时图中，单击菜单栏中的"分析"→"移动筹码分布"命令，如图 9-41 所示。

（2）执行操作后，即可打开"移动筹码分布"窗口，即可查看该股在某个价位的成本分布信息，如图 9-42 所示。

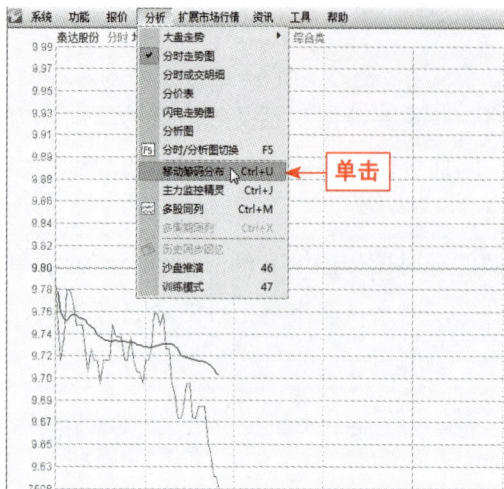

图9-41 单击"移动筹码分布"命令

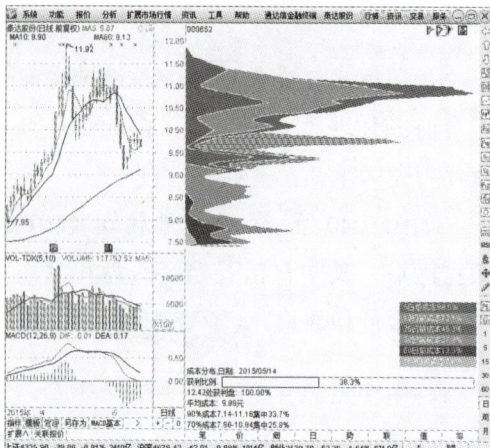

图9-42 打开"移动筹码分布"窗口

（3）在K线图中选择相应日期的K线并双击，即可打开该日的分时走势图，如图9-43所示。

（4）执行操作后，即可在"移动筹码分布"窗口查看同一天的筹码分布情况，用户可结合分时图以及移动筹码分布来分析股价的走势，如图9-44所示。

图9-43 个股某天的分时图

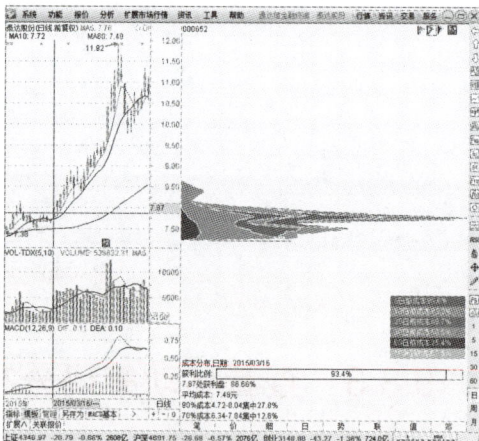

图9-44 移动筹码分布情况

9.3.4 查看分价表数据

分价表显示的是在各成交价位上分别成交的总手数，各价位成交的笔数，平均每笔手数，各价位上的成交量占总成交量的比例。

在通达信股票分析软件中查看分价表的具体操作方法如下。

（1）在个股分时图的右下角，点击"价"按钮，显示分价表数据，如图 9-45 所示。

（2）使用鼠标左键双击分价表内容区，即可放大显示分价表，如图 9-46 所示。再次使用鼠标左键双击分价表内容区，即可返回。

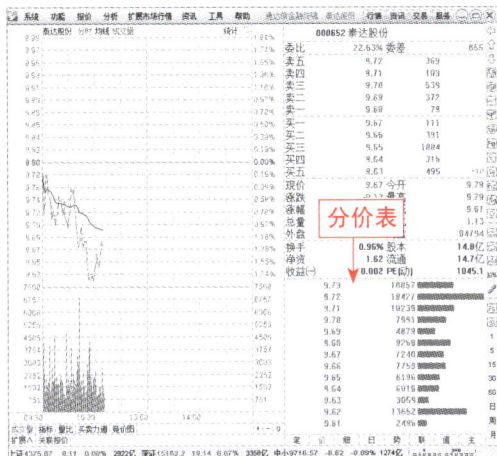

图 9-45　显示分价表数据

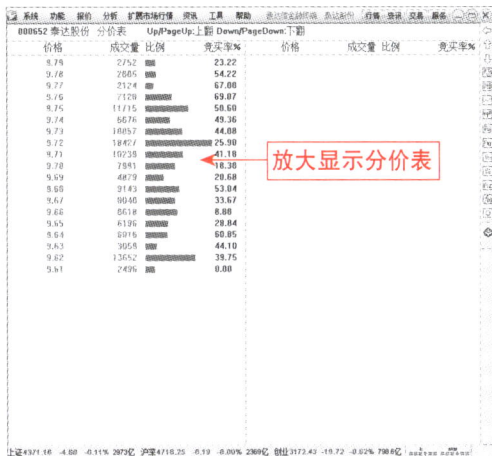

图 9-46　放大显示分价表

分价表中的数据是非常重要的，不但可以看出股票的压力位和支撑位，并且还可以精确计算出资金的流向，数据量也不大，应该比分笔成交数据好用。

9.3.5　使用主力监控精灵

主力监控，是指借助 MA 均线系统、股价的 K 线走势、摆动类趋势类技术指标结合股价的走势以及与成交量的配合，从而判断出个股中是否存在能够给股价走势造成重大影响的资金或资金联合的个股监控方式。

专家提醒　大多数投资者追踪主力只是根据自己的经验和猜测，他们一般根据成交量的大小、价格的相对高低、拉升时的力度大小、要么根据经济大环境和政府政策的配合度、个股所属行业的发展前景、上市公司内部股权的结构以及变动、大股东的更迭等技术指标、基本面分析和个人实战操作经验来猜测主力的操作策略和操作动向。需要注意的是，建立在个人经验基础上的分析，只能对主力的动向作出模糊的判断，而且这种判断有时候与实际情况相去甚远。

在通达信股票分析软件中使用主力监控精灵的具体操作方法如下。

（1）在个股分时图的右下角，点击"主"按钮，即可打开主力监控精灵窗口，如图 9-47 所示。

（2）在列表中，会自动刷新最近的个股主力动态信息，使用鼠标左键双击需要的个股，即可查看该股的分时走势图以及盘口信息，如图 9-48 所示。

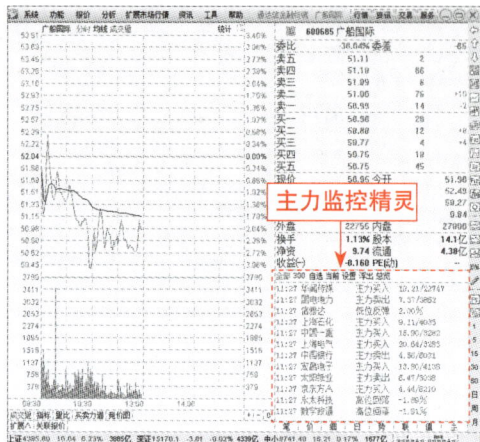

图 9-47　打开主力监控精灵窗口

图 9-48　切换查看个股动态

9.4　运用分时图中的均价线工具

与 K 线图上以每天收盘价作为统计依据的均线不同，分时图中的均价线是以盘口总成交额除以盘口总成交量的运算方式测算当前每一股的平均成交价，十分精确地统计出当前所有参与者的综合持仓成本。因此，有了这条均价线，投资者就可以在盘面做一些简单的推理。尤其是对于超短线投资者来说，往往根据均价线交易可获得很好的收益。

9.4.1　均价线分多空

在股票市场上，或者是在别的证券市场上，有多头和空头之分：所谓的多头，是指投资者看好市场的走向为上涨，于是先买入，再卖出，以赚取利润或者是差价；所谓的空头是指投资者或者是投机者看到未来的走向为下降，所以就抛出手中的证券，然后再伺机买入。其中，买入的叫多头方，卖空的叫空头方。投资者想要有稳定的获利，就必须分清多空双方的力量，而均价线就是一个不错的工具。

下面举例分析分均价线中的多空阵营。

（1）如图 9-49 所示，为大东方（600327）2015 年 1 月 28 日的分时图，从图中可以看到，均价线稳定地向上移动，而且股价从盘整结束后开始稳定上行，而成交量伴随着股价的上行也给出了放大的走势，这就说明多方的能量已经占据明显优势，场外和场中做多的资金非常充足，因此后市将在很大程度上会延续上涨的行情，投资者可以寻找低点进场做多。

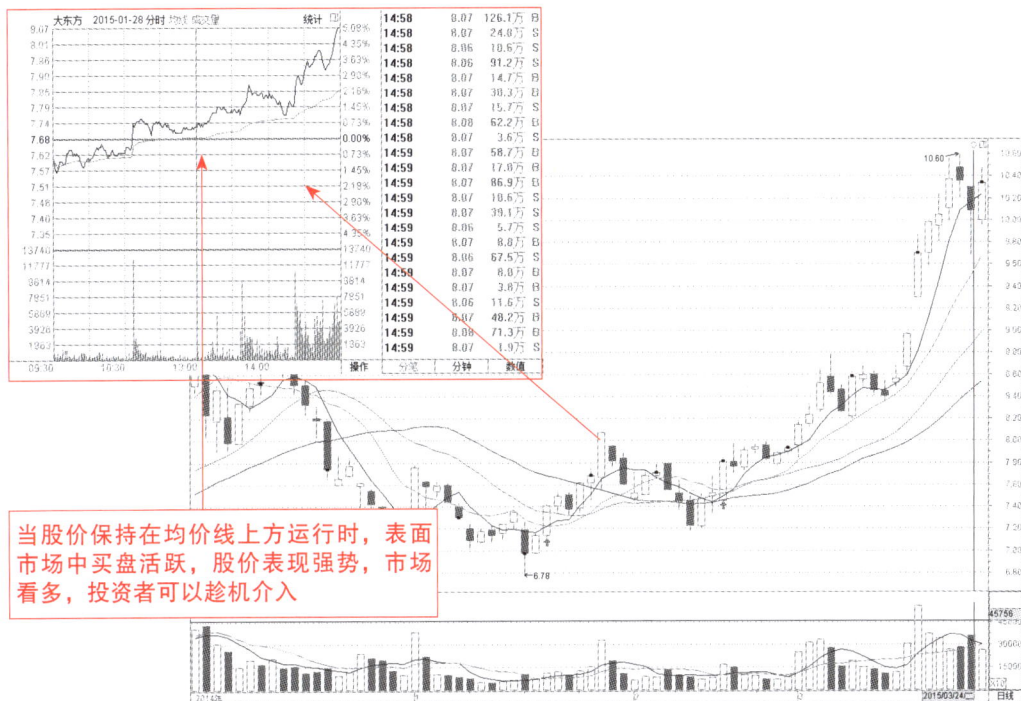

当股价保持在均价线上方运行时，表面市场中买盘活跃，股价表现强势，市场看多，投资者可以趁机介入

图 9-49　大东方分时图（1）

（2）如图 9-50 所示，为大东方（600327）2014 年 12 月 5 日的分时图，从图中可以看到，当天股价的走势是向下的，而分时图中的分时线也是向下延伸的，股价在稳定地向下推进，说明空头方的力量非常强大，股民此时应该尽快离场，已经离场的投资者应持币观望。

专家提醒　如果股价下跌，则不仅分时线会向下运行，而且代表平均持股成本的均价线也会向下移动，这就说明当前市场已经是空方占据绝对优势。因此，投资者只要及时查看均价线的走势，便可以清楚地洞察当前所处的股市行情。

当股价保持在均价线之下运行时，表明市场看空，卖盘比较活跃，股价表现弱势，可能会继续下跌，投资者宜持币观望

图 9-50　大东方分时图（2）

9.4.2　均价线促进股价上涨

由于均价线代表了平均的购买成本，均价线的不断上扬，也标志了投资者购买股票的平均成本在逐步提高，因此多方必须继续向上推升股价，才能给自己带来更多的利润。由此可见，在股价上升趋势中，均价线有促进股价上涨的作用。

如图 9-51 所示，为中直股份（600038）2015 年 5 月 12 日的分时图，从图中可以看到，股价稳步推升，而分时线也在震荡向上延伸，尽管股价在上升过程中偶尔出现了回调，但是回调的低点也逐渐抬高，由此可以看出，均价线对股价的上涨起到了一定的支撑和促进作用。

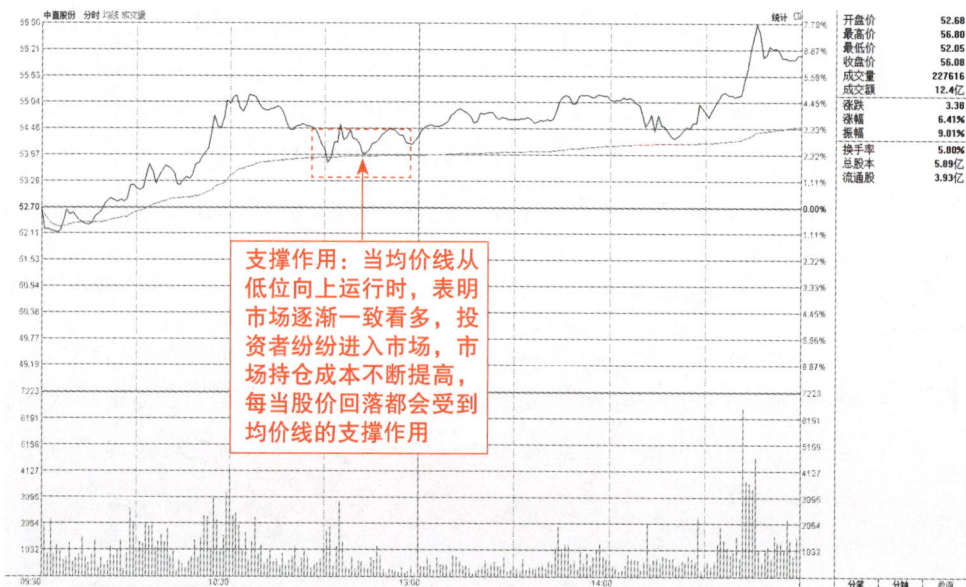

支撑作用：当均价线从低位向上运行时，表明市场逐渐一致看多，投资者纷纷进入市场，市场持仓成本不断提高，每当股价回落都会受到均价线的支撑作用

图 9-51　中直股份分时图

9.4.3 均价线促进股价下跌

在下跌趋势中，随着购买股票的成本不断降低，均价线也会跟着向下移动。如图 9-52 所示，为四川路桥 2014 年 12 月 22 日的分时图，从图中可以看到，由于均价线促进股价下跌，因此股价稳定地向下移动，最终收在跌停板上。

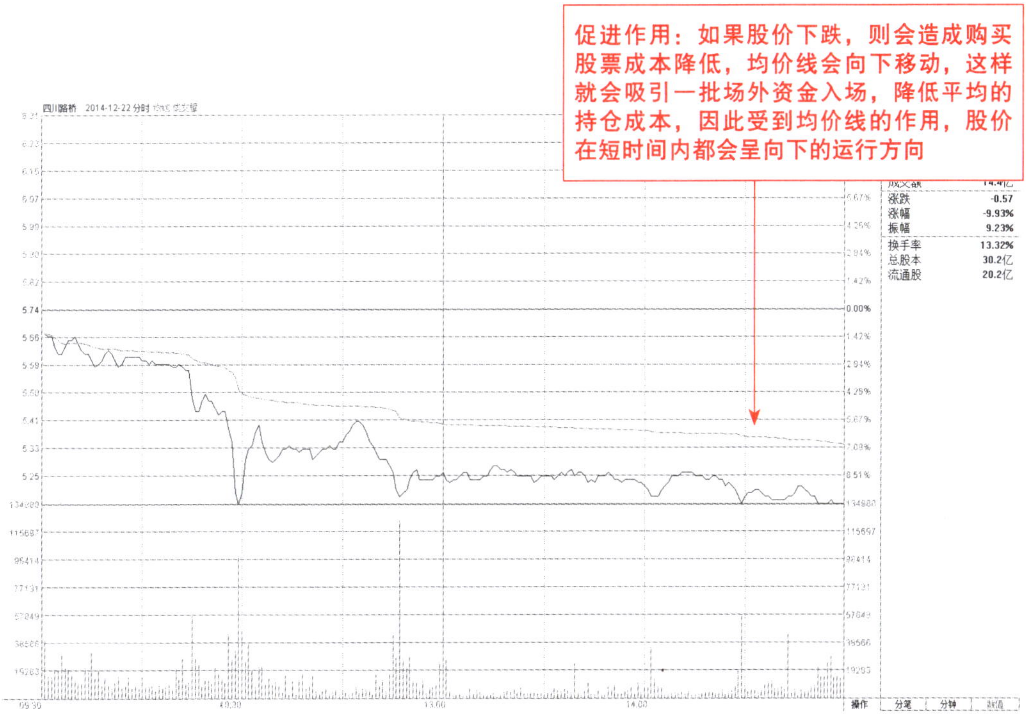
促进作用：如果股价下跌，则会造成购买股票成本降低，均价线会向下移动，这样就会吸引一批场外资金入场，降低平均的持仓成本，因此受到均价线的作用，股价在短时间内都会呈向下的运行方向
四川路桥 2014-12-22 分时
涨跌 -0.57
涨幅 -9.93%
振幅 9.23%
换手率 13.32%
总股本 30.2亿
流通股 20.2亿

图 9-52 四川路桥分时图

9.4.4 均价线无方向不交易

如果均价线处于横盘整理阶段，则代表多空双方力量均等。此时，投资者应该离场观望，等待方向明朗后再作出交易的决策。

如图 9-53 所示，为浙江广厦（600052）2015 年 3 月 11 日的分时图，股价在尾盘前，始终窄幅波动，股价围绕均价线上下运动。

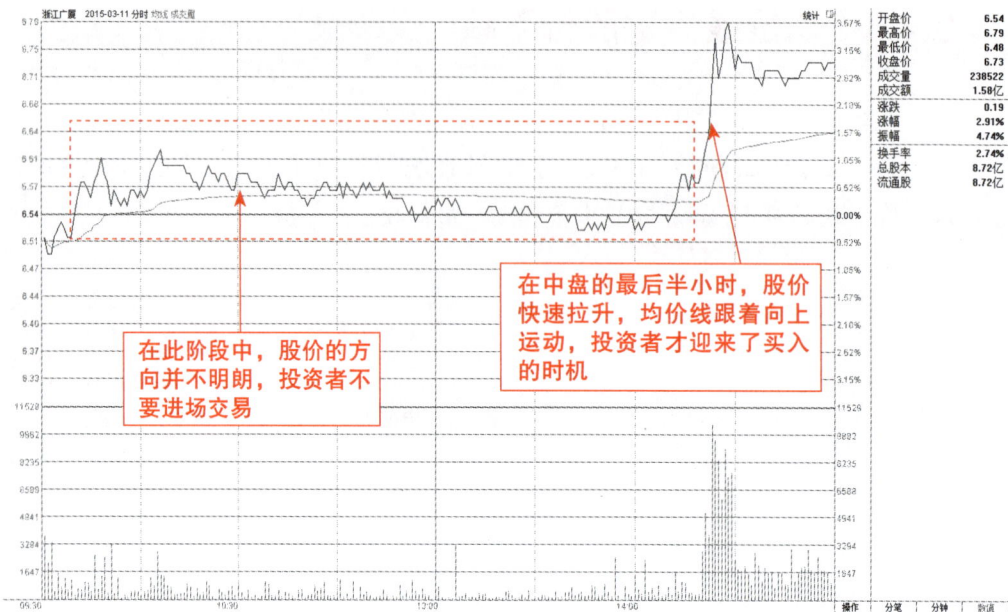

在中盘的最后半小时，股价
快速拉升，均价线跟着向上
运动，投资者才迎来了买入
的时机

在此阶段中，股价的方
向并不明朗，投资者不
要进场交易

图 9-53　浙江广厦分时图

9.4.5　股价远离均价线

均价线是超级短线实战的一个重要研判工具，它与分时线走势交叉错落，如影随形，临盘运用因人而异。下面介绍两种特殊走势中的均价线分析。

1. 均价线远低于股价

当均价线远低于股价时，说明股价上涨过快，已经远远超过了平均的持股成本，因此会有一部分投资者获利出场，股价也常常会出现向下的回调，甚至出现反转。

2. 均价线远高于股价

在股价下跌趋势中，如果下跌速度过快，出现均价线远远高于股价的情况，就说明目前股票价格被严重低估，一些激进的投资者会选择入场，因此很有可能会发生反弹的走势。对于超短线投资者来说，这也是选择进场时机的常用规律。

如图 9-54 所示，为大恒科技（600288）2015 年 1 月 23 日的分时图，从图中可以看到，股价开盘后快速下跌，在反弹的过程中也受到了均价线的压制而未能成功，此后股价进入整理阶段，并在盘中末期出现强劲的反弹。

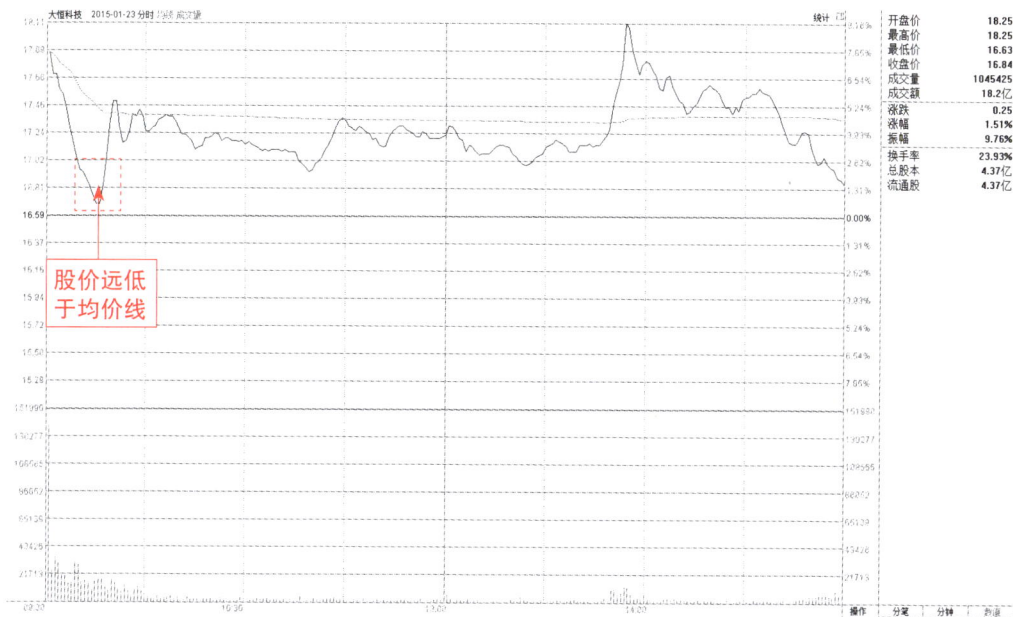

图 9-54 大恒科技分时图

9.5 运用分时图中的技术策略

许多投资者已掌握了在 K 线图中如何添加技术指标，而在分时图中同样可以查看和分析技术指标，这其中就包括常用到的量比指标、买卖力道、竞价图等。

9.5.1 分时指标的添加方法

在通过分时图分析股票行情走势时，投资者还可以结合各自技术指标来分析盘面的信息以及预测股价未来的走势。

在行情交易软件中，系统自带了很多的技术指标，投资者不需要全部将其记住，只需掌握常用的几个指标，然后配合分时图综合使用即可达到目标。

在通达信股票分析软件中添加分时指标的具体操作方法如下。

（1）在个股分时图的左下角，点击"指标"按钮，即可显示指标（默认为MACD），如图 9-55 所示。

（2）在指标窗口中点击鼠标右键，在弹出的快捷菜单中选择"指标用法注释"选项，如图 9-56 所示。

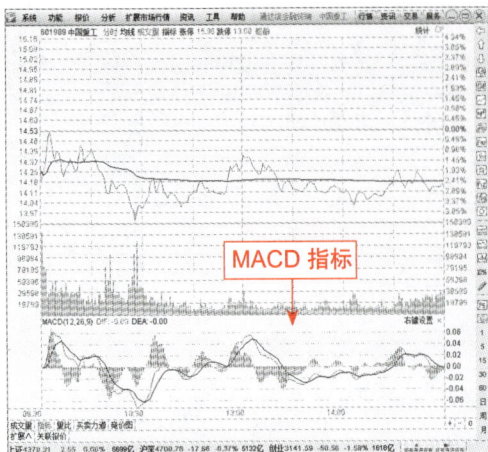

图 9-55　显示指标

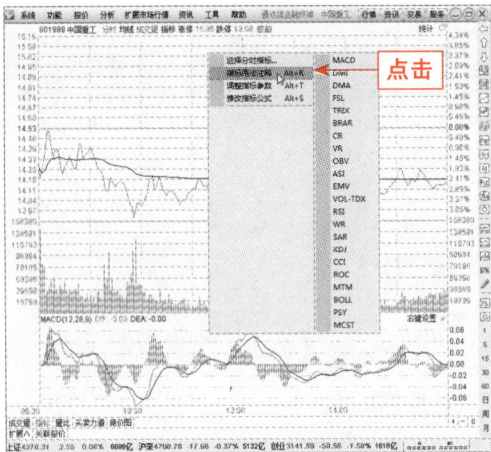

图 9-56　选择"指标用法注释"选项

（3）执行操作后，弹出"MACD指标用法"对话框，即可显示MACD指标的用法，如图9-57所示。

（4）在指标窗口中点击鼠标右键，在弹出的快捷菜单中选择"选择分时指标"选项，弹出"请选择指标"对话框，用户可以在左侧的列表框中选择常用指标、大势型、超买超卖型、趋势型、能量型、成交量型、均线型、图表型、路径型等指标，如图9-58所示。

专家提醒 用户只要明白自己的需求（例如，是判断趋势呢还是要寻找超买超卖区域），就可以方便地在相应类别中找到合适的技术指标。

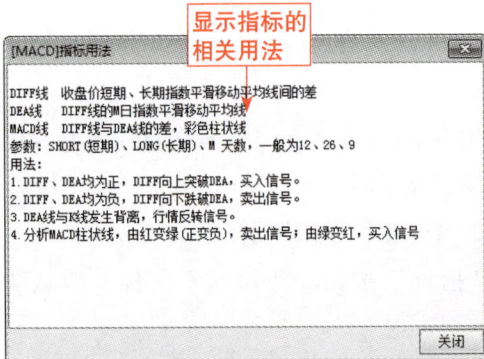

图 9-57　指标用法

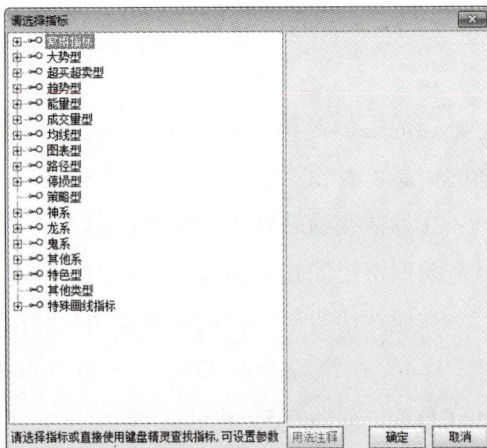

图 9-58　"请选择指标"对话框

（5）例如，双击"常用指标"选项，在展开的列表框中可以选择各种常用指标，选择相应指标后，右侧会显示相关的指标参数设置，如图 9-59 所示。

（6）点击"确定"按钮，即可在分时图下方添加该指标，如图 9-60 所示。

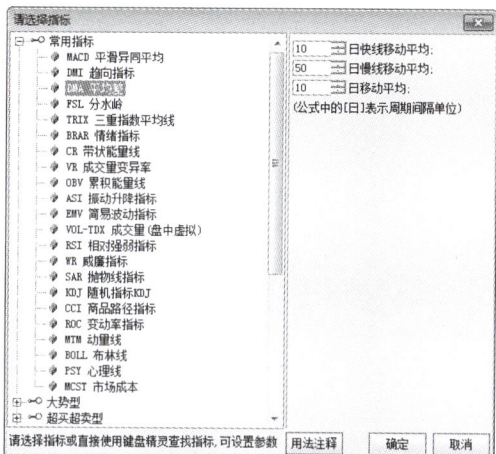

图 9-59　选择相应指标　　　　　　　　　图 9-60　添加指标

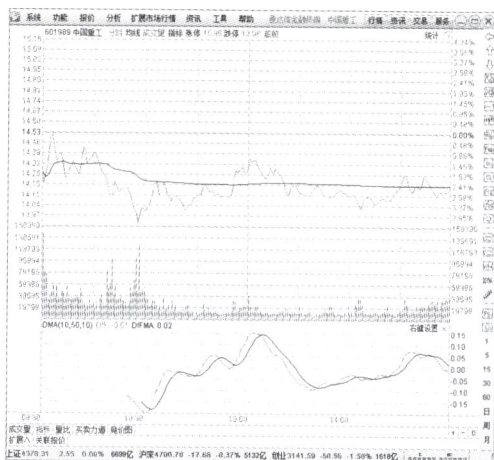

（7）在指标窗口中点击鼠标右键，在弹出的快捷菜单中选择"调整指标参数"选项，弹出"[DMA] 指标参数调整"对话框，用户可以在下方设置相应的指标参数，如图 9-61 所示。

（8）在指标窗口中点击鼠标右键，在弹出的快捷菜单中选择"修改指标公式"选项，弹出"指标公式编辑器"对话框，用户可以在此修改指标公式，如图 9-62 所示，编辑完成后点击"确定"按钮即可。

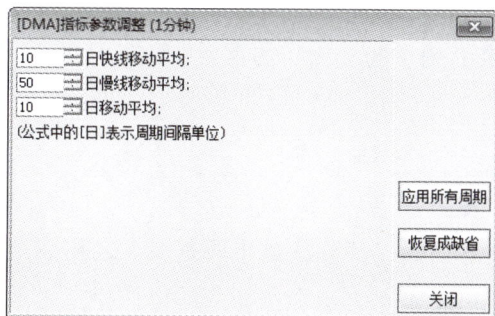

图 9-61　设置指标参数　　　　　　　　　图 9-62　修改指标公式

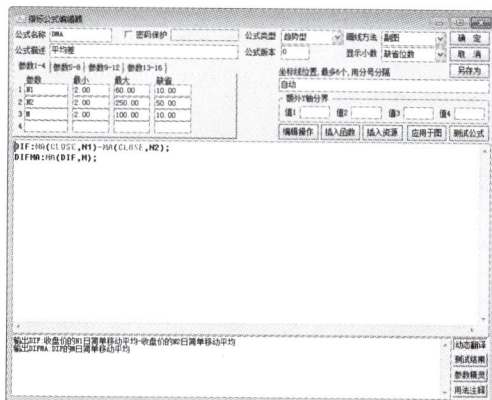

9.5.2 量比指标的使用方法

在个股分时图的左下角,点击"量比"按钮,即可切换至"量比"指标窗口,如图9-63所示。

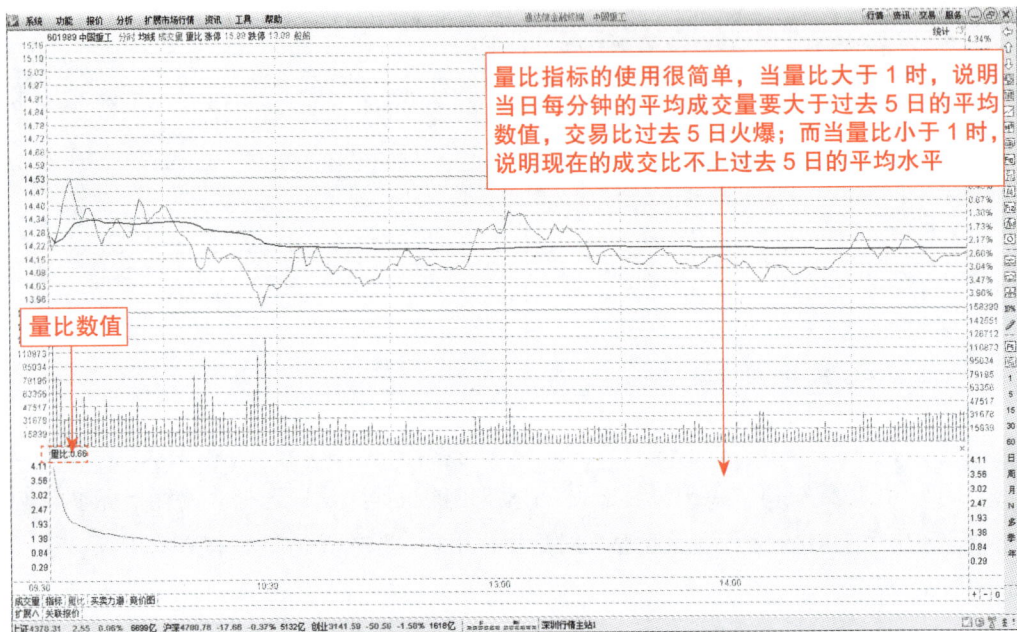

图 9-63 "量比"指标窗口

在分时图中,量比指标与 KDJ、MACD 等其他指标不同,它全面采用客观存在的资料,最能反映盘口的动态和力度。

量比指标是短线高手的一个非常重要的研判工具,当其他指标失真时,量比指标则以其准确反映盘口异动来为投资者指明方向,而那些以指标曲线金叉与死叉的信号作为买卖依据的投资者更应该重视量比指标对于短线操作的重要性。

9.5.3 买卖力道指标的使用方法

买卖力道指标是衡量买卖双方力量大小的指标,其算法是将所有买盘之和减去所有卖盘之和。在个股分时图的左下角,点击"买卖力道"按钮,即可切换至"买卖力道"指标窗口,如图9-64所示。

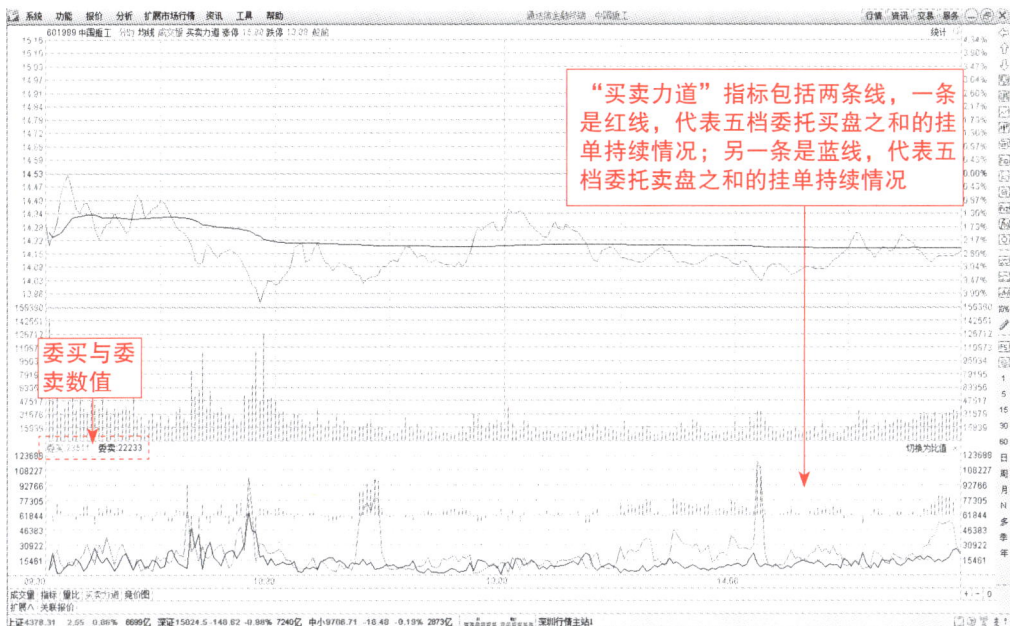

图 9-64 "买卖力道"指标窗口

"买卖力道"指标的走势分析如下。

● 红线急速上升，说明挂买单的数量骤然增加；红线缓慢上升，说明挂买单的数量稳定增加。

● 红线急速下降，说明挂买单的数量骤然减少；红线缓慢下降，说明挂买单的数量稳定减少。

● 蓝线急速上升，说明挂卖单的数量骤然增加；蓝线缓慢上升，说明挂卖单的数量稳定增加。

● 蓝线急速下降，说明挂卖单的数量骤然减少；蓝线缓慢下降，说明挂卖单的数量稳定减少。

● 红线在蓝线的上方，说明该时段累计对应的挂单买入的数量多于挂单卖出的数量。即在买卖双方中，累计想要买入的单子多于想要卖出的单子，买方意愿总体较卖方意愿强烈。

● 蓝线在红线的上方，说明该时段累计对应的挂单卖出的数量多于累计挂单买入的数量。即在买卖双方中，累计想要卖出的单子多于累计想要买入的单子，卖方意愿较买方意愿相对强烈。

如图 9-65 所示，为兰花科创（600123）2015 年 5 月 14 日的分时图，图中 B 段红线在蓝线的上方，说明该时段对应的累计委托买入的数量多于累计委托卖出的数量。

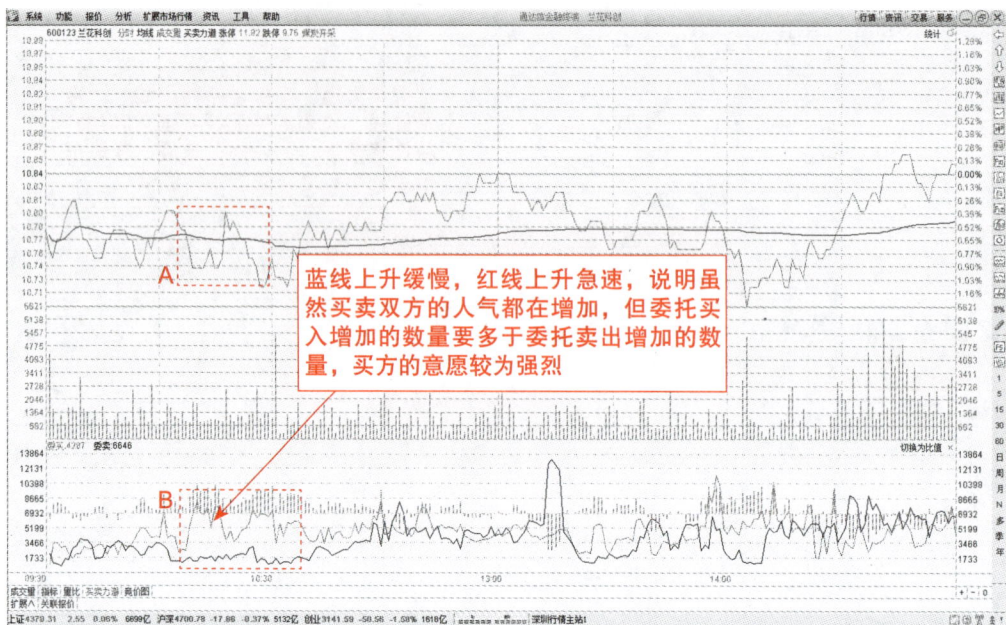

蓝线上升缓慢，红线上升急速，说明虽然买卖双方的人气都在增加，但委托买入增加的数量要多于委托卖出增加的数量，买方的意愿较为强烈

图 9-65 兰花科创分时图

在"买卖力道"指标窗口中，买卖力道还包含红色柱状线和绿色柱状线，用以观察委差的持续变化情况（委差即 5 档委托买入之和减去 5 档委托卖出之和，用以反映买卖双方的力量对比）。

（1）**红柱代表委差为正数**：即委托买入的数量大于委托卖出的数量。

● 红柱越来越长，说明在挂单想参与交易的买卖双方之中，买方数量较多，买方意愿强于卖方意愿，且与卖方之间的差距越来越大。

● 红柱越来越短，说明买方意愿强于卖方意愿，但二者之间的差距越来越小。

● 红柱变绿柱，说明卖方意愿逐渐占据上风。

（2）**绿柱代表委差为负数**：即委托买入的数量少于委托卖出的数量。

● 绿柱越来越长，说明在挂单想参与交易的双方之中，卖方数量较多，卖方意愿强于买方意愿，且买卖双方意愿之间的差距越来越大。

● 绿柱越来越短，说明卖方意愿强于买方意愿，但二者之间的差距越来越小。

● 绿柱变红柱，说明买方意愿逐渐占据上风。

9.5.4 竞价图指标的使用方法

"竞价图"指标是一种竞价走势图，是多空双方在盘前暗自较量的反映，特别是决定当日的开盘价，对一天的走势有一定的指导意义。在个股分时图的左下角，点击"竞价图"按钮，即可切换至"竞价图"指标窗口，如图9-66所示。

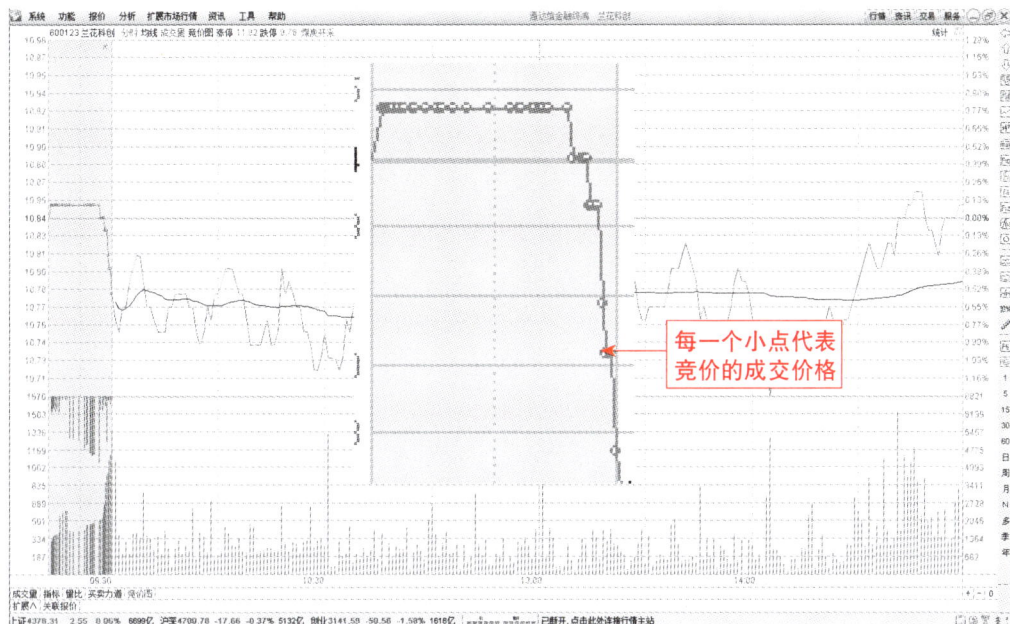

图 9-66 "竞价图"指标窗口

无论对于个股还是大盘，开盘都为当天的走势定下基调，其重要性不言而喻，特别是在集合竞价阶段，一些股民常常忽视集合竞价对于大盘走势的影响力。事实上，集合竞价的意义在于按供求关系校正股价，可初步反映出价、量情况及大户进出动态。在无新股上市的情况下，集合竞价往往反映出市场对当天走向的看法。

第10章 T+0 分时图交易技巧 ➡

学前提示

在股市中，T+0分时图是一种特殊的语言，不同的分时图形态具有不同的市场含义。分时图背后反映的是投资者的心理变化，分时图本身所具有的意义、特性以及功能值得投资者予以重视。

要点展示

- 开盘不同形态分析
- 盘中的分时图形态
- 尾盘的分时图形态

10.1 开盘不同形态分析

开盘，是指某只股票在一天交易中的开始阶段，也是市场中主力进行操盘的开始，拉开了市场中多空双方斗争的序幕。开盘股价的变化，对全天以至于整体一段时间的运行趋势都有深远影响。因此，投资者必须善于分析不同的开盘形态，以及判断行情的走向。

10.1.1　开盘前的准备

股票市场与外汇市场有很大的区别，它并不是 24 小时连续交易的，而每个交易日的交易时间仅在 4 个小时左右，可以将其分为开盘、中盘、尾盘 3 个阶段，并且每个阶段都有其相应的技巧。当股票收盘后，投资者也就不能再继续交易，必须要等到第二天开盘时才能进行交易。在前一天股票收盘后，往往有一些消息或者政策出台，这些消息和政策的出台会对长期股市有深远的影响。因为此时股价已经停板，而这些影响要等到第二天开盘时才能体现出来，因此股市在每一个交易日的开盘时都应对前一日收盘后当天开盘前这段时间内的消息有一个很好的体现。

如图 10-1 所示，为神州高铁（000008）2015 年 3 月 6 日的分时走势图。从图中可以看到，在该交易日的开盘之时，股价出现了小幅跳空低开的走势，但在开盘后就一路走高，接近涨停。因此，说明当天的低开是受到前一个交易日收盘后到当天开盘前这段时间一些消息的影响。

在开盘阶段，中立机构如何开盘，在什么位置开盘，是选择高开或低开，含义都是不同的，投资者应针对不同情况早做准备。不仅散户关注开盘，一些主力机构也十分重视开盘价。散户为了跟着主力进行买入和卖出，就必须更加关注开盘时的股价走势，深入研究主力资金的动向，掌握主力的意图，以达到跟着主力进行交易的目的。

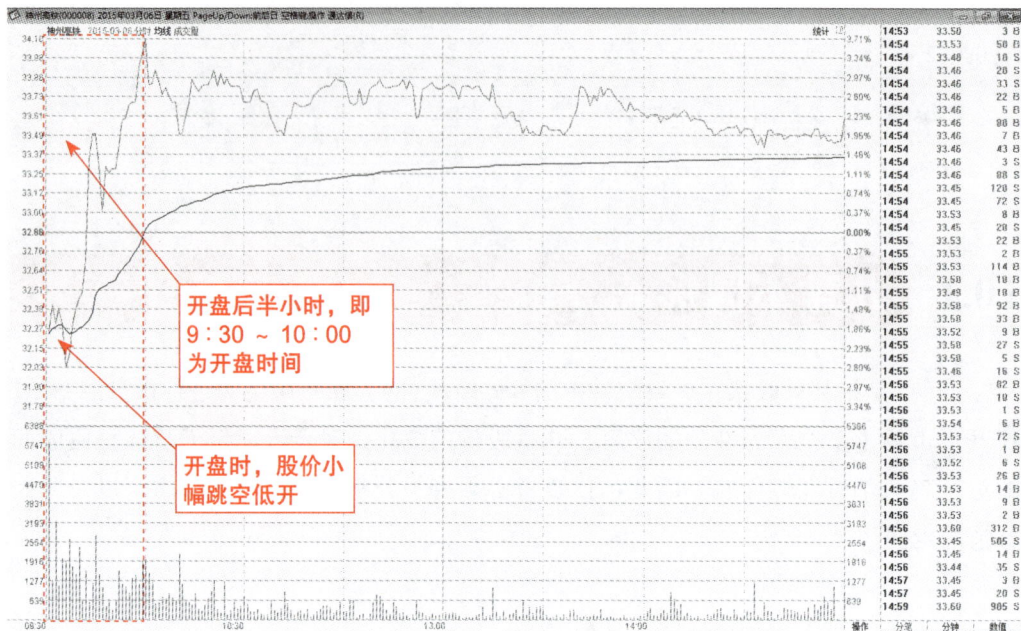

图 10-1　神州高铁 2015 年 3 月 6 日分时图

10.1.2　开盘后的盘面分析

开盘后的盘面变化对整个交易日的股价走势有着重要的影响，尤其是开盘价与前一日收盘价相比，其所谓的高开、低开或者平开对后市的预测均不同，此时再加上成交量的配合，可以使投资者很好地预测出后市的行情。

例如，高开高走是指股票当日的开盘价高于前一个交易日的收盘价，且在整个交易日过程中，股价保持上涨趋势，最终以高于前一个交易日的收盘价的价格报收，且成交价曲线和平均价曲线都在前一个交易日收盘价上方，如图 10-2 所示。高开高走一般来说表明多头具有强大的推动力，后市一般也会强势上涨。

根据高开高走分时出现的位置不同，可以将其分为以下两种情况。

（1）低位高开高走：如果股价在阶段性低位出现高开高走分时图，则主力诱空的嫌疑比较大，投资者可等待股价出现新低之后再进仓。

（2）高位高开高走：如果股价在阶段性高位出现高开高走分时图，则股价已经见顶，上涨的可能性不大，投资者需及时逢高卖出。

而高开低走与低开高走刚好相反，是指股价指数在前一交易日收市点位以上开市，随着交易的进行，股价指数不断下跌，整个交易日都呈现下跌趋势，并且跌破前一个交易日的收盘价，在分时图上表现出左高右低震荡向下的曲线。

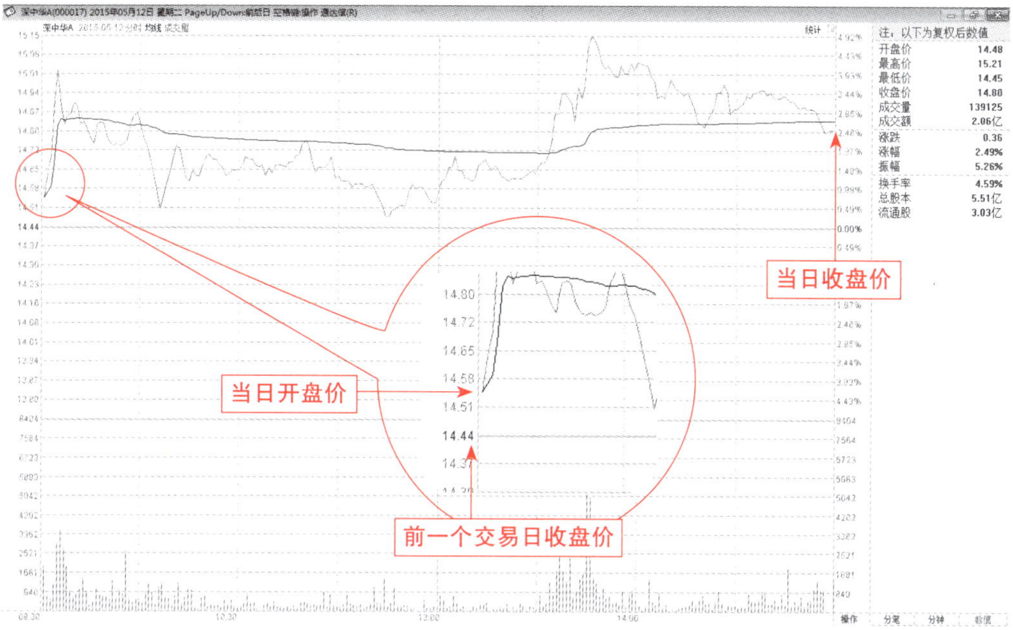

图 10-2　高开高走盘

10.1.3　分时图开盘 30 分钟操盘技巧

每个交易日的开盘半个小时，是买卖双方交战最激烈的阶段，彼此都会用一些手段来达到自己的目的，因此，分析开盘 30 分钟的股价走势，对股价大势的研判有着十分重要的意义。按照间隔 10 分钟的时间划分，开盘半小时可以分为 3 个阶段，如图 10-3 所示。

（1）9：30～9：40：此时是多空双方极为关注的时间段，当然也是投资者最应留心的时段。这 10 分钟之所以重要，是因为此时参与交易的投资者人数不多，盘中买卖量都不是很大，因此用不大的资金量即可达到目的，花钱少，效益大。开盘第一个 10 分钟的市场表现有助于正确地判断市场走势的强弱。

- 强势市场：多方为了充分吸筹，开盘后会迫不及待地买进；而空方为了完成派发，也会故意拉高，于是造成开盘后的急速冲高。
- 弱势市场：多方为了吃到"便宜货"，会在开盘时即向下打压，而空头也会不顾一切地抛售，造成开盘后的急速下跌。

（2）9：41～9：50：经过第一个 10 分钟的搏杀，开盘后第二个 10 分钟多空双方会进入修整阶段。这段时间是投资者买入或卖出的一个转折点，一般会对原有趋势进行修正。

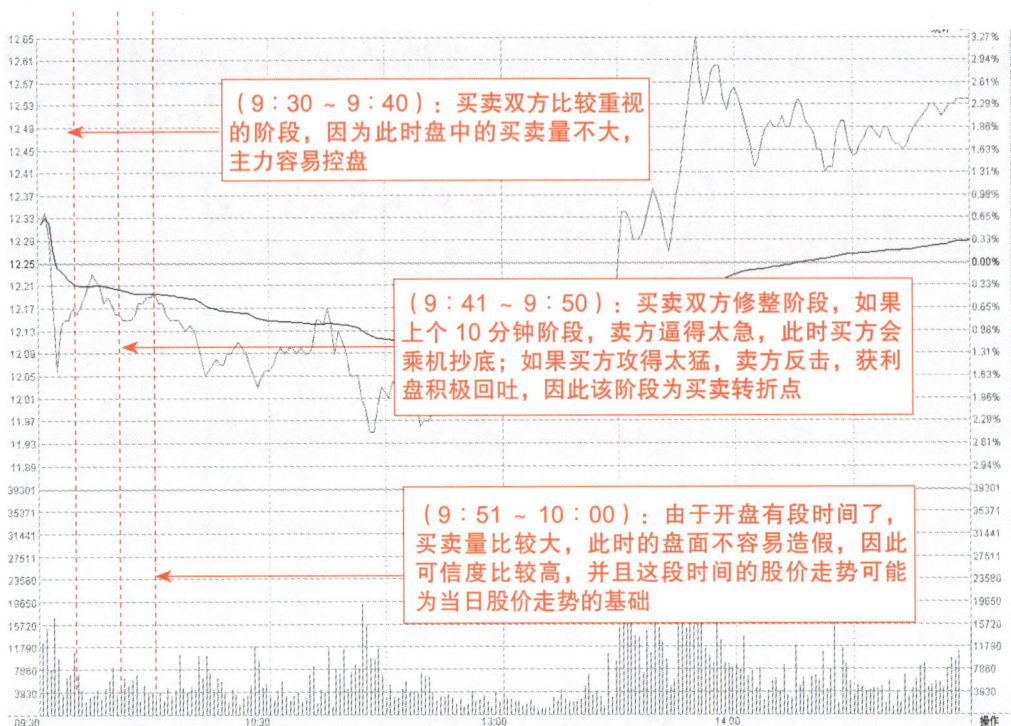

（9：30～9：40）：买卖双方比较重视
的阶段，因为此时盘中的买卖量不大，
主力容易控盘

（9：41～9：50）：买卖双方修整阶段，如果
上个 10 分钟阶段，卖方逼得太急，此时买方会
乘机抄底；如果买方攻得太猛，卖方反击，获利
盘积极回吐，因此该阶段为买卖转折点

（9：51～10：00）：由于开盘有段时间了，
买卖量比较大，此时的盘面不容易造假，因此
可信度比较高，并且这段时间的股价走势可能
为当日股价走势的基础

图 10-3　开盘半小时的时间段分析

● 如空方逼得太猛，多方会组织反击，抄底盘会大举介入。

● 如果多方攻得太猛，空方也会予以反击，获利盘会积极回吐。

（3）9：51～10：00：随着交易者逐渐增多，多空双方经过前面的较量，互相摸底，第三个 10 分钟的买卖盘变得较实在，因此可信度较大。这段时间的走势基本上可成为全天走向的基础。投资者应充分关注这段时间量价的变化，为自己的决策做好准备。

下面以具体的实例来分析各个阶段的盘面意义。

（1）如图 10-4 所示，为 ST 生化（000403）2015 年 1 月 22 日开盘半小时内股价的分时走势图。

（2）9：40、9：50、10：00 的股价都高于开盘价，如图 10-5 所示，说明多方势力强大，股价当日行情走好的可能性大。

（3）如图 10-6 所示，为 ST 生化（000403）2014 年 12 月 22 日开盘半小时内股价的分时走势图。

（4）9：40、9：50、10：00 的股价都低于开盘价，如图 10-7 所示，说明空方势力强大，股价当日行情下跌的可能性大。

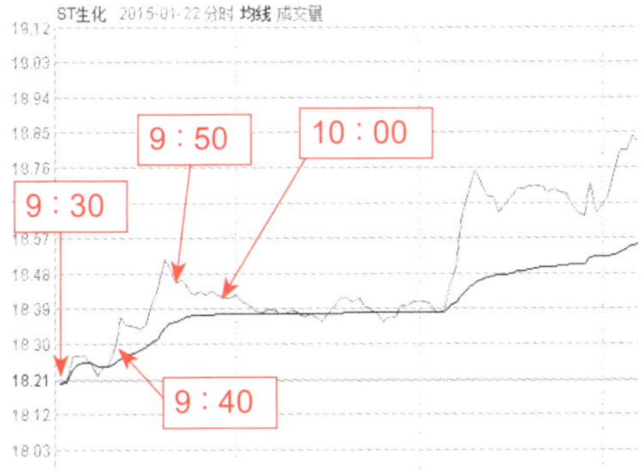

图 10-4　ST 生化分时图（1）

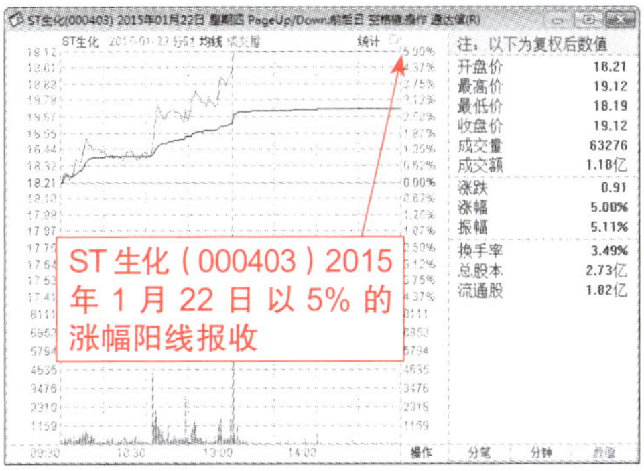

图 10-5　ST 生化分时图（2）

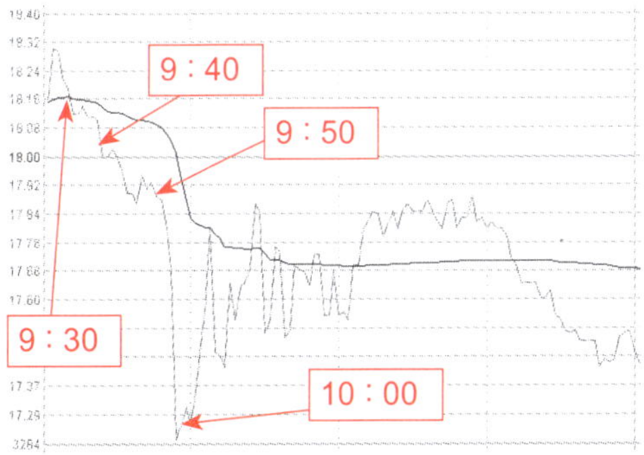

图 10-6　ST 生化分时图（3）

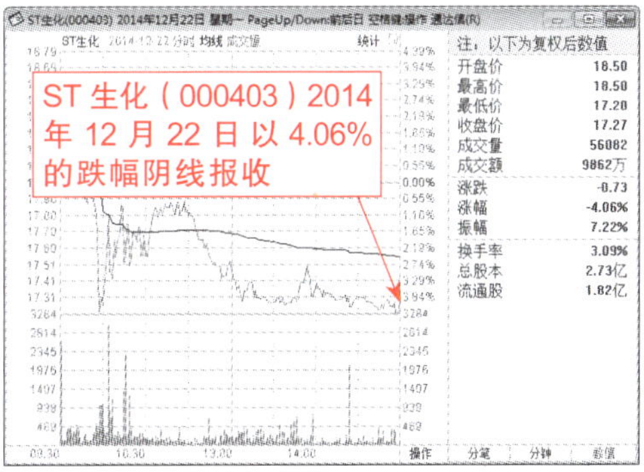

图 10-7　ST 生化分时图（4）

10.2　盘中的分时图形态

开盘是股票在每一天运行的开端，有了良好的开局，接下来就要看股价在盘中的运行情况了，这也是多空双方互相斗争得最激烈的阶段。一般来说，盘中的波动较为真实，多空双方也会更加理性地进入市场，因此投资者在盘中进行买卖或卖出的决策更加安全可靠。

10.2.1　盘中几个重要时间段

在实际交易过程中，盘中可以划分为 10：00 ～ 11：30 与下午 13：00 ～ 14：30 这两个时段，下面分别介绍各阶段的看盘要点。

1. 10：00 ～ 11：30 看盘

在 10：00 ～ 11：30 这个时间段中 10：30 和 11：15 ～ 11：30 具有十分重要的分析意义。

（1）10：30时间点：10：30是临时停牌一个小时的个股复牌时间，强势股借助此时进行洗盘活动，并在次日拉高；而消息股、题材股往往借助此时出货。因此，10：30是市场在整个交易日中的一个重要转折点，也是投资者入市的一个重要时机和观察点。

（2）11：15～11：30时间段：消息股、题材股一般在午盘收盘前启动，特别是11：15～11：30时段，所以投资者要密切关注此时的盘面动向。

2. 13：00～14：30看盘

在13：00～14：30这个时间段可以分为13：00～14：00和14：00～14：30两个时间段分析。

（1）13：00～14：00时间段：经过中午一个半小时的休息，使主力更确定该股当日的主基调。只要大盘走势平稳，个股就会随着这个主基调变化。并且，某些将在14：00后出现异动情况的个股，为了尾盘大幅涨升，在此阶段便开始活跃。

> **专家提醒** 我国股市在中午要休息两个小时，而股票在13：00开始开盘，会受到中外盘走势以及午间市场中出现的新信息的影响，这都会影响下午的行情走势。因此，13：00是下午股市开盘后的第一个重要时刻。

（2）14：00～14：30时间段：一般在14：00～14：30时间段，个股的指数、股价最容易出现当日的最高点或者最低点，因此，此时间段是当日买卖的最佳时间段，投资者可以在这个时间段逢低吸纳或者逢高抛售。

10.2.2 盘中不同形态的分时图

盘中形态一方面承接了开盘后的股价走势；另一方面，它在一定程度上也影响着尾盘和收盘的情况。盘中形态千变万化，下面将介绍几种典型的形态。

1. 下探后反升

下探后股价反升是指股价在开盘时短暂下探走低，但不一会儿就止跌企稳，并开始回升，重新步入上涨走势。此后的股价会出现短暂的直线拉升或者震荡上行，并处于高位运行的状态中，在收盘时仍保持强势，如图10-8所示。

图 10-8　下探后股价反升分时走势图

> **专家提醒**　在股价位于底部横盘阶段时，当日出现下探后反升的形态，说明多方力量开始崛起，主力正在为拉升做最后的准备，后市上涨概率大。

2. 拉高后横盘

拉高后横盘是指股价从早盘起便被多方迅速拉高，被拉升至一定位置后股价开始横向运行，既没有明显的下跌，也没有明显的上涨。并且，在后市的交易中，股价一直维持这样的态势，如图 10-9 所示。

3. 压低后横盘

压低后横盘与拉高后横盘刚好相反，是指股价在早盘便被空方压低，出现了小幅或大幅的下跌走势，不久之后股价止跌企稳，但并未出现大幅度的反弹，也没有继续下跌，而是形成了横向整理的走势，股价一直在低位徘徊，在均价线附近运行，此状态一直延续至收盘，如图 10-10 所示。

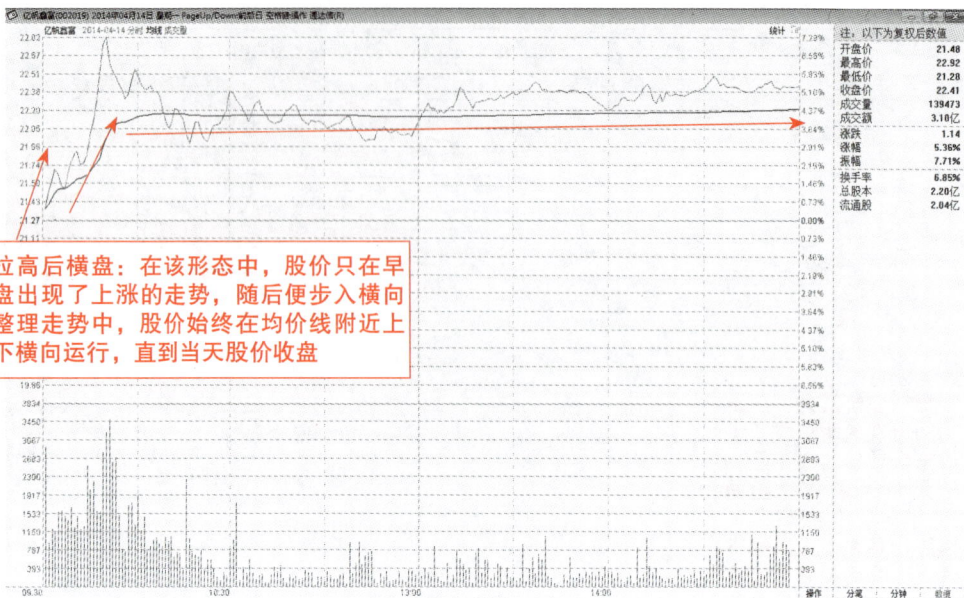

拉高后横盘：在该形态中，股价只在早盘出现了上涨的走势，随后便步入横向整理走势中，股价始终在均价线附近上下横向运行，直到当天股价收盘

图 10-9　拉高后横盘分时走势图

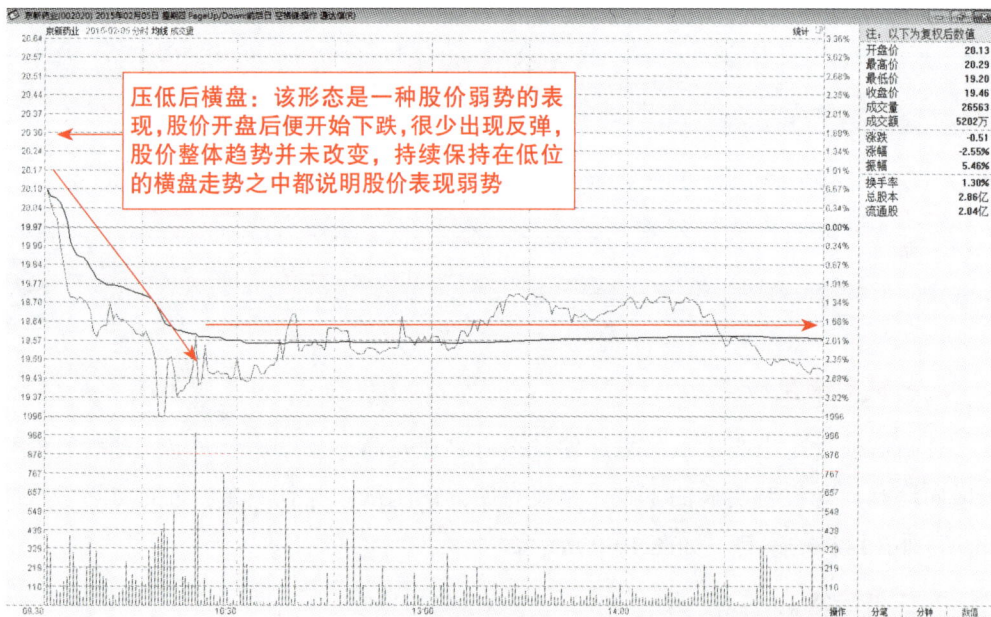

压低后横盘：该形态是一种股价弱势的表现，股价开盘后便开始下跌，很少出现反弹，股价整体趋势并未改变，持续保持在低位的横盘走势之中都说明股价表现弱势

图 10-10　压低后横盘分时走势图

在早盘时，股价之所以被压低，是因为有大量主动卖盘涌出，造成市场股价失去有力的支撑，资金大量流出，使得股价大幅回落。

此时，由于空方的力量异常强大，股价很快招架不住，多方节节败退，毫无抵抗之力，只得甘拜下风。

10.2.3　分时图盘中操盘技巧

尽管开盘时买入的价格会更低，卖出的价格会更高，但由于开盘时波动幅度受到前一日信息的影响可能会失真。因此，大多数投资者都希望在盘中进行买入和卖出操作，认为此时的交易会更安全可靠。

股票经过长时间的整理，形成一个股价上下相差不大的平台，如果某一天这只股票突然放出巨量，一举突破这个平台中的最高价，就叫作放量突破平台。一般来说，预示着这只股票即将上涨，但也不能排除做骗线的可能。

在分时走势图的盘中区域中，放量突破平台是指股价在出现横盘后，向上发力突破平台，成交量也明显增大，此时即为一个良好的买入点，如图 10-11 所示。此时的横盘多方正在休整，目的是再次向上发起攻击。

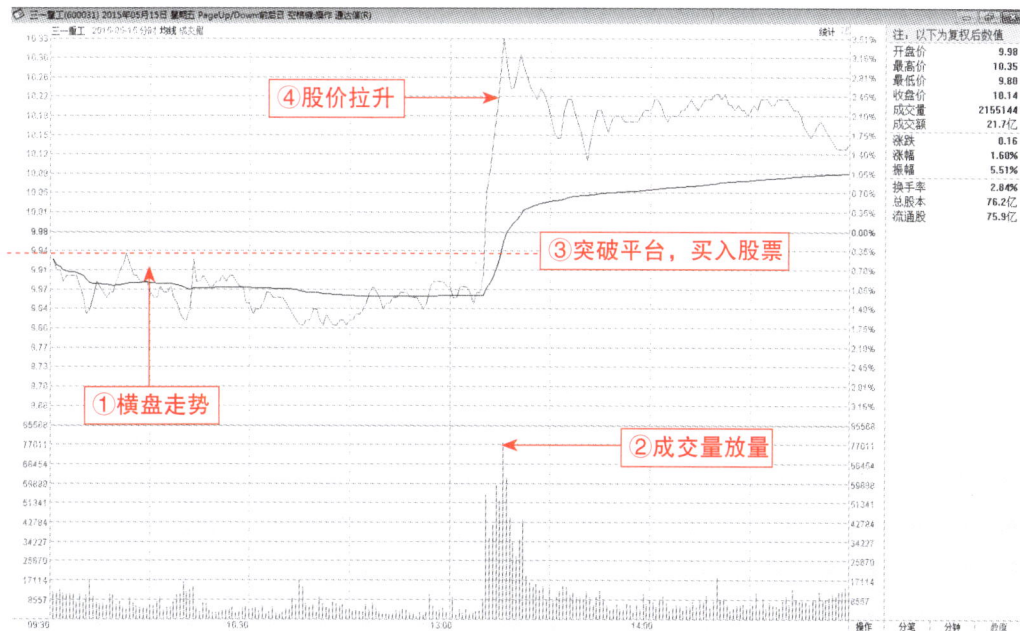

图 10-11　放量突破平台分时走势图

下面举例说明放量突破平台的盘面分析。

（1）如图 10-12 所示，为创新资源（600193）2015 年 5 月 12 日的分时走势图，从图中可以看到，股价先后两次突破了盘整过程中的平台，而每次突破，成交量都有明显的增大迹象，因此短线投资者和超短线投资者可以先后迎来两次入场的时机。

（2）另外，放量突破平台形态在分时图中有一个明显的特征，即股价在突破平台时成交量是明显增大的，但是一旦股价完成突破，进入下一个盘整平台时，成交量又会出现明显的缩小迹象。如图 10-13 所示，为创新资源（600193）2015 年 5 月

7日的分时走势图,从图中可以看到,分时线在向上突破一个平台后便回落,然后继续向上乏力。而每次股价在快速突破时,成交量都明显放大。此后成交量便出现减小的迹象,当股价达到涨停板时,成交量也明显减小。

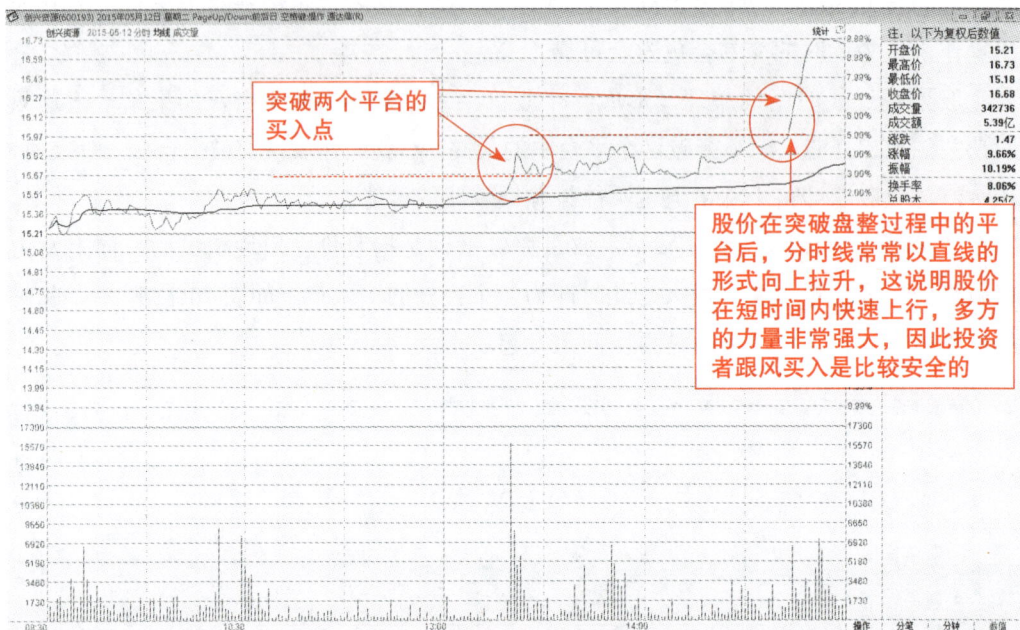

图 10-12　创新资源分时图(1)

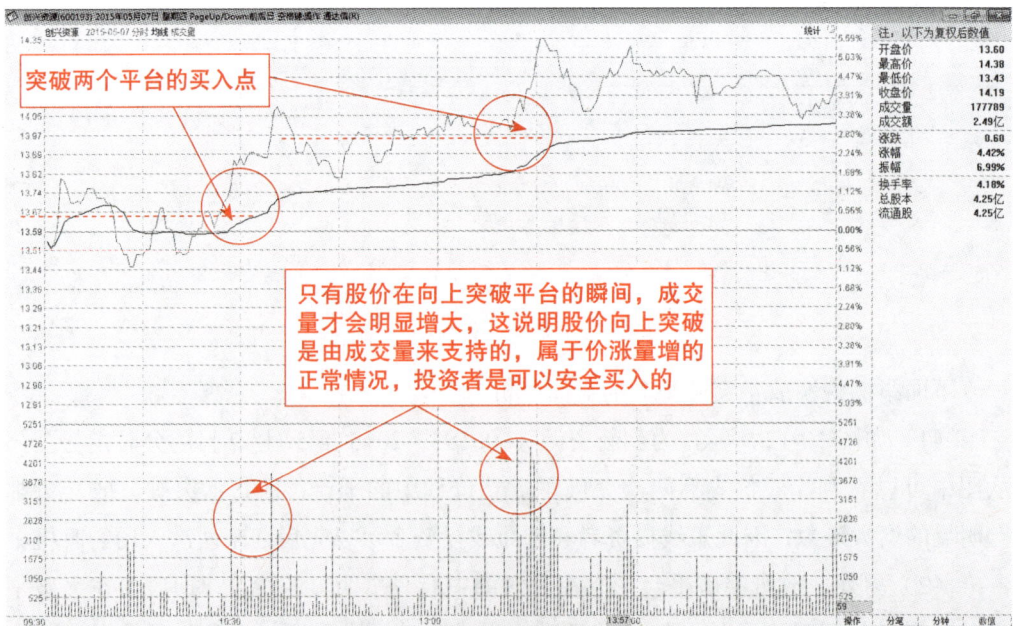

图 10-13　创新资源分时图(2)

尾盘的分时图形态

尾盘时间是承上启下的一个阶段，即展现当日股价走势，预测次日走势。若投资者看好股票，则可在尾盘时间考虑进场，以便在次日处于进可攻、退可守的有利境地；若投资者看空股价，则可在尾盘时间考虑出局，回避次日的风险。

10.3.1　尾盘的意义

在一个完整的交易日内，早上的开盘是一天的序幕，盘中的波动是博弈的过程，尾市的收盘才是当日股价的定论。尾盘中股价的盘口表现具有承上启下、趋利避害的作用，可以帮助投资者为下一个交易日的操作寻找到部分决策依据。

尾盘是一个交易日内的最后交易时刻，是当前交易日的尾声，但它又同时影响着下一个交易日的开盘，因此在股市分析中也具有重要的意义。尾盘不仅对当日多空双方交战起到总结作用，而且还决定次日的开盘，所以，股票市场波动最大时间段是在临收市半小时左右，此时股价常常异动，是主力取巧操作的典型手法。

如图 10-14 所示，为保千里（600074）2015 年 5 月 15 日的分时走势图，从图中可以看到，股价在 14：35 时，开始向上发力，突破均价线，出现了一轮明显的上涨行情，随后又反弹回来，这正是多空双方在当前交易日内作最后的殊死搏斗。

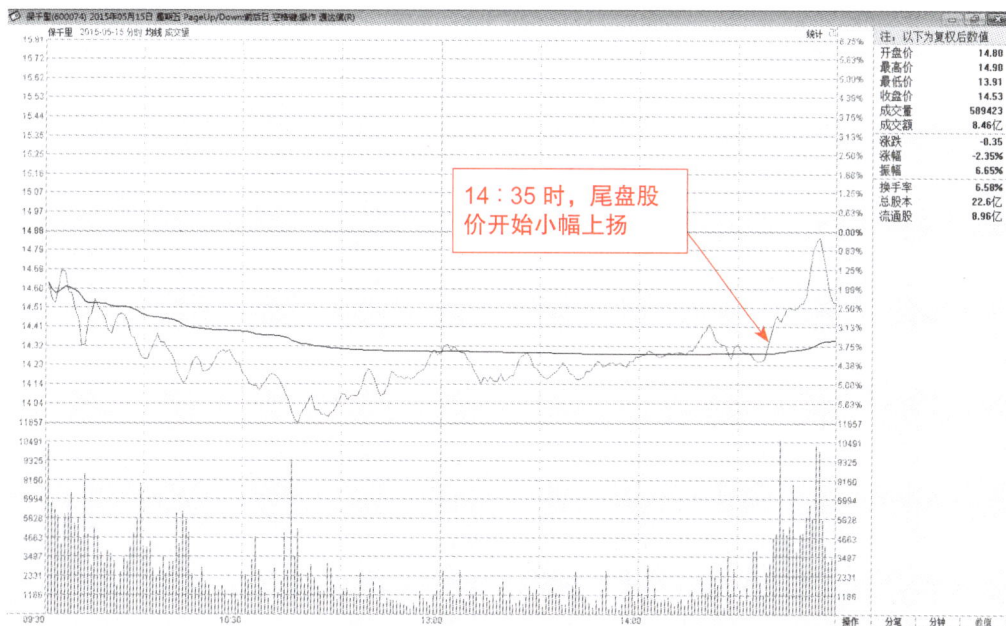

图 10-14　保千里分时图

10.3.2 尾盘不同形态的分时图

尾盘比较常见且具有较高分析研判价值的走势主要有两种，即"尾盘拉高"和"尾盘跳水"。

1. 尾盘拉高盘面分析

尾盘拉高是指股价前期保持平稳运行状态，到了尾盘，股价突然拉高，与早盘和午盘相比，形成了明显高点，最后股价在全天最高价收盘，如图 10-15 所示。如果个股处于历史高位附近，投资者应谨慎对待，随时准备卖出；如果个股处于历史低位，且涨幅不大，投资者则可以实施追涨操作。

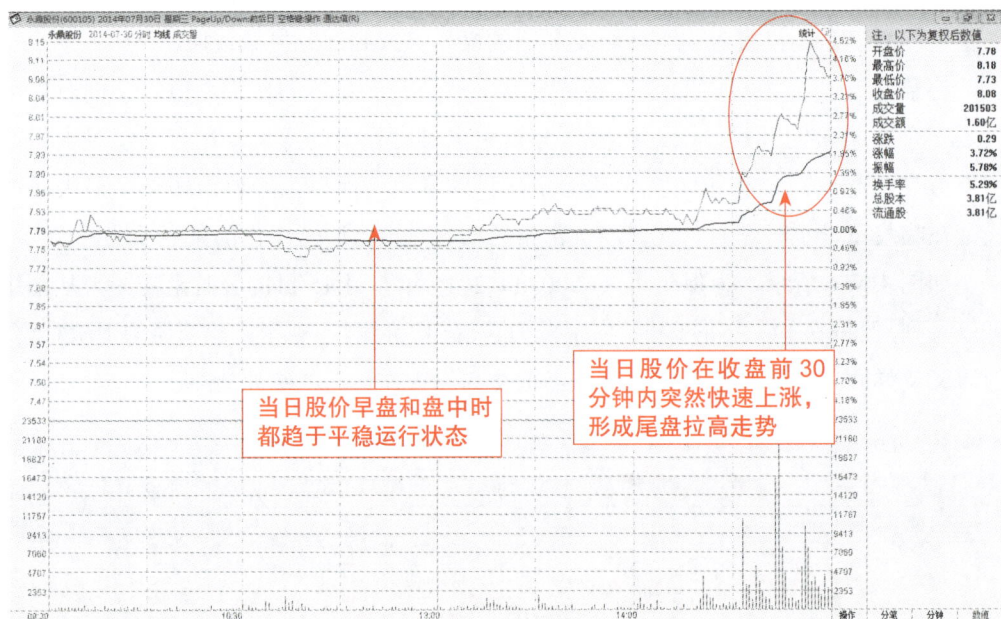

当日股价早盘和盘中时都趋于平稳运行状态

当日股价在收盘前 30 分钟内突然快速上涨，形成尾盘拉高走势

图 10-15　尾盘拉高分时走势图

根据尾盘拉高盘面出现的位置不同，可以分为不同的情况，如表 10-1 所示。

表 10-1　不同位置尾盘拉高的盘面意义

阶段	盘面分析	投资策略
底部建仓阶段	如果当日出现尾盘拉高的分时图，则可能是主力在尾盘实施拉高建仓的手法	后市应密切关注股价的变动，一旦启动则可以进场
股价拉升阶段	如果当日出现尾盘拉高的分时图，则说明主力的洗盘动作即将结束，股价后市将继续展开攻击形态	投资者可以仔细观察后市走势
股价高位阶段	如果当日出现尾盘拉高的分时图，则说明股价已经见顶，主力利用尾盘拉高股价，吸引跟风盘进场，以便后市顺利出货，套牢跟风盘	投资者应果断离场，持币观望

2. 尾盘跳水盘面分析

尾盘跳水是指股价全天走势比较平稳，但在临近收市前的 30 分钟或 45 分钟内，突然出现大幅下跌行情，股指在快速下跌中，成交量也有所放大，显示市场带有一定的恐慌性抛售成分，如图 10-16 所示。此时，投资者需要研判行情是否属于空头陷阱，可以从消息面、资金面、宏观基本面和市场人气等方面进行分析和研判。

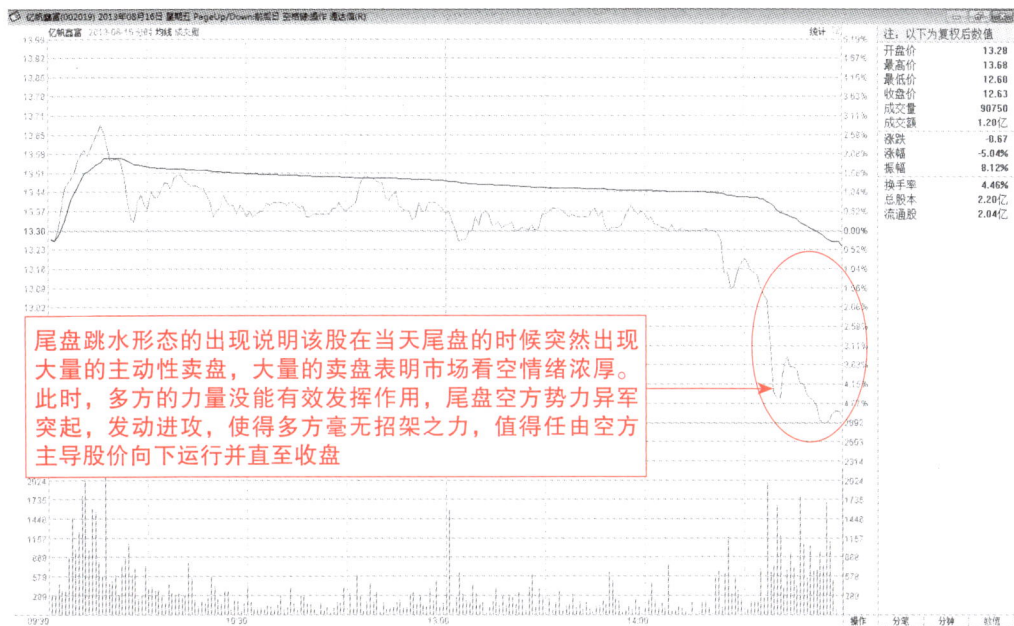

图 10-16　尾盘跳水分时走势图

根据尾盘跳水盘面出现的位置不同，可以分为不同的情况，如表 10-2 所示。

表 10-2　不同位置尾盘跳水的盘面意义

阶段	盘面分析	投资策略
底部建仓阶段	如果当日出现尾盘跳水的分时图，可能说明主力正准备进行打压建仓，在尾盘压低给投资者一种后市将会继续下跌的感觉，一部分投资者就会抛出手中的筹码，而场外的投资者也不会贸然进入。这就使得主力可以顺利地从投资者手中获得价格低廉的筹码，以减少建仓成本，同时由于部分投资者不敢贸然买入，因此不会打乱主力的吸筹动作，从而顺利完成建仓	后市应密切关注股价的变动，一旦启动则可以进场
股价拉升阶段	如果当日出现尾盘跳水的分时图，显示主力利用压低股价的手法进行洗盘，清洗市场中的浮动筹码，从而为后市的继续拉升做好准备	投资者可以入场或加仓
股价高位阶段	如果当日出现尾盘跳水的分时图，显示主力已经开始计划出货，股价已经见顶，后市看跌	投资者应注意减仓或出局

10.3.3　分时图尾盘操盘技巧

当投资者在尾盘发现行情转变时，可及时采取买入或卖出的决策。

例如，股价全天运行比较平稳，在临近收盘前半小时左右，股价开始向上发力，在短时间内出现迅猛的上行态势，若成交量也配合股价上涨明显增大，则此时就是比较好的买入时机。

下面举例分析收盘前半小时的买入点操盘技巧。

（1）如图 10-17 所示，为自仪股份（600848）2015 年 3 月 13 日的分时走势图，从图中可以看到，该股股价全天波动不大，收盘前半小时左右股价突然向上发力，成交量明显增大，因此投资者可以在此时迅速入场做多。

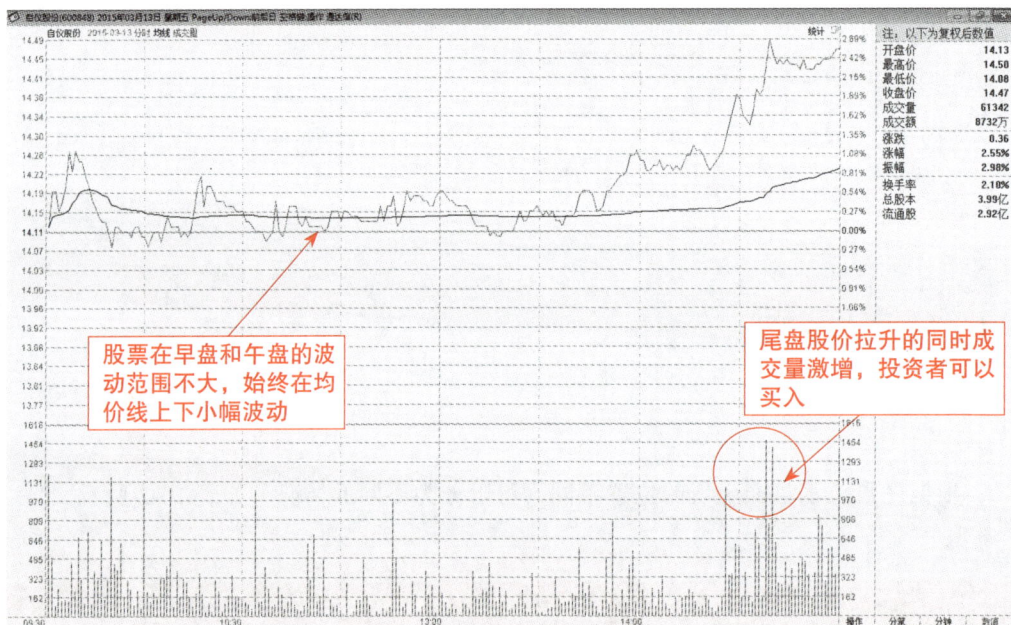

图 10-17　自仪股份分时图

专家提醒

投资者需要注意的是，尾盘只是全天股市走势的一部分，仅仅根据尾市看盘作出决策是有局限性的。

- 一方面，盘面的变化是否有消息影响无法确定，跟风出错难免造成亏损。

- 另一方面，过于看重尾市炒作技巧容易使人目光短浅，常常为蝇头小利而搏杀。因此，从尾盘走势得到的信息要和全天开盘、中盘得到的信息进行结合，并和大盘中长期走势结合起来，才能获得预期收益。

（2）如图 10-18 所示，为自仪股份日 K 线图，图中鼠标所指的 K 线，就是 3 月 13 日对应的日 K 线。从图中看到，根据上图中所示分时图的信号作出买入的决策，即在最低价附近买入。此后股价开始一路上涨，涨幅近 50%。

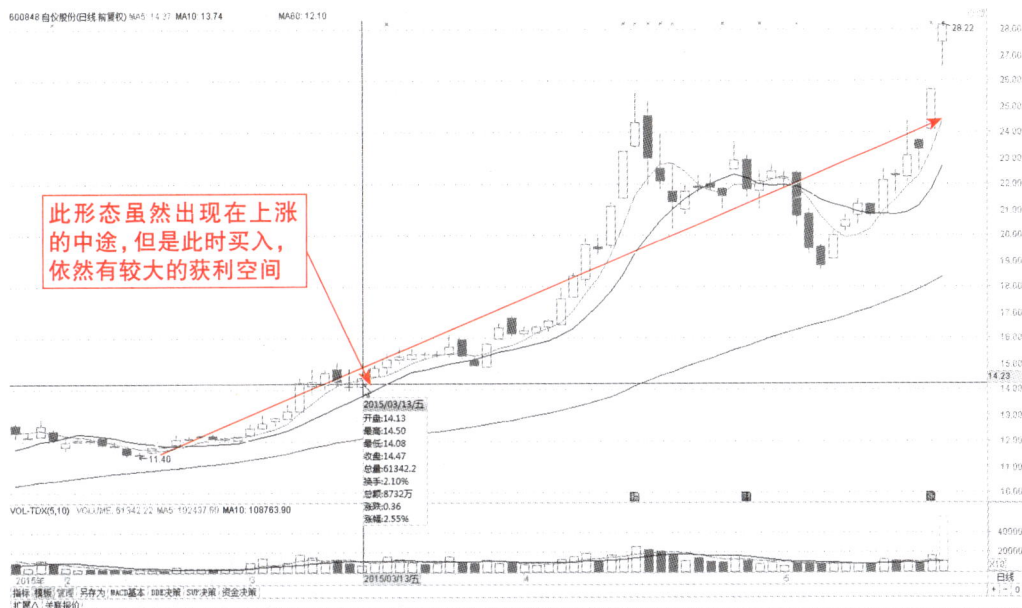

图 10-18　自仪股份 K 线图

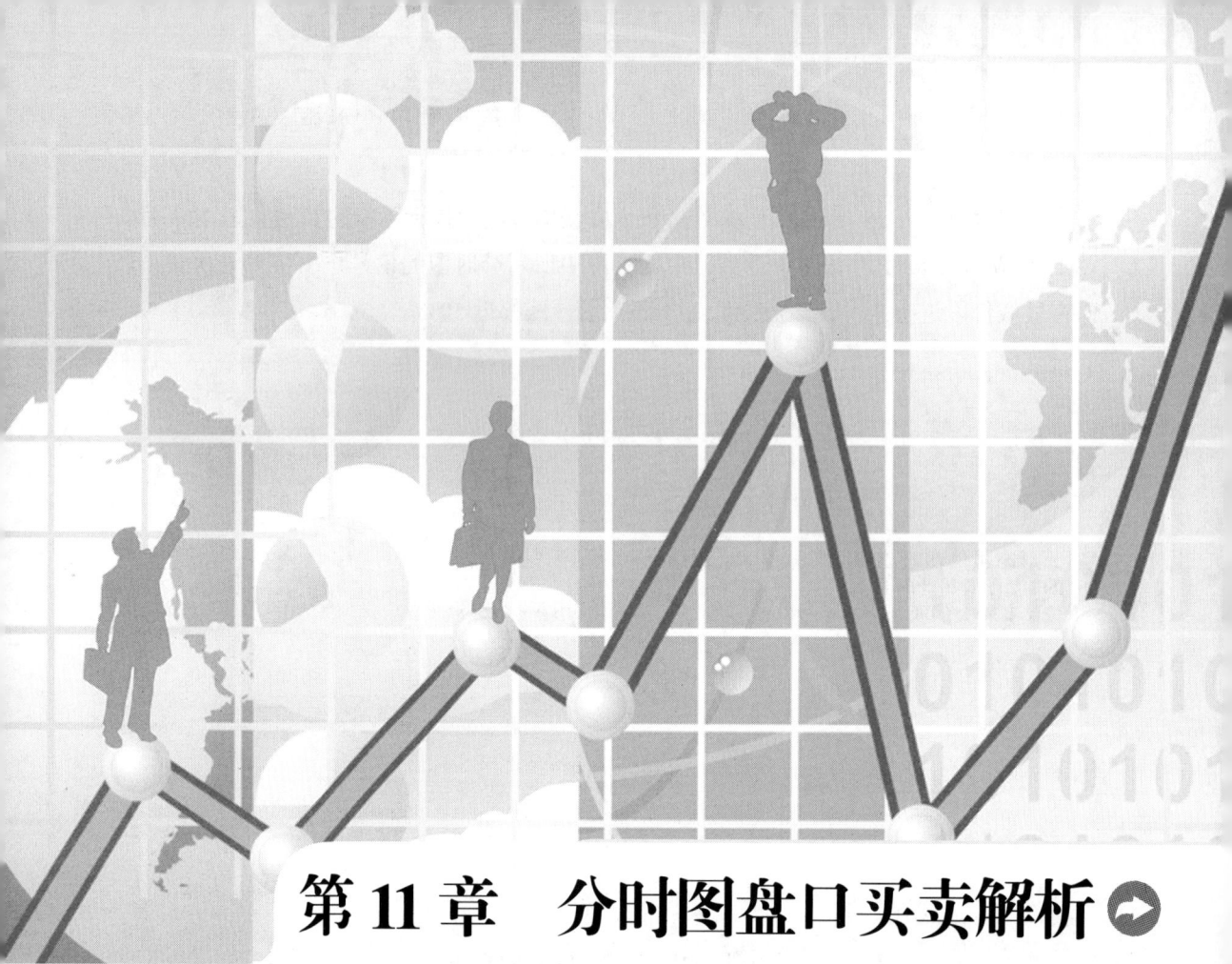

第 11 章　分时图盘口买卖解析

学前提示

了解开盘、盘中和尾盘的分时图走势以后，本章将为读者介绍分时图的经典形态与操盘策略，以及如何从分时图形态上识别主力与分时图中的量价分析要点，以帮助读者更好地把握股价在当天的变动意义，掌握高买低卖的技巧。

要点展示

- 分时图经典实战形态与操盘策略
- 如何从分时图形态上识别主力
- 分时图中的量与价

11.1 分时图经典实战形态与操盘策略

本节将从形态分析的角度介绍分时图的不同运行线路，以及由此形成的形态特征，这对投资者更加形象直观地认识分时图有着重要的作用。

11.1.1 拉升形态

分时图拉升形态是股价当天走势强势的表现，就像有一股无形的动力在把股价往上推一样，股价涨幅逐步增加，与高开高走类似，如图 11-1 所示。

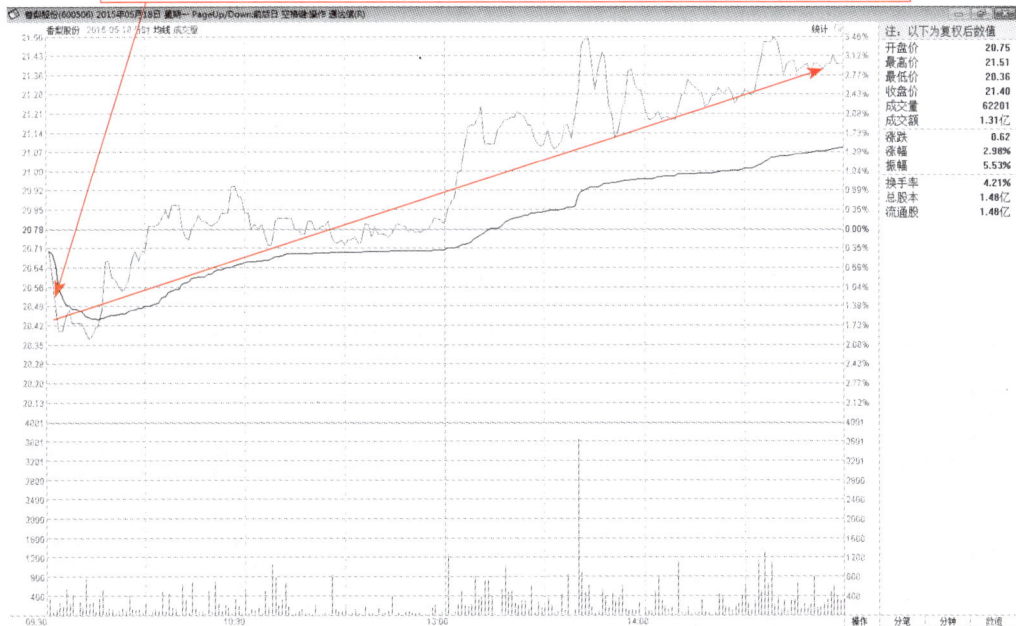

图 11-1　分时图拉升形态

分时图拉升形态出现在不同位置，其含义也不相同，如图 11-2 所示。

股价处于拉升阶段的初期和中期	▷	当日分时图形成拉升形态，这是主力投入大笔资金进行拉抬股价的攻击性行为，主力意图通过大幅拉升股价从而迅速脱离持仓成本区，为日后套现做好准备。
股价处于见顶阶段	▷	当日分时图形成拉升形态，显示市场做多情绪已涨至顶点，股价随时可能下滑。主力此时拉高股价，目的与尾盘拉高盘面分析类似，即拉高出货，投资者应采取观望态度。

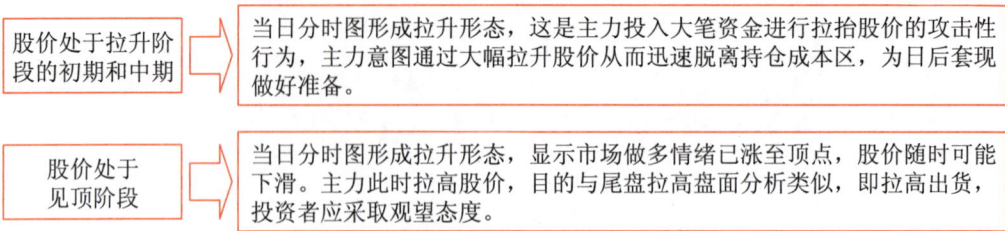

图 11-2　不同位置的分时图拉升形态分析

11.1.2　震荡形态

震荡形态就是在分时图股价形成反复上下震荡运行的态势，股价时上时下，飘忽不定，不容易把握股价趋势，如图 11-3 所示。

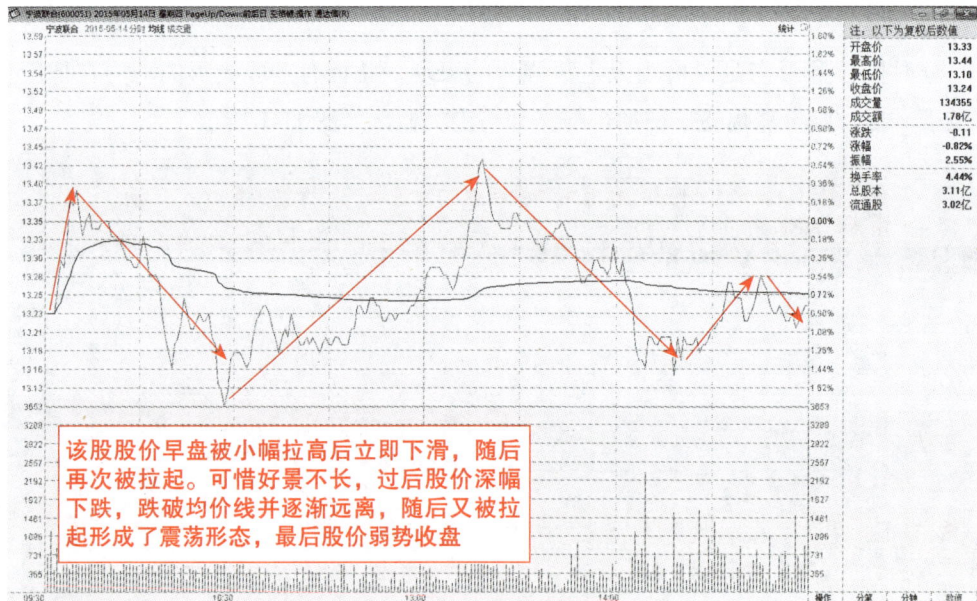

图 11-3　分时图震荡形态

该股股价早盘被小幅拉高后立即下滑，随后再次被拉起。可惜好景不长，过后股价深幅下跌，跌破均价线并逐渐远离，随后又被拉起形成了震荡形态，最后股价弱势收盘

分时图震荡形态出现在不同位置，其含义也不相同，如图 11-4 所示。

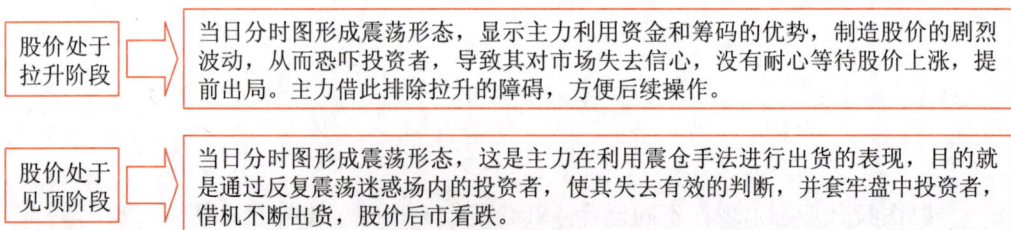

股价处于拉升阶段	▷	当日分时图形成震荡形态，显示主力利用资金和筹码的优势，制造股价的剧烈波动，从而恐吓投资者，导致其对市场失去信心，没有耐心等待股价上涨，提前出局。主力借此排除拉升的障碍，方便后续操作。
股价处于见顶阶段	▷	当日分时图形成震荡形态，这是主力在利用震仓手法进行出货的表现，目的就是通过反复震荡迷惑场内的投资者，使其失去有效的判断，并套牢盘中投资者，借机不断出货，股价后市看跌。

图 11-4　不同位置的分时图震荡形态分析

分时图震荡形态的表现有以下几种情况。

- 情况一：股价可能高开高走，早盘表现尚佳，但没过多久，股价就被大幅打压，下跌幅度不小，随后被拉起，而后再次打压，并反复震荡，尾盘再次被拉高。
- 情况二：股价可能在开盘就表现弱势，迅速下跌，并创出新低，随后股价在均价线附近反复上下，至尾盘又被拉高。
- 情况三：股价有时开盘平开，而后下跌击穿均价线，并持续下滑，股价在底部徘徊，形成多个相对低位，股价多次见底，但并未跌停，到了尾盘，股价逐渐被拉起，并拉高收盘。

11.1.3　回调形态

分时图回调形态是指股价在一天的运行中被拉高后出现大幅下滑打压的形态，通常是早盘拉高，盘中或者尾盘进行打压，尾盘压低收盘，如图 11-5 所示。

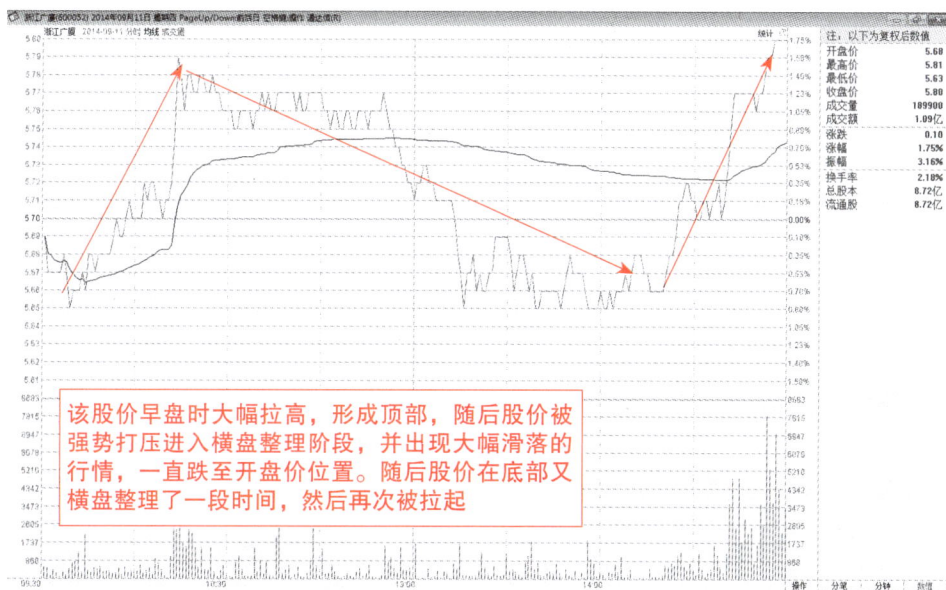

该股价早盘时大幅拉高，形成顶部，随后股价被强势打压进入横盘整理阶段，并出现大幅滑落的行情，一直跌至开盘价位置。随后股价在底部又横盘整理了一段时间，然后再次被拉起

图 11-5　分时图回调形态

分时图回调形态出现在不同位置，其含义也不相同，如图 11-6 所示。

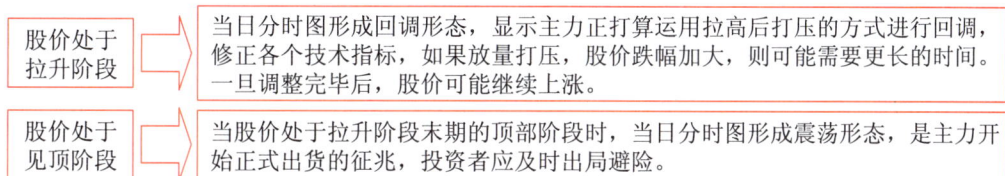

股价处于拉升阶段	当日分时图形成回调形态，显示主力正打算运用拉高后打压的方式进行回调，修正各个技术指标，如果放量打压，股价跌幅加大，则可能需要更长的时间。一旦调整完毕后，股价可能继续上涨。
股价处于见顶阶段	当股价处于拉升阶段末期的顶部阶段时，当日分时图形成震荡形态，是主力开始正式出货的征兆，投资者应及时出局避险。

图 11-6　不同位置的分时图回调形态分析

11.1.4 缓跌形态

分时图缓跌形态是一种市场中以下跌力量为主导的弱势形态，股价从一开盘就开始下跌，此后市场黯淡无生机。不同于震荡形态和回调形态，股价在全天没有出现过强劲的反弹和拉升，而是平稳缓慢地下跌，直至低位收盘，与低开低走类似，如图 11-7 所示。

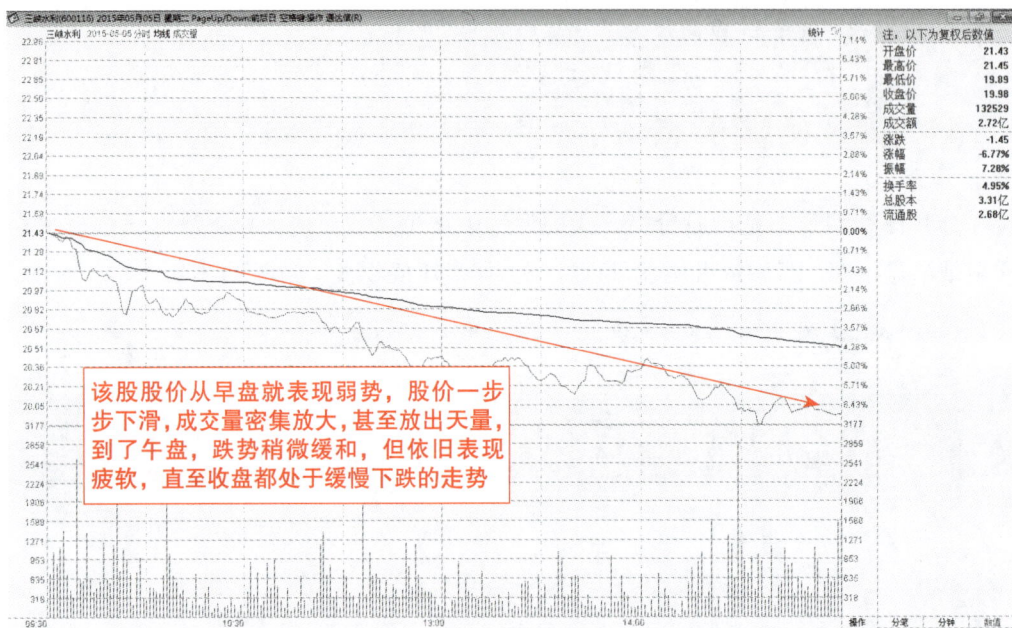

图 11-7　分时图缓跌形态

分时图缓跌形态出现在不同位置，其含义也不相同，如图 11-8 所示。

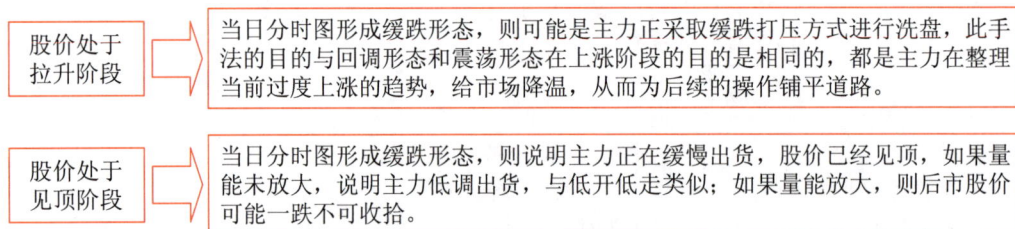

股价处于拉升阶段 ⇨	当日分时图形成缓跌形态，则可能是主力正采取缓跌打压方式进行洗盘，此手法的目的与回调形态和震荡形态在上涨阶段的目的是相同的，都是主力在整理当前过度上涨的趋势，给市场降温，从而为后续的操作铺平道路。
股价处于见顶阶段 ⇨	当日分时图形成缓跌形态，则说明主力正在缓慢出货，股价已经见顶，如果量能未放大，说明主力低调出货，与低开低走类似；如果量能放大，则后市股价可能一跌不可收拾。

图 11-8　不同位置的分时图缓跌形态分析

缓跌形态中，股价全天始终没有出现实质性上涨，市场一直被空头气氛所包围，主动性买盘暂居下风，主动性卖盘占据市场大部分位置。由于没有主动性买盘，说明市场并未出现大量资金介入，反而表明有很多资金在流出。

11.1.5　杀跌形态

分时图中出现的杀跌形态与缓跌形态类似，股价全天笼罩在空头的阴影之下，股价重心不断向下，市场极度弱势，最后股价压低收盘，但有时尾盘也会有小幅的回升，如图 11-9 所示。

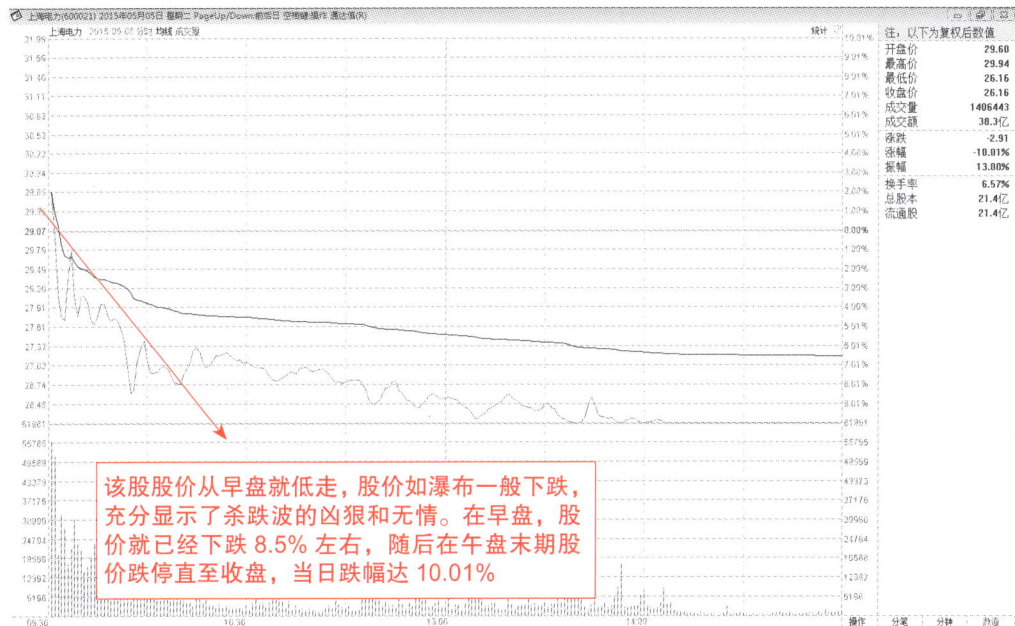

图 11-9　分时图杀跌形态

分时图杀跌形态出现在不同位置，其含义也不相同，如图 11-10 所示。

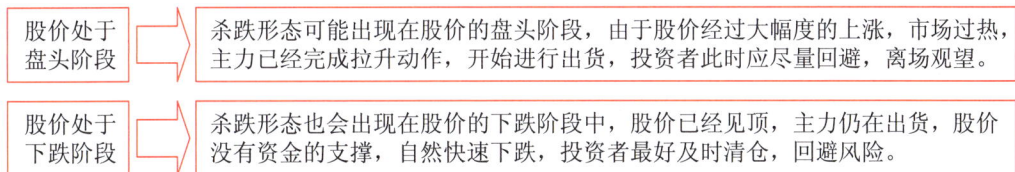

股价处于盘头阶段	⟹	杀跌形态可能出现在股价的盘头阶段，由于股价经过大幅度的上涨，市场过热，主力已经完成拉升动作，开始进行出货，投资者此时应尽量回避，离场观望。
股价处于下跌阶段	⟹	杀跌形态也会出现在股价的下跌阶段中，股价已经见顶，主力仍在出货，股价没有资金的支撑，自然快速下跌，投资者最好及时清仓，回避风险。

图 11-10　不同位置的分时图杀跌形态分析

在杀跌形态中，股价一般低开，随后股价持续下跌，下跌趋势始终贯穿股价全天的运行情况中。

11.1.6　涨停形态

分时图中出现的涨停形态是一种常见的强势形态，说明当天市场中多方完全占据主动地位，空方被多方大军牢牢压制，如图 11-11 所示。

主力通过快速拉高股价至涨停板位置，从而显示出市场上涨势头极为强劲的表象，营造浓厚的买入氛围，产生较大的市场影响力，以吸引场外的投资者跟风买入。此后，在市场中会形成一股跟风买入的热潮，大量的主动性买盘在涨停的第二天接连进入市场，场外资金大笔介入，共同推动股价不断上涨，庄家借此拉升股价，完成操盘计划。

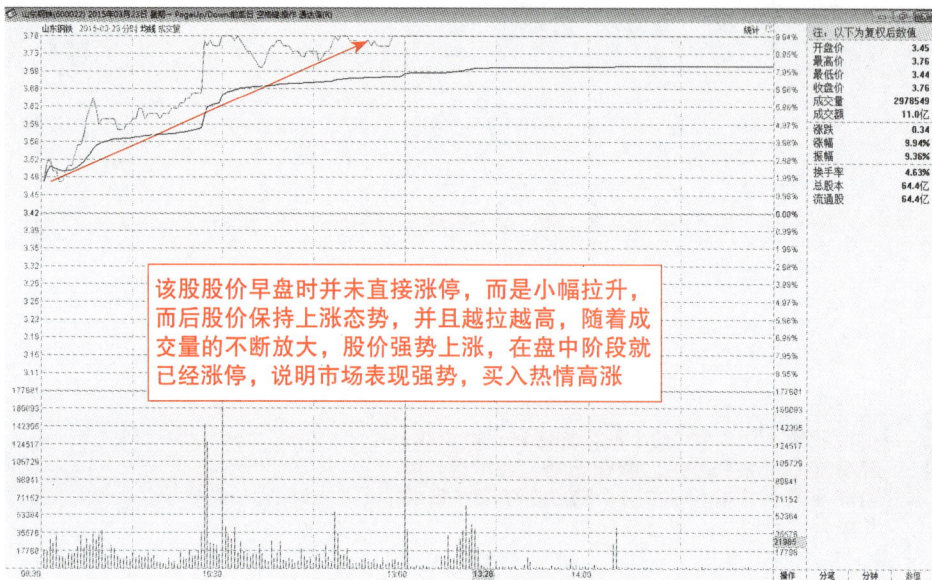

该股股价早盘时并未直接涨停，而是小幅拉升，而后股价保持上涨态势，并且越拉越高，随着成交量的不断放大，股价强势上涨，在盘中阶段就已经涨停，说明市场表现强势，买入热情高涨

图 11-11　分时图涨停形态

分时图涨停形态出现在不同位置，其含义也不相同，如图 11-12 所示。

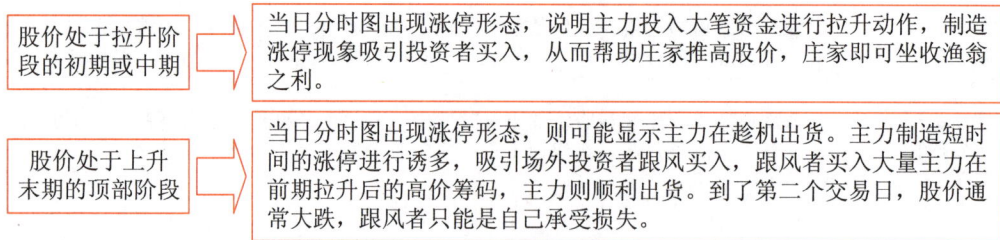

股价处于拉升阶段的初期或中期	当日分时图出现涨停形态，说明主力投入大笔资金进行拉升动作，制造涨停现象吸引投资者买入，从而帮助庄家推高股价，庄家即可坐收渔翁之利。
股价处于上升末期的顶部阶段	当日分时图出现涨停形态，则可能显示主力在趁机出货。主力制造短时间的涨停进行诱多，吸引场外投资者跟风买入，跟风者买入大量主力在前期拉升后的高价筹码，主力则顺利出货。到了第二个交易日，股价通常大跌，跟风者只能是自己承受损失。

图 11-12　不同位置的分时图涨停形态分析

11.2　如何从分时图形态上识别主力

在股市中，主力有雄厚的资金，因此可以向上大幅度提升股价，如果投资者能够及时识别出主力的意图，则收益颇丰。主力在操作时一般十分隐蔽，但在走势图中仍可看到主力留下的蛛丝马迹，而分时图就是散户识别主力意图的常用工具之一。

11.2.1　主力建仓时的分时图形态

例如，主力采用急跌缓升建仓手法一般出现在市场的底部，此时股价往往已经历了深幅的下跌空间，因此此时的买入数量较少，交易非常冷静。

此时，主力往往不会向上拉升来建仓，但会用手中的少量筹码来打压股价，这样既不会引起散户的注意，也可以在低价位吸纳更多的筹码。急跌缓升建仓盘面如图 11-13 所示。

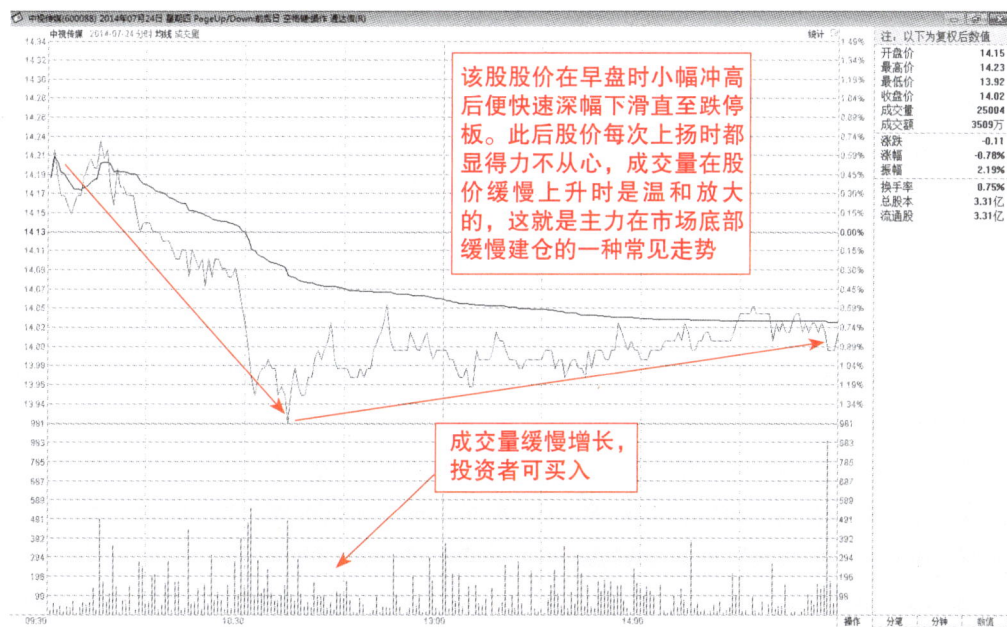

图 11-13　急跌缓升建仓盘面

急跌缓升建仓盘面在分时图中的表现是，下跌比较迅猛，而拉升比较缓慢，而且在下跌时成交量出现萎缩的迹象，股价在上升时有温和放量的配合。

实际上，这是主力刻意制造的走势，这样既可以隐蔽地进行建仓活动，又可以避免更多的散户进场与自己共享利润。

11.2.2　主力洗盘时的分时图形态

在主力坐庄的过程中，一定会涉及洗盘的环节。所谓洗盘，就是主力要在坐庄的过程中清除跟风买入的散户，但是由于不同的时期和不同的操盘风格，其方式也不尽相同，在分时图中呈现的走势也就不一样。

例如，打压式洗盘就是主力常用的洗盘方式，主力挂出卖单恐吓不稳定筹码抛盘并一一接纳，此时的分时图往往出现盘中大跌的状况，在下跌后又被拉起，形成震荡走势。

下面举例分析打压式洗盘的盘面。

（1）如图 11-14 所示，为中信证券（600030）2014 年 11 月 18 日的分时走势图。从图中可以看到，该股股价低开后被小幅拉起，随后股价开始大幅下滑，主力利用股价下滑制造恐慌情绪，以完成洗盘动作。

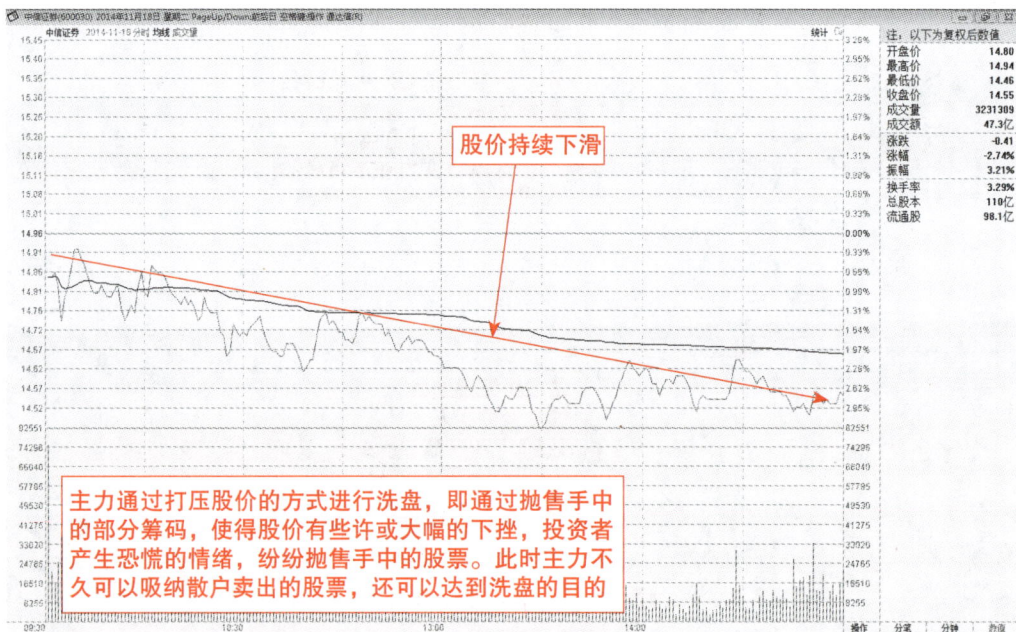

图 11-14　中信证券分时图

（2）该股 K 线走势如图 11-15 所示，从图中可以看到，该股前期处于持续上涨行情中，随后主力展开打压式洗盘，致使股价出现下跌，主力顺利清洗出浮筹，洗盘结束后股价继续上拉。

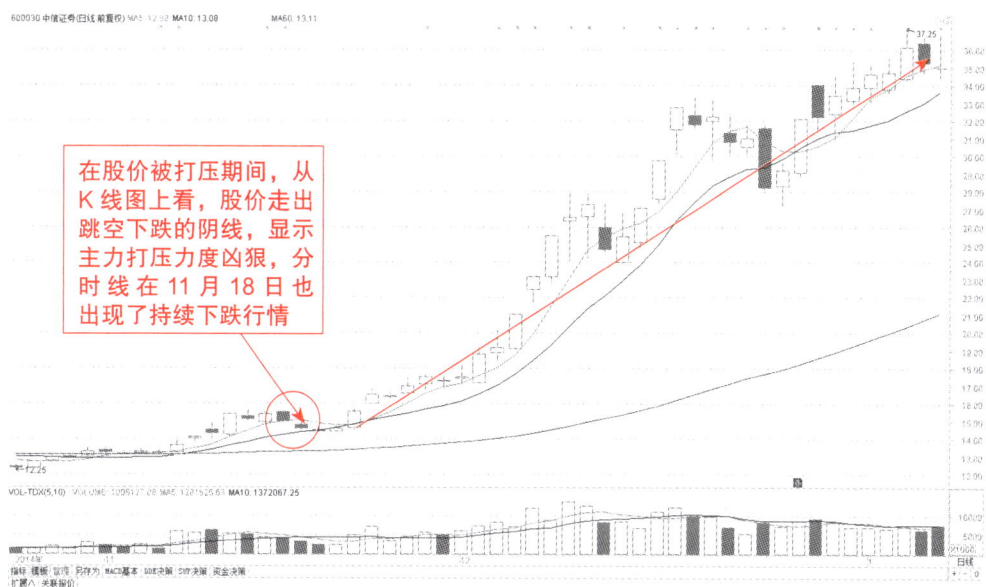

在股价被打压期间，从K线图上看，股价走出跳空下跌的阴线，显示主力打压力度凶狠，分时线在 11 月 18 日也出现了持续下跌行情

图 11-15　中信证券 K 线图

11.2.3　主力拉升时的分时图形态

例如，主力快速拉升表现股价直线迅速拉高，此手法较为干脆利落，分时图也常表现为强势的拉高，或者在一定价位上下震荡。

如图 11-16 所示，为新日恒力（600165）2015 年 4 月 9 日的分时走势图。从图中可以看到，股价开盘后便迅速上冲至涨停板，成交量也配合明显增大。此后股价在高位始终震荡运行，说明多头推动股价并维持股价在高位运行的能力十分强大，因此后市在很大程度上会继续上扬，投资者可以跟风追高买入。

11.2.4　主力出货时的分时图形态

例如，强势拉高出货又称诱多出货，是主力较为隐蔽的一种出货方式，采用这种出货方式的股票一般为强庄股，同时股票本身通常有较好的后续题材的配合。

下面举例分析强势拉高出货的分时盘面。

（1）如图 11-17 所示，为美都能源（600175）2014 年 10 月 9 日的分时走势图。从图中可以看到，该股早盘在接近昨日收盘价处横向运行，在短暂的横盘后继续拉升，直至涨停附近，显示市场十分强势。主力拉高出货时比较常见的手法，拉高就吸引了部分投资者追高，然后主力突然出货，使大量投资者被套牢，在拉升过程中，分时线可能会出现短暂上涨的形态。

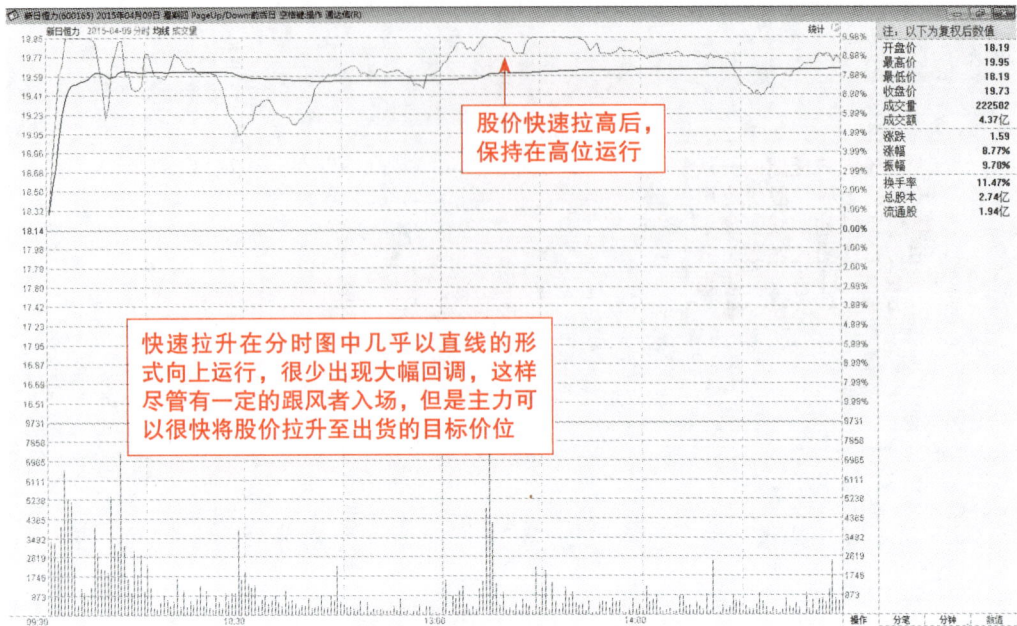

股价快速拉高后，保持在高位运行

快速拉升在分时图中几乎以直线的形式向上运行，很少出现大幅回调，这样尽管有一定的跟风者入场，但是主力可以很快将股价拉升至出货的目标价位

图 11-16　新日恒力分时图

股价大幅上涨

图 11-17　美都能源分时图

（2）该股 K 线走势如图 11-18 所示，从图中可以看到，该股前期小幅上涨，不久主力故意拉高股价，分数线 10 月 9 日也出现大幅上涨，其实质是为了方便主力出货，随后股价便大幅下跌。

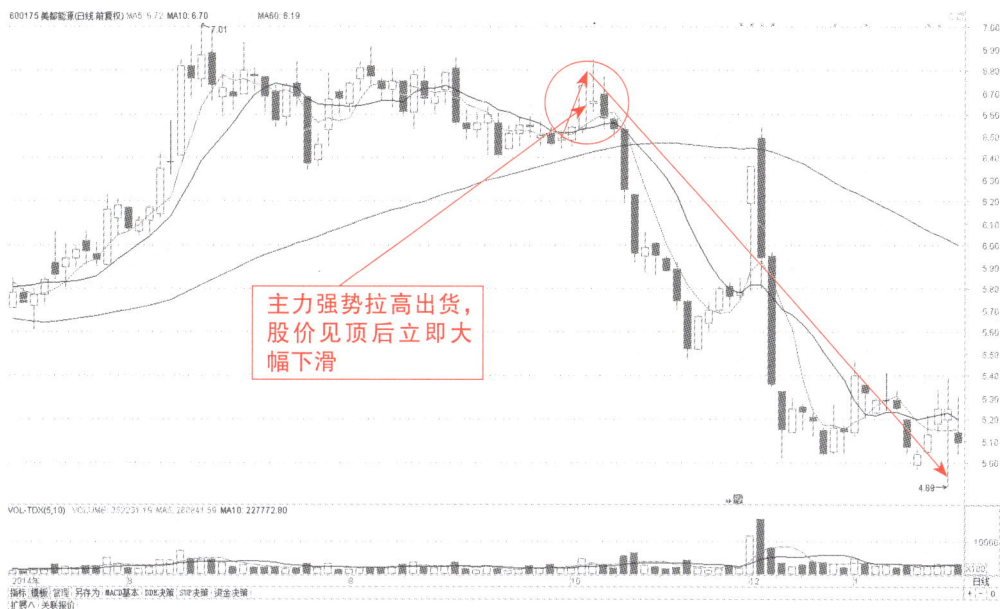

主力强势拉高出货，股价见顶后立即大幅下滑

图 11-18　美都能源 K 线图

11.3　分时图中的量与价

本节将详细介绍有关量价分析的相关知识和看盘技巧，从而帮助投资者正确把握分时图中成交量变动与股价未来变动的关系。

11.3.1　早盘涨停地量

当股票涨停时，投资者仍需要观察成交量的变化，如果早盘在出现涨停后，成交量却明显缩小，也就是成交量呈现地量状态，则投资者可以立即挂入买单，等待进入市场，如图 11-19 所示。

当天股价在开盘后不久，便达到了涨停板的位置，成交量也明显增大。但是在股价达到涨停板后直至当天收盘时，成交量都出现了明显的缩小迹象。这实际上是主力已经完全控制了整个盘面，场中不会有太多的散户掌握筹码，因此即使股价达到涨停板，也不会有太多的散户出场。

无论是主力控盘还是利好消息的带动使股价大幅高开达到涨停，但成交量明显萎缩的走势，都是后市较为强劲的标志。一般情况下，只要股价不是达到了市场的顶端，后几个交易日至少都会延续上涨的走势，甚至股价在后几个交易日还会出现跳空高开的行情。

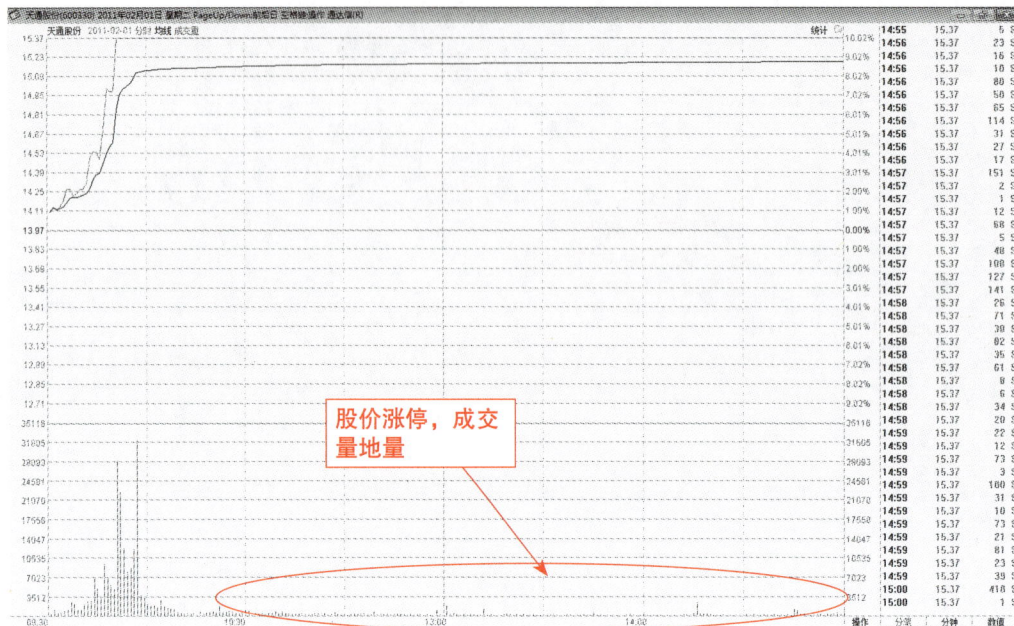

图 11-19　早盘涨停地量形态

但是，这种走势要求股价必须全天封死在涨停板的位置，如果股价在触及涨停板后又快速回落，则不能看作此种走势，如图 11-20 所示。

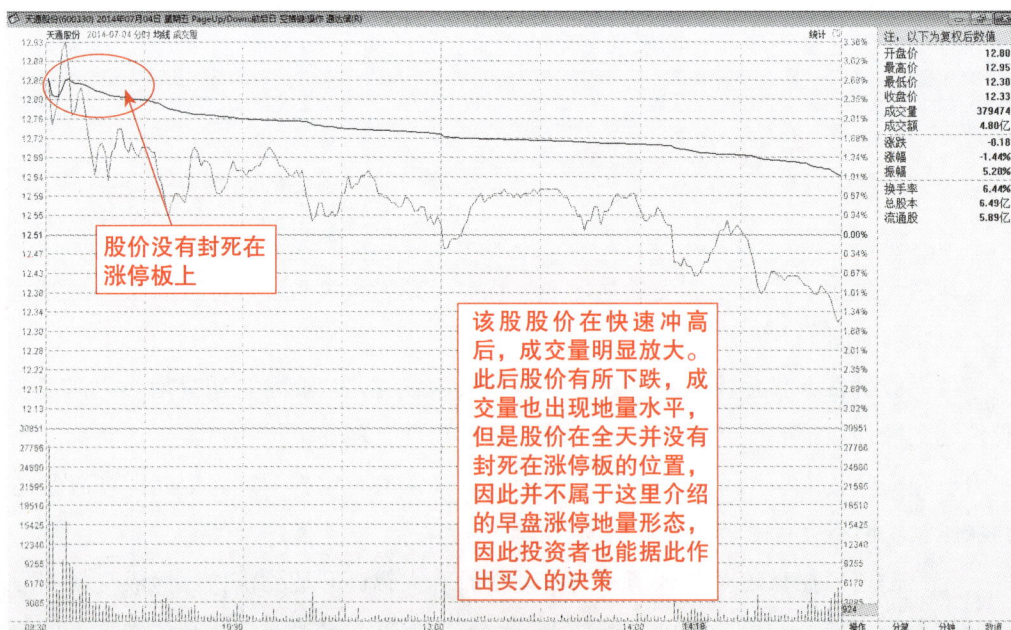

图 11-20　错误的早盘涨停地量形态

11.3.2 尾盘涨停放量

尾盘涨停放量形态是指股价在早盘和午盘时，都处于比较低迷的运行范围，上下波动的幅度非常小，而成交量也是比较萎缩的，但是在收盘前一小时甚至收盘前半小时内，股价突然向上拉升至涨停板，而且股价达到涨停的瞬间，成交量明显增长，而股价达到涨停板成交量又迅速萎缩，如图 11-21 所示。

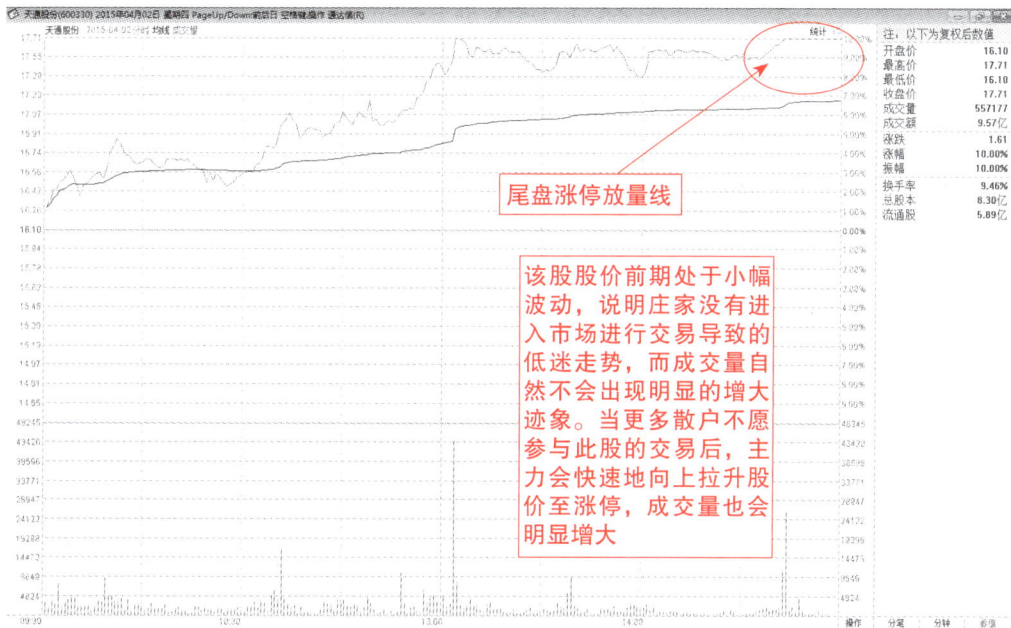

图 11-21 尾盘涨停放量

当投资者遇到尾盘放量涨停的走势后，可以观察该股在日 K 线图中所处的位置。如果股价此前的涨幅不大，还没有达到市场高位，则投资者可以考虑买入股票。

专家提醒 当在分时图中出现尾盘放量涨停形态时，激进的投资者可以立即介入市场；而保守的投资者则可以等待此形态出现后股价出现明显的下挫时，利用低位来进场，这样可以降低进场的成本，但是如果股价没有下挫，则会失去一次获利机会。

11.3.3 台阶式放量

台阶式放量形态是指成交量在分时图中呈现逐步上涨的态势，当股价在向上拉升到一个平台时，成交量伴随着股价的上扬会明显增大，此后股价会在这一平台稍作休整，而成交量也会在股价停顿时出现明显的萎缩，入场反复直至收盘。台阶式放量一般是庄家在拉升初期或者拉升的过程中，庄家有步骤地向上拉升导致的。

如图 11-22 所示，为中新药业（600329）2015 年 1 月 6 日的分时走势图。从图中可以看到，在整个交易日内，股价是以台阶的方式向上迈进的，而成交量也呈现台阶式的放量特点，当股价以直线形式向上拉升突破台阶时，成交量都在此时快速增大，而此后股价在另一个台阶震荡整理时，成交量又从高位快速萎缩。

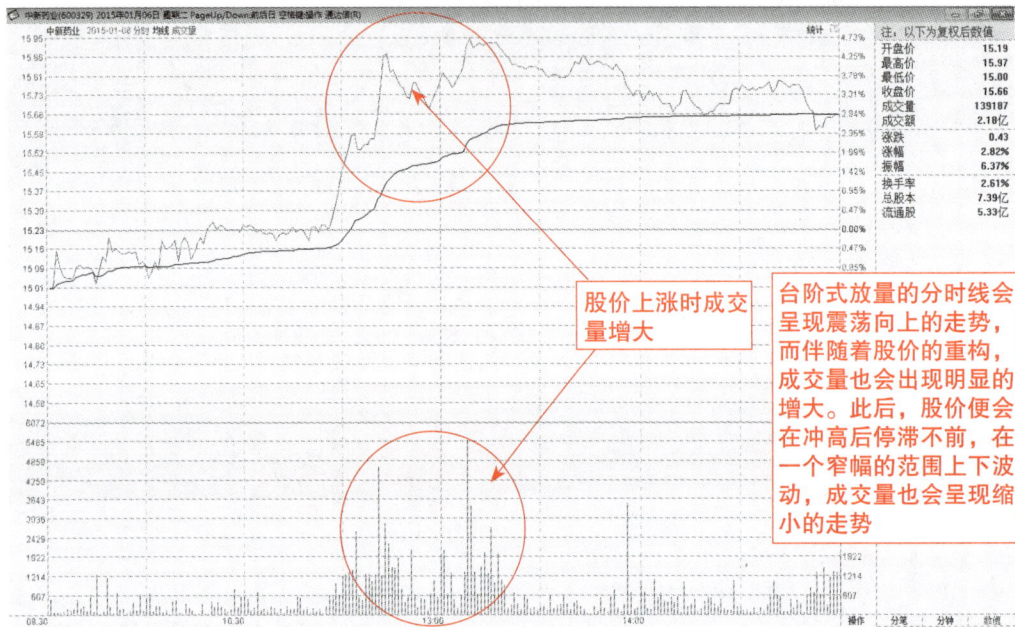

图 11-22 中新药业分时图

11.3.4　短暂上冲放量

在分时图中，投资者可以经常看到在某个时间段，成交量短暂放量上冲后又回落。这种形态让投资者们摸不着头脑，要分析这种形态的成交量，需要看它出现的阶段，主要分为底部横盘时、下跌状态时、高位时 3 个阶段。

（1）底部横盘时出现短暂上冲放量形态：当股价本身位于底部横盘时，突然某天出现上冲的大额成交量，那么说明庄家可能已经完成底部横盘、积蓄能量的阶段，成交量突然上涨，而且明显是大单，那么就是庄家意欲借这个行为试探其对于控盘的能力，当试探结果为肯定时，便发动攻击，缓慢拉动股价上升，如图 11-23 所示。

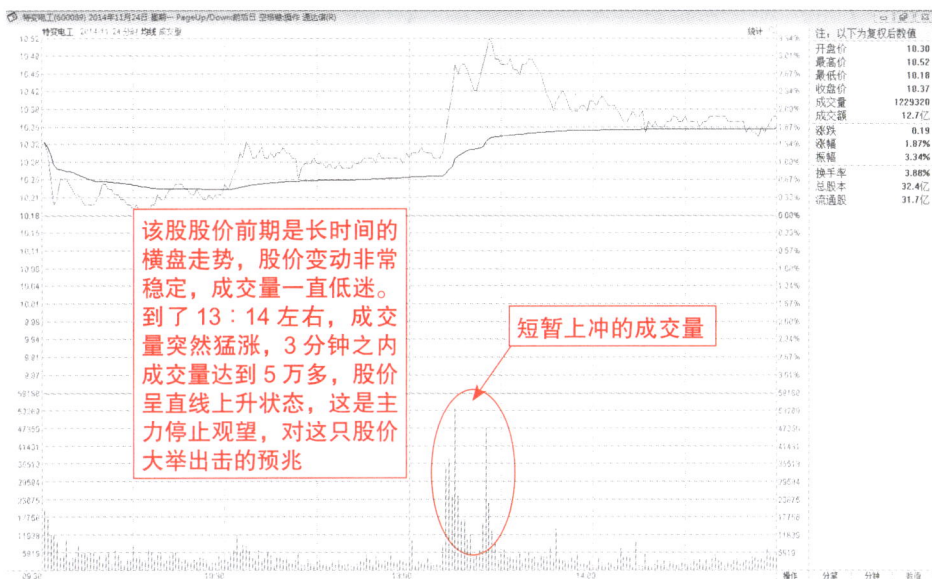

该股股价前期是长时间的横盘走势，股价变动非常稳定，成交量一直低迷。到了 13：14 左右，成交量突然猛涨，3 分钟之内成交量达到 5 万多，股价呈直线上升状态，这是主力停止观望，对这只股价大举出击的预兆

短暂上冲的成交量

图 11-23　底部横盘时出现短暂上冲放量形态

（2）下跌过程中出现短暂上冲放量形态：当股价整体位于下跌状态时，在某个时间段它的买入量突然放大，这种现象说明多方正在奋力一击，以期通过这一击，提高投资者们看多的信心，使股价得到反转。不过，反转的可能性是比较低的，因为股价本身处于下跌状态，说明市场中主要力量是看空，多方本身的力量蓄积不足，即使多方一时使股价有小型的反转，也难以改变其继续下跌的大势。

（3）股价高位出现短暂上冲放量形态：当股价位于高位时，突然出现大额的成交量，这种情况会让投资者手足无措，很难断定它是否为上升的顶点，很多投资者都是抱着博弈的心理来对待这种走势。当股价相对上涨起点已经涨幅很大，这时最应该提防的就是主力的出货时间点，因为主力一出货，股价势必大跌，没有任何回转的余地。因此，但股价处于高于且有大额成交量出现时，投资者最好抛出手中的筹码，以免因主力的出货被套牢。

11.3.5　诱空与诱多

股市上有一个很多人都感受过的一个现象，一只股票，你买了就跌，卖了就涨。出现这种情况，很多时候是主力利用信息的严重不对称，运用了一些带有欺骗性的手段和伎俩，其中最常用的便是诱空与诱多。

1. 主力诱空的成交量形态

主力在拉升股价过程中，通过主动砸盘等造成下跌假象，迷惑投资者，引诱持有股票的人以为要下跌而抛出股票，使股价一跌再跌，这样的行为就叫诱空，其主要作用是压低股价以大量建仓。

主力建仓一般要选择股价较低时，而且希望越低越好。

2. 主力诱多的成交量形态

主力诱多是指主力经过一段时间对股价大幅拉升之后，为缓解压力，开始向下打压，然而由于市场不配合、成交量快速萎缩等多方面的原因，导致其出货困难，不得不再做一波行情，从而使股价再次拉升，进而实现其高位出货的目的。

主力诱多的成交量形态一般出现在股价上涨阶段的中后期。

第 12 章　分时图买卖点大全

学前提示

分时图与K线图一样，都是独立的分析后市的工具。投资者可以通过分时图中的分时线、均价线和成交量等常用信息，轻松作出买入或卖出的决策。本章从实战的角度，介绍如何捕捉分时图买卖点，为投资者在实际操作中提供参考。

要点展示

- 在分时图中寻找买入点
- 在分时图中寻找卖出点

12.1 在分时图中寻找买入点

价格上涨时，投资者都希望能在最恰当的时机买入股票，既希望买入的点位较低，又不愿意买入股票后等待漫长的上涨过程。本节将介绍如何利用分时图来寻找买入点，只要掌握了分时图中常见的买入位置，投资者遇到价格上涨的走势时，就不会再有不知何时买入的困惑了。

12.1.1 支撑位

若股价在早盘时没有太大起色，沿着均价线横向运行，一段时间后，股价在均价线之上位置开始上涨，形成买入点，若股价处于底部，后市可能会展开上涨行情。

下面举例分析获得均价线支撑的买入点。

（1）如图 12-1 所示，为大洲兴业（600603）2014 年 12 月 29 日的分时走势图。从图中可以看到，该股早盘时小幅下挫，但随即进入横盘阶段，11:16 股价突破均价线，之后在均价线之上获得支撑，股价大幅拉升。

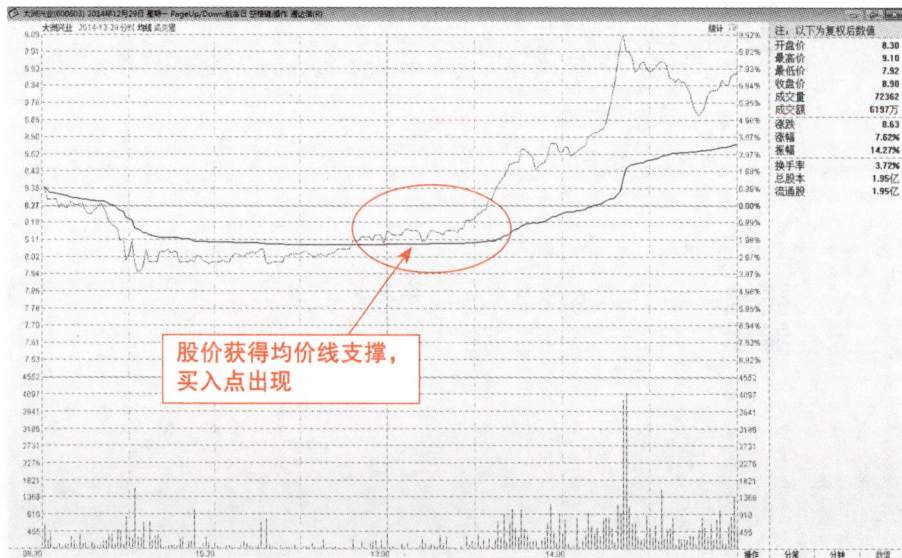

图 12-1 大洲兴业分时图

（2）该股 K 线走势如图 12-2 所示，从图中可以看到，该股前期处于底部横向运行之中，股价在底部徘徊，至 12 月 29 日股价微幅上涨。当日分时图中出现均价线支撑的买入点，投资者可在股价运行至均价线之上的时候买入，后市股价大幅上涨，证明买入点有效。有时，分时线均价下支撑买入会出现在上涨途中，这更加是一个不错的买入信号。

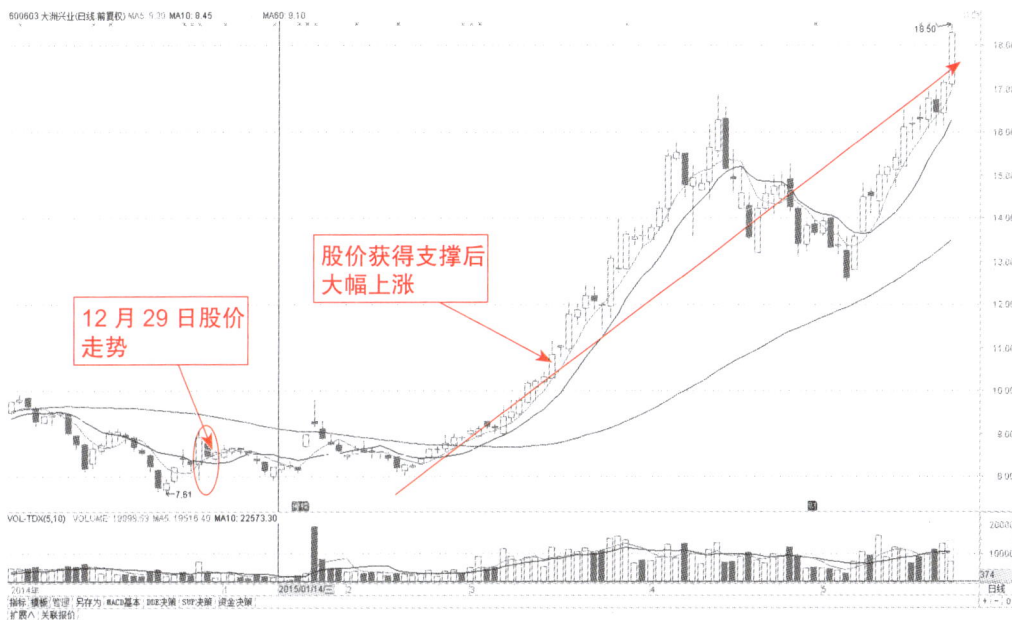

图 12-2　大洲兴业 K 线图

12.1.2　首次放量

在分时图中，成交量的地位丝毫不逊于均价线和分时线，而在时机交易过程中，成交量的变化是重中之重，它可以帮助投资者选择入场的时机。

当在分时图中成交量首次出现放量时，若分时线也向上运行，则就是一个良好的买入点，如图 12-3 所示。

12.1.3　低于昨收盘

股价在上一个交易日收盘价之下，说明市场暂时弱势，此时若提前在低价位布局，后市获利也会十分丰厚，若股价处于底部，这可能是即将启动的信号，如图 12-4 所示。

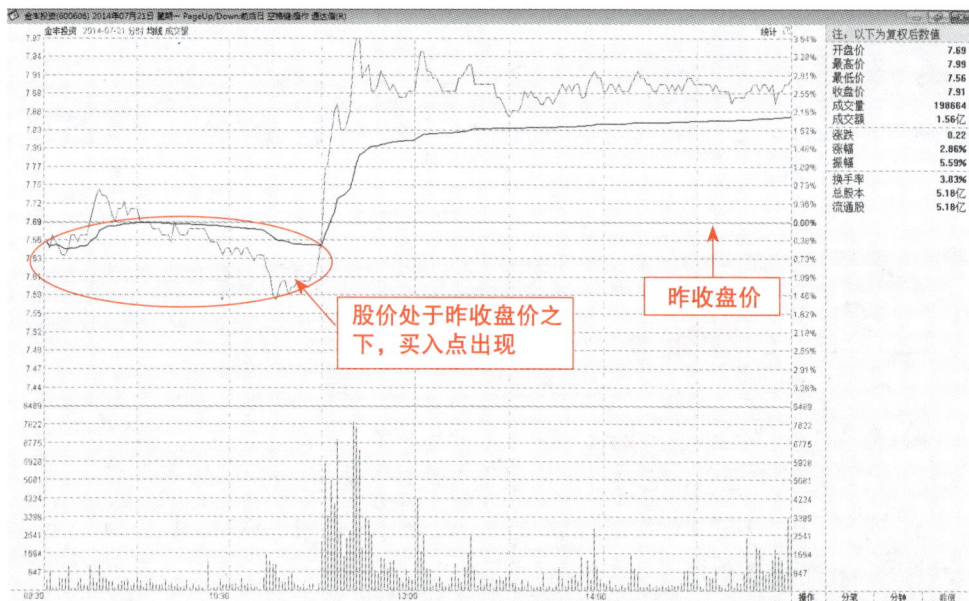

如果股票在开盘后某一时刻成交量突然放大，股价迅速上扬，则说明有大量场外资金流入场中，此时是价格上涨的一个起始位置，可以买入

股价上涨，成交量放量，买入股票

图 12-3　成交量首次放量买入

股价处于昨收盘价之下，买入点出现

昨收盘价

图 12-4　股价低于昨收盘买入

专家提醒

　　股价开始上涨时，成交量出现首次放量现象，股价必定会在一定的涨幅后呈现调整的走势，而成交量也会相应地出现缩小的迹象。这实际上是多方在暂时休整，一旦调整结束，多头将继续向上拉升股价，成交量也必定会出现二次放量的现象，这就是投资者第二次买入的一个良好位置。

12.1.4　上破均价线

当市场从空方控制转入多方控制的时候，股价也会从均价线下方上穿均价线，而此时成交量能够配合放大，则说明多方会源源不断地向上推高股价，投资者也迎来了买入的时机。

下面举例分析股价上破均价线的买入点。

（1）如图 12-5 所示，为金杯汽车（600609）2015 年 2 月 10 日的分时走势图。从图中可以看到，该股早盘小幅冲高后便开始向下调整，此后一直处于横盘整理阶段。在午盘时，股价开始向上突破均价线，而且突破时成交量明显增大，说明市场中的调整行情已经结束，多方将继续推动股价上涨控制整个市场，因此投资者也可在此时买入股票。

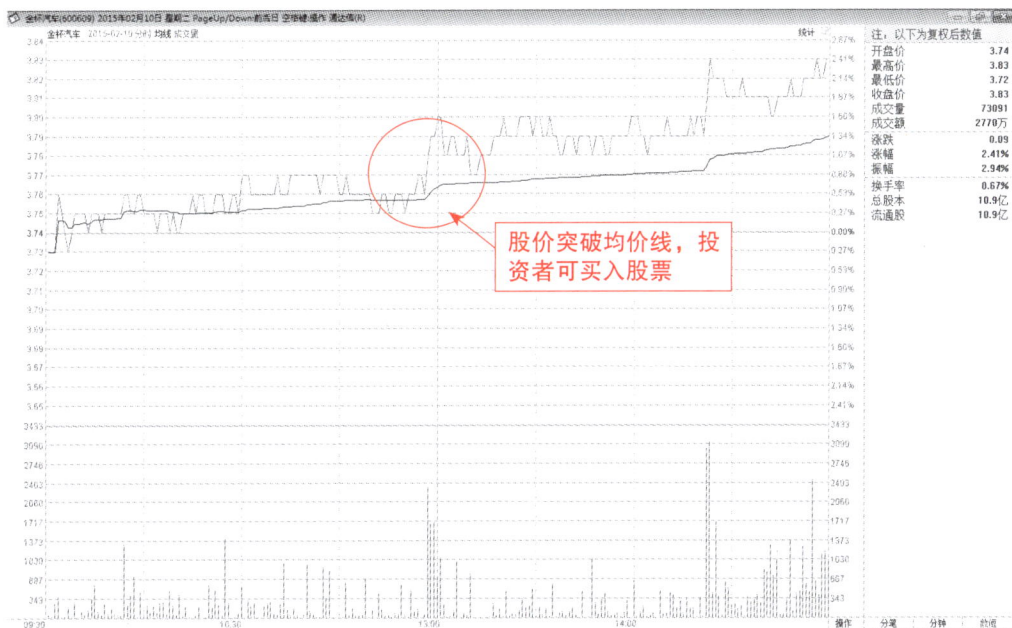

图 12-5　金杯汽车分时图

（2）该股 K 线走势如图 12-6 所示，从图中可以看到，该股前期一直处于底部的横盘区域，估计始终运行在 60 日均线之下，2 月 10 日分时图中股价从下向上穿均价线形成买入信号。

分时线出现买入信号，股价如果没有立即上涨，而是继续在底部徘徊，说明这可能是主力的建仓动作，投资者不必急躁，不久，股价便会迎来大幅上涨行情。有时，在股价上涨途中出现此信号，投资者仍可以视为可靠的买入信号。

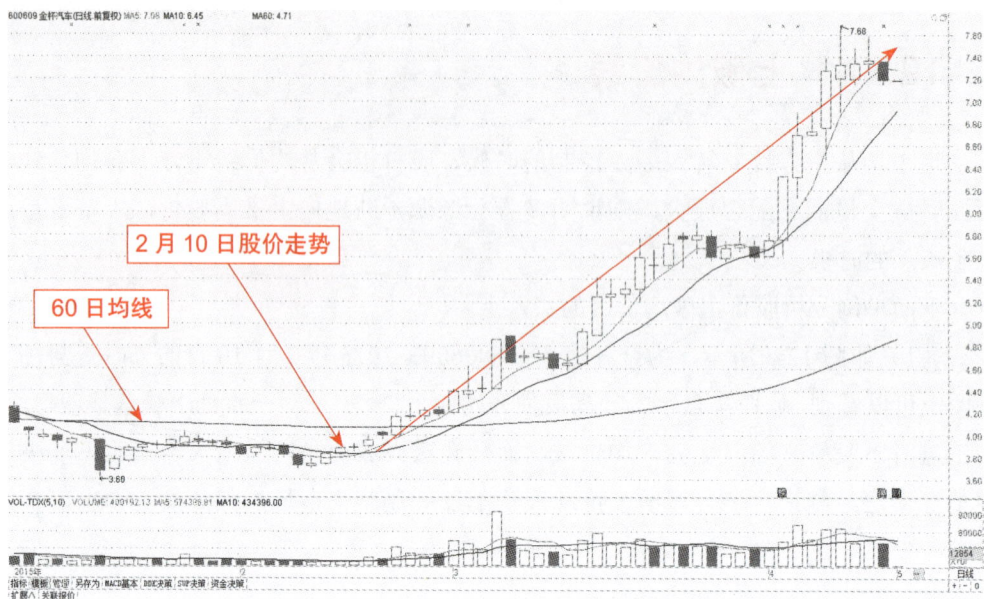

图 12-6　金杯汽车 K 线图

12.1.5　昨收盘价支撑

股价前期小幅回落，跌至上一个交易日的收盘价附近时即反转上升，说明获得收盘价的支撑，此时为买入信号，随后股价逐步回升，在股价底部阶段，此信号说明多方得到支持，后市看涨。

下面举例分析股价获得昨收盘价支撑的买入点。

如图 12-7 所示，为老凤祥（600612）2014 年 9 月 15 日的分时走势图。从图中可以看到，该股早盘早盘小幅回落后拉升，再次受到空方打压而回落跌破均价线，但跌势并未继续，股价在前一个交易日收盘价位置获得支撑后重新进入调整期，并在午盘末期放量拉升，投资者可以在支撑处买入该股。

12.1.6　价位突破

股价在强势的上涨过程中，通常会不断创出新的高点，而每次股价突破前期高点时，都意味着又一轮强劲的上涨行情开始形成。

因此，只要股价突破前期高点时成交量也明显增大，就说明得到了资金的强大推动能力，多头占据上风，投资者可以在此时介入。虽然此时的买入价格较高，但是与后市的强大上涨空间相比，依然是值得买入的。

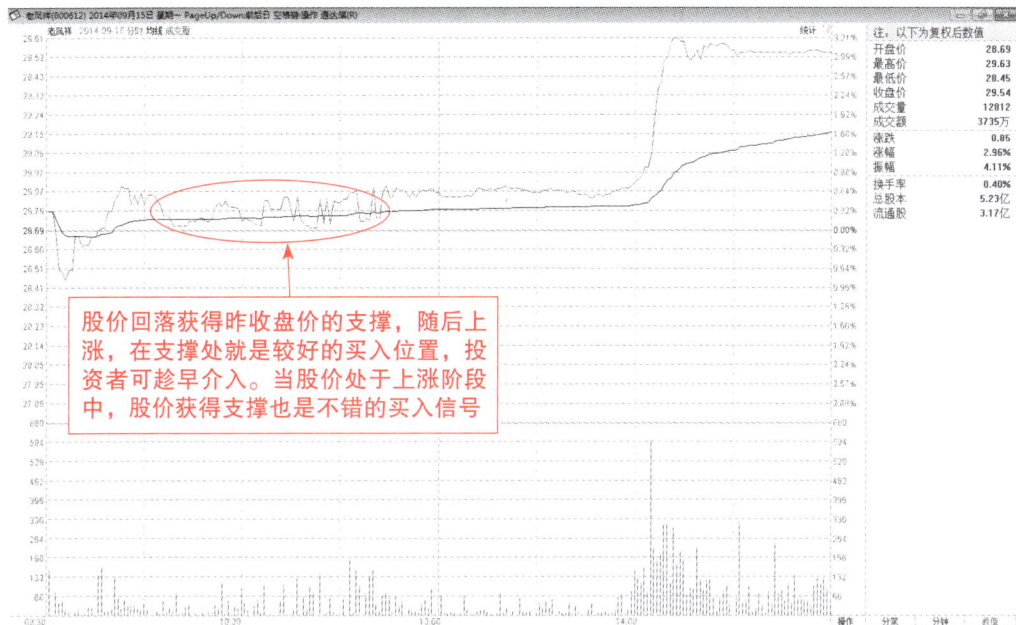

图 12-7 老凤祥分时图

专家提醒 股价在上涨之后，必定会出现正常的回调走势。如果投资者想要了解后市会不会继续上行，就要密切注视回调的具体走势。

12.2 在分时图中寻找卖出点

投资者想要在股市中获利，不仅需要知道何时买入，还需要知道何时卖出，而且知道何时卖比知道何时买更加重要。很多投资者获得了巨额利润后，不知道在何处离场，而且在最终股价转入下跌行情时还没有反应过来，则原有的利润也会荡然无存。

在分时图中，投资者不仅可以发现买入的时机，而且还可以发现卖出的时机，从而保住胜利的果实。

12.2.1 均价线挡道

股价在下跌过程中，股价在反弹至均价线附近时受到压制后回落，此处发出卖出信号，显示市场呈现出弱势，若出现在股价顶部区域，卖出信号较为强烈，如图 12-8 所示。

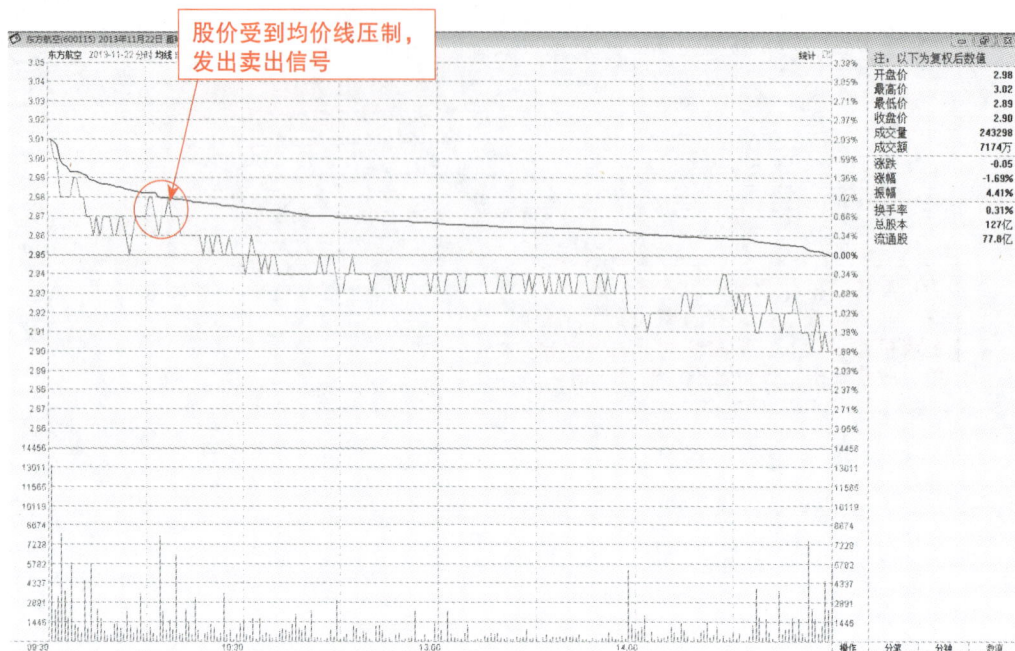

图 12-8　均价线挡道卖出

12.2.2　股价跌破平台

跌破平台是指分时线在离均价线较近的地方进行长时间的横向整理，后向下跌破平台的走势。

下面举例分析股价跌破平台的卖出点。

（1）如图 12-9 所示，为江苏吴中（600200）2014 年 12 月 1 日的分时走势图。从图中可以看到，该股股价呈现小幅下挫的走势，但是在距离均价线不远的位置反复震荡，即缠绕均价线横向运行，随后股价大幅下跌，股票跌破前期构筑的平台时就是投资者出局的时候。

（2）该股 K 线走势如图 12-10 所示，从图中可以看到，12 月 21 日分时图中出现股价跌破平台的现象，由于股价已经处于顶部，多方已无力再次发动攻击，只得缴械投降，投资者应及时卖出。后市股价开始下跌，若该信号出现在下跌过程中，则同样说明此问题。

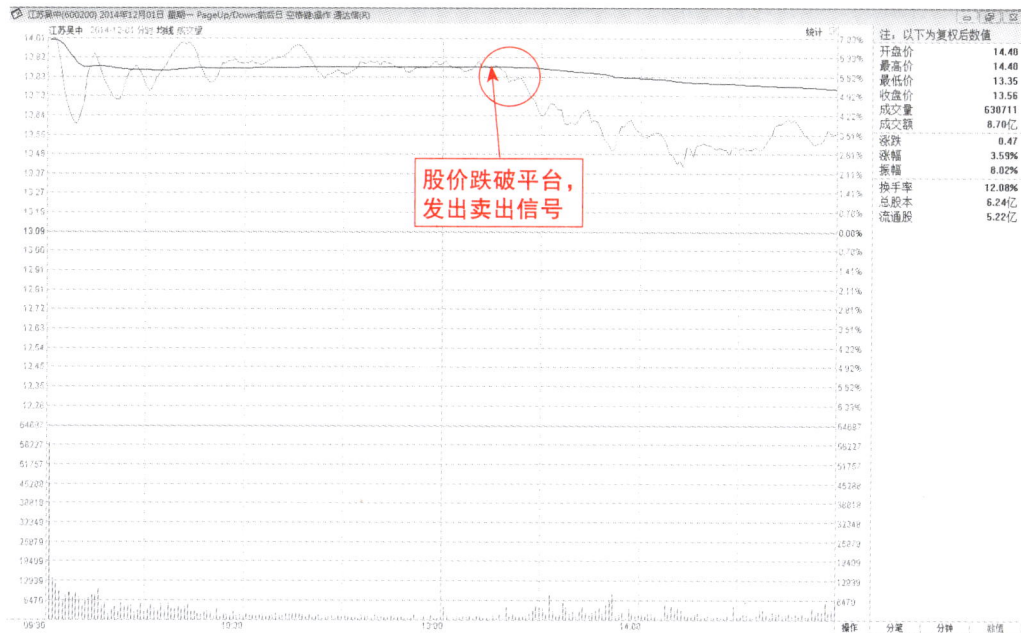

图 12-9　江苏吴中分时图

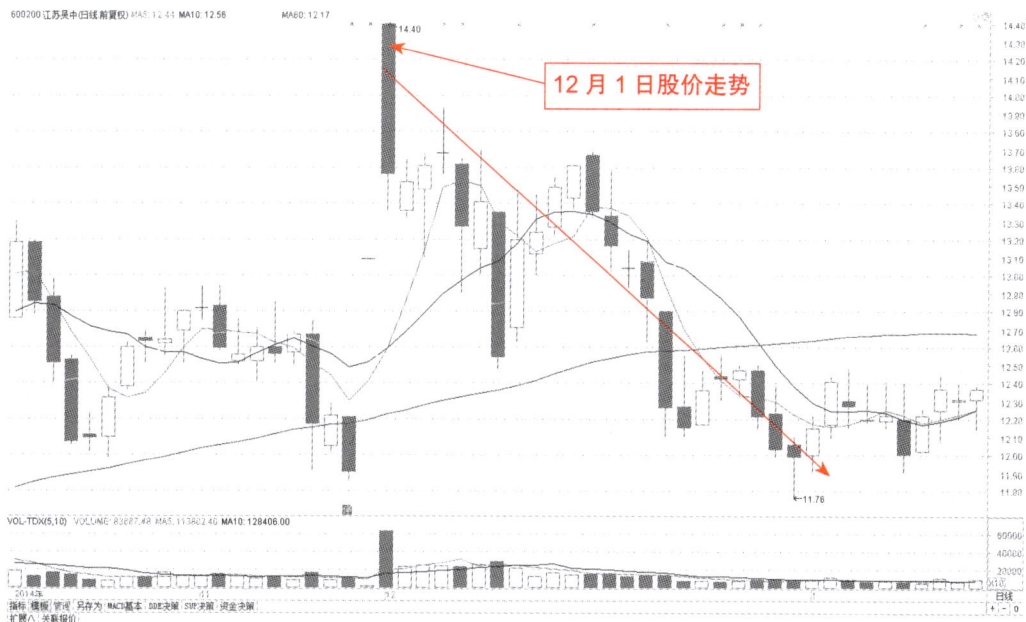

图 12-10　江苏吴中 K 线图

12.2.3　一顶比一顶低

一顶比一顶低是指分时线上升到高位后，先后出现 3 个以上的顶峰，且顶峰一个比一个低，如图 12-11 所示，说明空头的能量在继续加强，前期低点没有对股价产生支撑作用，后市将进行新一轮的下跌行情，因此投资者应该快速离场。

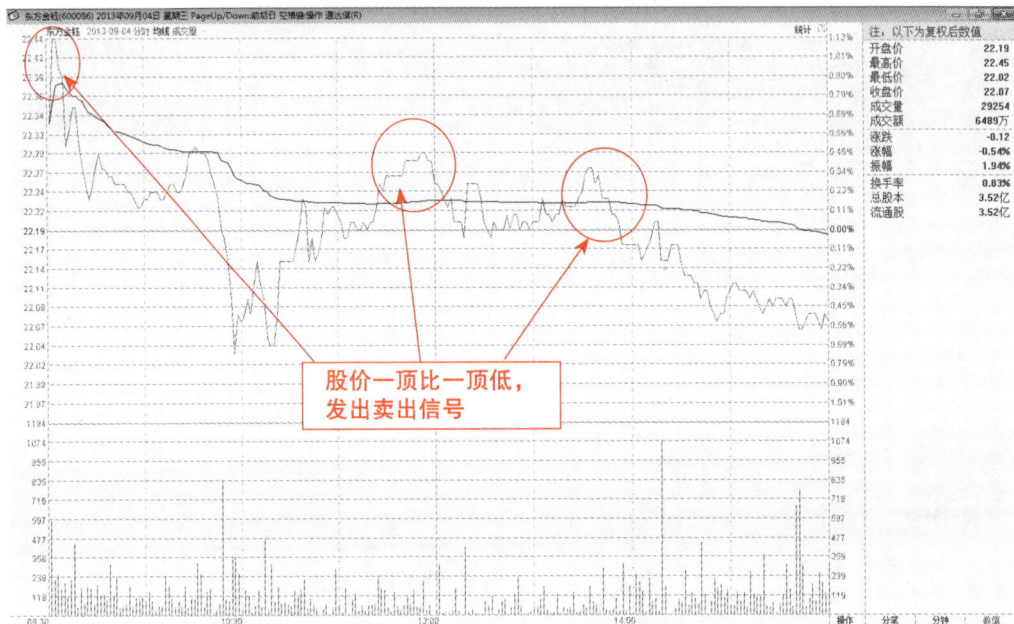

股价一顶比一顶低，
发出卖出信号

图 12-11　一顶比一顶低卖出

一顶比一顶低形态的特征如下。

● 分时线和均价线必须处在昨天的收盘线之上。
● 形成 3 个顶部的峰顶和所夹的两个谷底的分时线，均应处在均价线之上。

12.2.4　高位开盘急涨

当股价出现开盘急涨走势，若出现在股价顶部则卖出信号有效。开盘急涨主要包括以下 3 种走势。

（1）先跌后涨：开盘后下跌一段，然后再向上急涨。
（2）开后急涨：开盘就向上急涨。
（3）盘后急涨：开盘后，横盘了一段时间才向上急涨。

高位开盘急涨的特征如下。

● 上涨的过程在短时间内完成，股价线成垂直上升状态，上涨的高度一般不低于 2%。

● 股价线与均价线的距离拉的较远。

12.2.5　收盘线阻挡

收盘线阻挡是指昨日收盘线阻挡分时线向上涨升的一种走势，为了避免股价继续下跌，投资者应及时卖出，若出现在股价顶部则卖出信号有效，如图 12-12 所示。

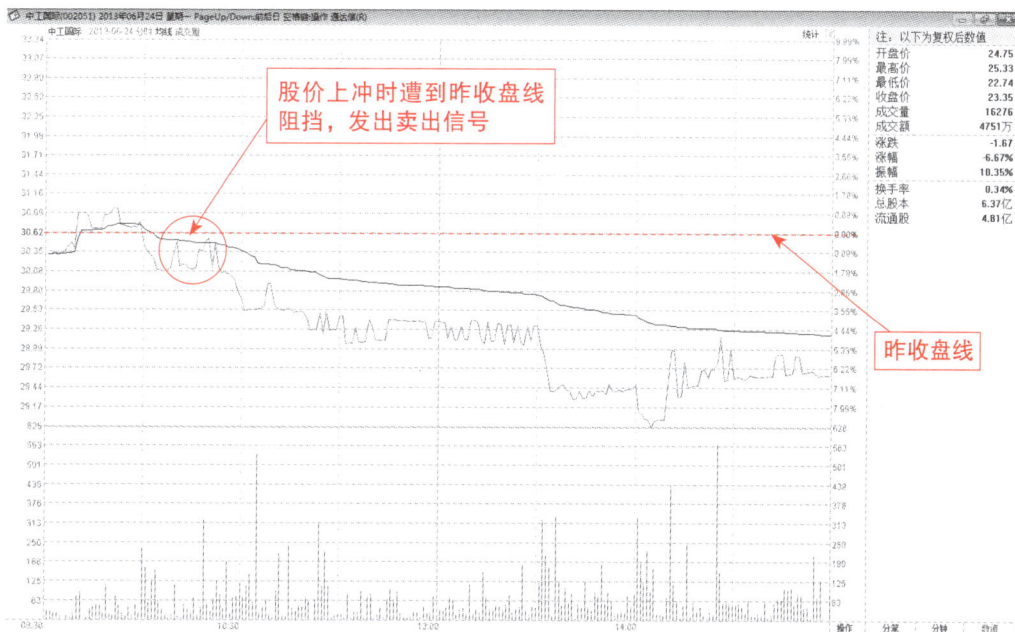

图 12-12　收盘线阻挡卖出

> **专家提醒**
>
> 收盘线阻挡可以分为接近、接触、略超 3 种情况。
> ● 接近：指分时线离昨收盘线还有一点小小的距离时就停止前进。
> ● 接触：指股价线与昨收盘线刚一接触就掉头下行。
> ● 略超：指股价线上穿昨收盘线后才掉头下行。

12.2.6　股价放量下跌

股价下跌时，成交量的走势通常出现在下跌的初期位置，它是指成交量首次放大，而股价在下跌，表示大盘抛盘已经出现，将价格大幅打压。而且此时股价的下跌并不是短暂性的，成交量的明显增大，说明股价在后期有可能继续下跌。

当股价呈现下跌走势时，成交量如果出现放量特点，则后市下跌的可能性更大，因为成交量持续增大，说明场中做空的资金已越来越多，因此市场很有可能已经转变方向。

如果投资者在首次放量下跌时卖出手中的股票，则往往可以在市场的较高价位卖出。但如果投资者没有及时离场，则可以寻找补救机会：股价出现首次放量下跌后，便会出现反弹的走势，但此次反弹一般成交量会比较低迷，也就是说没有充裕的资金来支持股价上涨，此后会继续下跌，成交量也会出现二次放大，此时投资者应抓住机会赶快出场。

如图 12-13 所示，为实达集团（600734）的分时走势图。从图中可以看到，该股股价在开盘后便出现了放量下跌的走势，不久股价在均价线附近开始横盘整理。但是，此后成交量二次放量，股价再次下跌，因此投资者应把握最后的高位离场机会，逃离后市的下跌行情。

图 12-13　股价放量下跌卖出

第 13 章　同花顺手机炒股技巧 ◯→

学前提示

　　同花顺是一款老牌炒股软件，凭借十多年为千万股民服务的经验及股民口口相传，在如大智慧、东方财富网、益盟操盘手和讯股票等一应软件中脱颖而出，同时其手机版具有行情交易速度快、数据全、支持券商多等优势，成为股民们的第一选择。

要点展示

- 下载与注册同花顺APP
- 查看行情报价
- 特色功能应用

13.1 下载与注册同花顺 APP

本节主要介绍同花顺 APP 的下载、安装、注册、登录等操作方法，帮助读者快速掌握手机炒股软件的基本使用方法。

13.1.1 下载与安装同花顺 APP

某些品牌手机（如 iPhone、Android 等）会预装供用户下载软件的应用商店，在网络允许的情况下，可以直接在手机的应用商店下载，这样就不需要通过计算机来传输。对于手机本身没用应用商店的用户，也可以先安装一个，方便自己下载软件应用。下面以手机"91 助手"为例，介绍通过应用商店下载炒股 APP 的步骤。

（1）在手机上开打"91 助手"软件，点击手机屏幕下方中间的"搜索"按钮，如图 13-1 所示。

（2）在搜索栏输入欲安装软件（如"同花顺"），并点击"搜应用"按钮，如图 13-2 所示。

图 13-1　点击"搜索"按钮　　　图 13-2　点击"搜应用"按钮

（3）执行操作后，显示搜索结果，选择适合的应用程序（如同花顺手机炒股票），点击"下载"按钮，如图 13-3 所示。

（4）执行操作后，即可开始下载该 APP，并显示下载进度，如图 13-4 所示。下载完成后，应用商店会完成自动安装 APP 的操作。

图 13-3 "免费下载"按钮

图 13-4 下载软件

13.1.2 注册与登录同花顺 APP

在同花顺 APP 中炒股是一定要注册账号的，其注册与登录流程如下。

（1）打开"同花顺"APP，点击左上角的"登录"按钮，如图 13-5 所示。

（2）进入"同花顺登录"界面，点击"手机快速注册"链接，如图 13-6 所示。

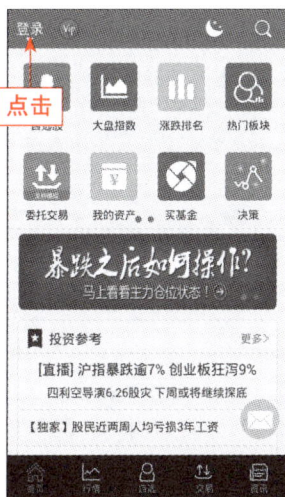

图 13-5 点击"登录"按钮

图 13-6 点击"注册"按钮

（3）进入"免费注册"界面，在文本框中输入手机号码，如图 13-7 所示。

（4）点击"注册"按钮，进入"设置密码"界面，然后点击相应按钮，如图 13-8 所示。

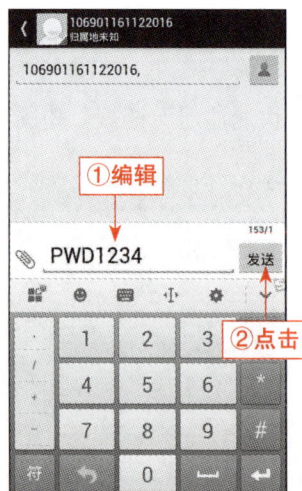

图 13-7　输入手机号码

图 13-8　"设置密码"界面

（5）进入短信界面，编辑密码后点击"发送"按钮即可，如图 13-9 所示。

（6）用户也可以使用微信、QQ 或者微博号码直接进行授权登录，如图 13-10 所示为使用 QQ 账号授权并登录。

图 13-9　发送密码短信

图 13-10　使用 QQ 账号授权并登录

（7）注册完成后，返回"同花顺登录"界面，输入注册手机号码和所设置的密码，并点击"登录"按钮，如图 13-11 所示。

（8）执行操作后，即可登录同花顺 APP，如图 13-12 所示。

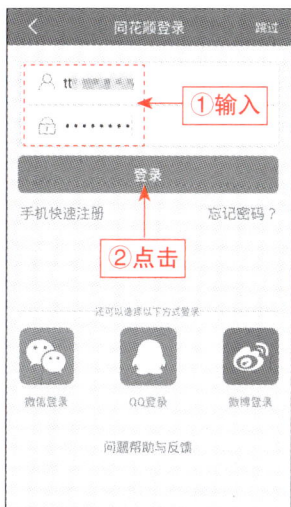

图 13-11　点击"登录"按钮

图 13-12　登录同花顺 APP

13.2　查看行情报价

有数据显示，中国的股民中有 90% 的人无法经常到证券营业厅看行情并进行交易，而电话委托交易的费用较高，并且时常占线。电话委托和网上交易终端的固定性决定了交易不能随时随地进行，而手提电脑也不能时刻随身携带，手机炒股克服了以上不足，这是其受青睐的主要原因。本节将介绍使用同花顺查看行情报价的相关方法和技巧，帮助读者随时掌握股市行情变化。

13.2.1　使用同花顺查看大盘指数

打开同花顺手机交易软件，登录主界面，点击"大盘指数"按钮，如图 13-13 所示。执行操作后，进入"市场行情"界面，显示国内外的常用指数，如上证指数、深证成指、创业板指、沪深 300、中小板指、恒生指数、日经指数、道琼斯、纳斯达克等，如图 13-14 所示。

选择某种大盘指数后，点击进入其分时走势页面，如图 13-15 所示。在分时图上可点击显示与移动光标，并以浮动框显示光标时间点的分时数据信息。

用户也可以结合 K 线图走势进行分析，以提高预测准确度。按住屏幕向右翻动，即可进入大盘 K 线图页面，如图 13-16 所示。在 K 线图上可点击显示光标，并可以查看光标时间点的相关数据信息。

图 13-13 点击"大盘指数"按钮

图 13-14 "市场行情"界面

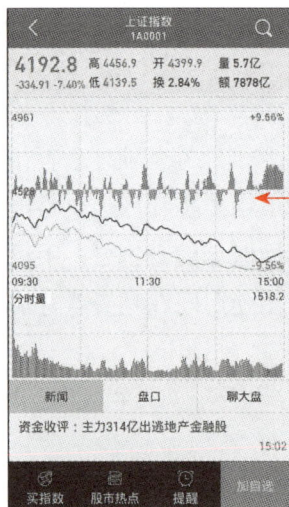

图 13-15 大盘分时页面

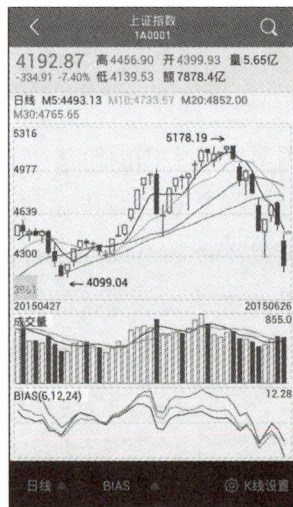

图 13-16 大盘 K 线图页面

13.2.2 使用同花顺查看涨跌排名

在同花顺主界面点击"涨跌排名"按钮，进入"市场行情"界面，默认显示"沪深"模块的涨幅榜，如图 13-17 所示。点击顶部的不同标签，用户可以切换查看股指、沪深、板块、港美股及其他市场行情。在"沪深"模块中，向上滑动屏幕，还可以查看沪深股票的跌幅版、快速涨幅榜、量比排行榜、成交额排行榜等数据，如图 13-18 所示。

点击"更多"按钮，可以查看更多股票的涨跌幅信息。点击"涨幅"或"涨跌"标签，可以切换至查看相应的升序或降序排列方式，如图 13-19 所示。在数据区域左右滑动屏幕，还可以切换查看涨速、总手、换手、量比、现手、市盈（动）、市净率、振幅、金额、总市值、流通市值等排行数据。

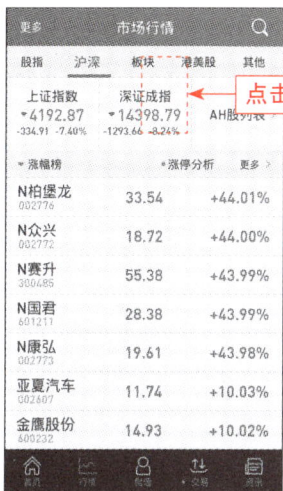

图 13-17　"市场行情"界面　　图 13-18　成交额排行榜　　图 13-19　"涨跌"的降序排列

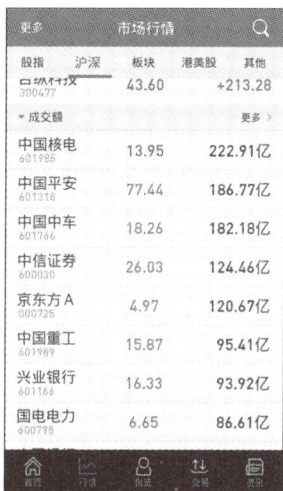

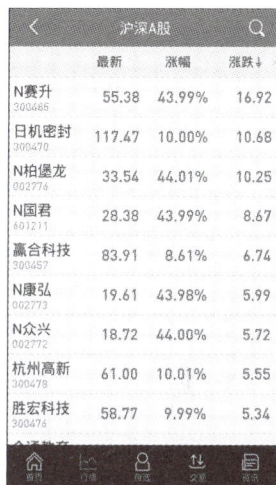

13.2.3　使用同花顺查看个股行情

在同花顺主界面点击右上角的搜索按钮🔍，如图 13-20 所示。执行操作后，进入"股票搜索"界面，在搜索框中输入相应的股票代码或名称，如中国石化的股票代码"600028"，如图 13-21 所示。

图 13-20　点击搜索按钮　　图 13-21　"股票搜索"界面

专家
提醒

股票代码是沪深两地证券交易所给上市股票分配的数字代码。这类代码涵盖所有在交易所挂牌交易的证券，熟悉这类代码有助于增加投资者对交易品种的理解。

（1）上交代码。上海证券交易所上市的证券通常采用 6 位数编制方法，前 3 位数为区别证券品种，例如 600000 浦发银行、600004 白云机场等。

（2）深交代码。深圳证券市场的证券代码由原来的 4 位长度统一升为 6 位长度，例如 0696 ST 联益、0896 豫能控股等。

另外，S 开头表示未进行股改；ST 开头表示连续两年股东收益为负等原因；*ST 开头表示有退市风险；XD 开头表示该股票今天除息。

输入完成后，系统会自动切换至中国石化的分时走势图界面，如图 13-22 所示。点击下方的"分时量"图表，可以在"分时量""量比""净量""金额"等图表中切换，如图 13-23 所示。

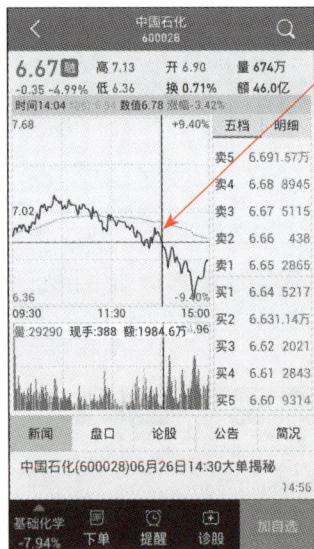

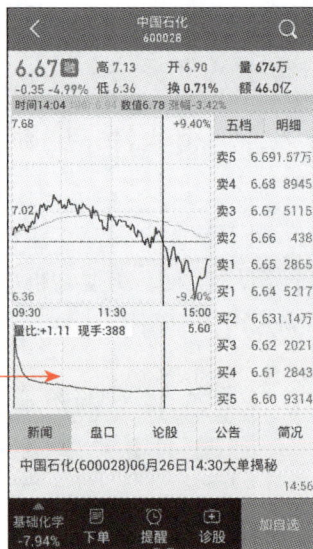

图 13-22 切换至分时走势图界面　　　　图 13-23 切换副图指标

点击右侧的"五档""明细"等标签，可以切换查看相应的盘口数据等，如图 13-24 所示。按住屏幕向右翻动，即可进入 K 线图页面，如图 13-25 所示。

点击"日线"按钮，在弹出的菜单中可以选择 15 分、30 分、60 分、日线、周线等 K 线周期，如图 13-26 所示。点击"K 线设置"按钮，进入"指标设置"界面，即可设置 K 线指标，如图 13-27 所示。

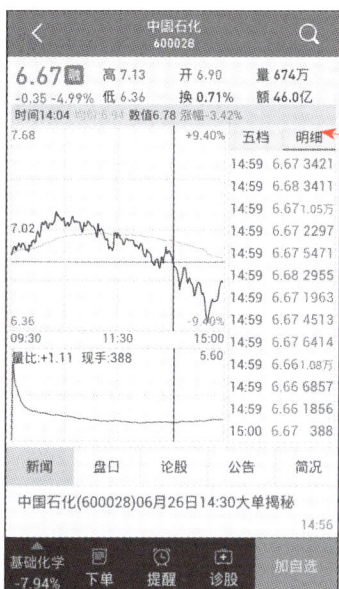

图 13-24　切换查看盘口数据

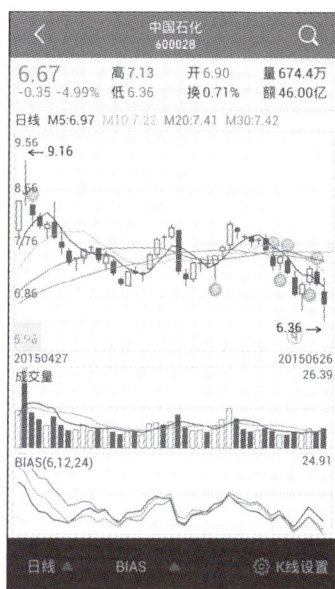

图 13-25　K 线图页面

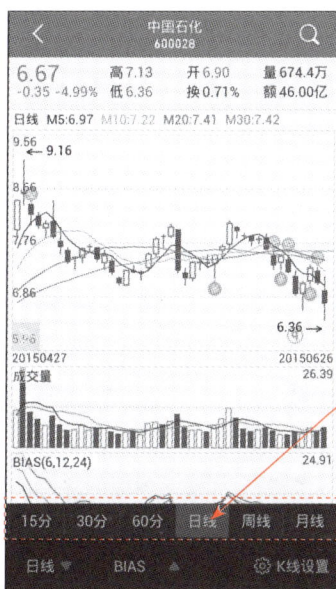

图 13-26　选择 K 线周期

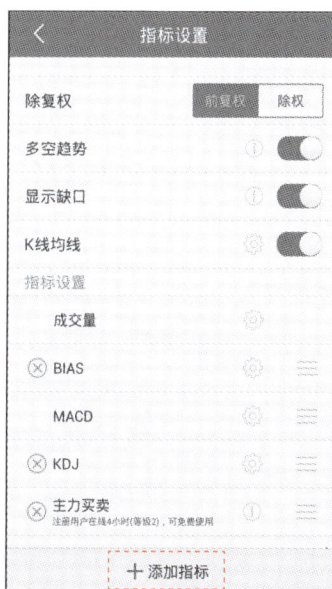

图 13-27　"指标设置"界面

点击相应的指标右侧设置图标，可以设置指标参数，如图 13-28 所示。在"指标设置"界面点击"添加指标"按钮可以添加 ASI、ARBR、DPO、TRIX、神奇电波、MACP 云参数、KDJ 云参数等指标，如图 13-29 所示。

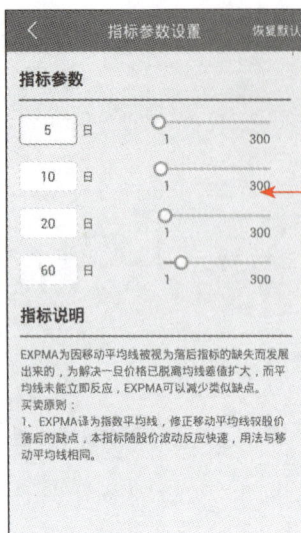

图 13-28　设置指标参数

设置完成后直接返回K线图界面即可自动更新指标

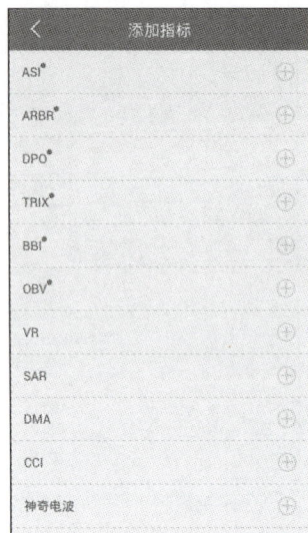

图 13-29　添加指标

13.2.4　使用同花顺查看财经新闻

使用同花顺手机炒股票软件，在走势图界面中就可以查看当前股票的相关新闻。进入相应个股的走势图界面，点击底部的"新闻"按钮，向上滑动屏幕，执行操作后，即可查看最新的个股财经新闻列表，如图 13-30 所示。点击相应新闻标题，即可查看具体内容，如图 13-31 所示。

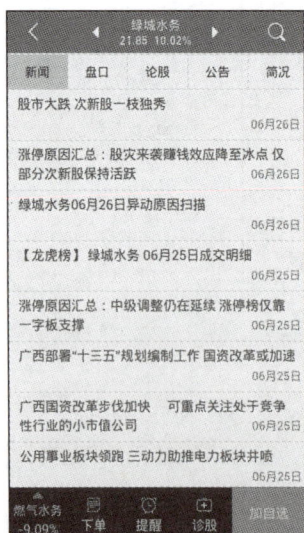

图 13-30　财经新闻列表

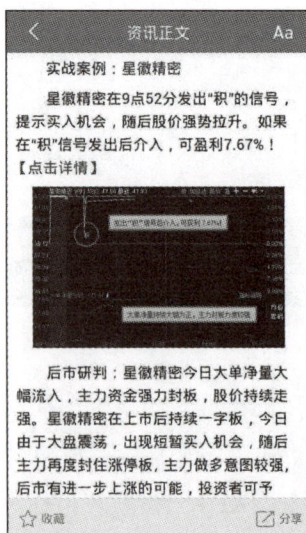

图 13-31　查看具体内容

13.2.5　使用同花顺查看基本信息

使用同花顺手机炒股票软件，用户不但可以快速评价个股，还可以及时查看个股的公告、简况、财务及研报等基本信息。

进入个股分时图界面，点击底部的"公告"按钮切换至"公告"界面，可以查看该股的相关公告，如图 13-32 所示。

切换至"简况"界面，可以查看该股的主要指标、概念题材及公司资料等基本信息，如图 13-33 所示。

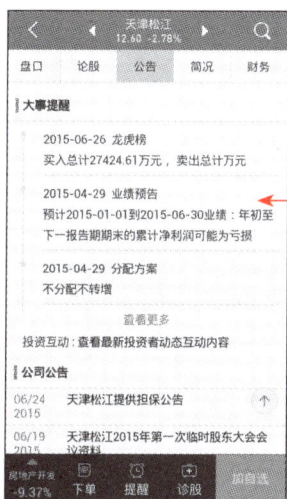

图 13-32　"公告"界面

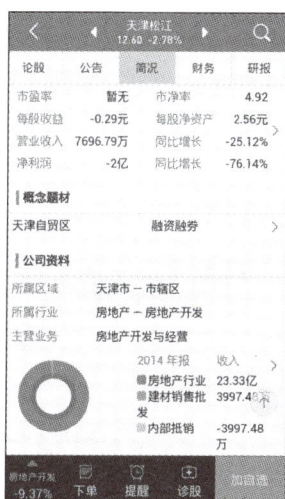

图 13-33　"简况"界面

点击相应区域右侧的≫按钮，即可查看相关详情，如图 13-34 所示。切换至"财务"界面，即可查看个股的财务状况，如图 13-35 所示。

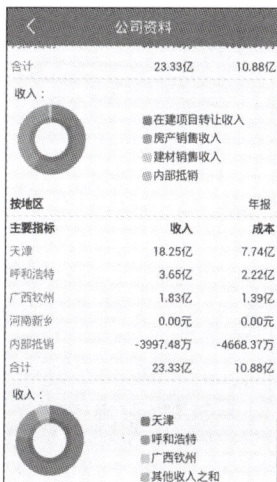

图 13-34　查看相关详情

图 13-35　个股的财务状况

13.2.6 使用同花顺查看盘口动态

进入个股分时图界面，点击底部的"盘口"按钮，如图 13-36 所示。向上滑动屏幕，即可查看个股所属板块、今日资金流向和盘口数据，如图 13-37 所示。

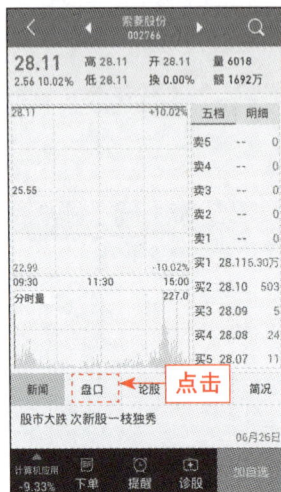

图 13-36 点击"盘口"按钮

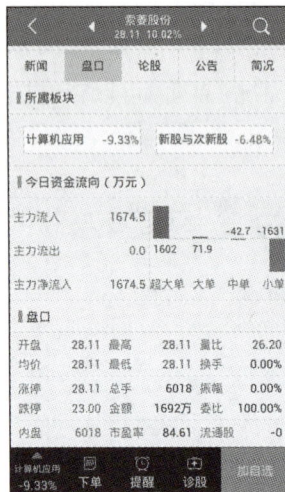

图 13-37 "盘口"界面

13.2.7 使用同花顺添加自选股

打开某只股票的走势界面，点击右下角的"加自选"按钮，如图 13-38 所示。执行操作后，即可将当期选择的股票加入自选股，如图 13-39 所示。

图 13-38 点击"加自选"按钮

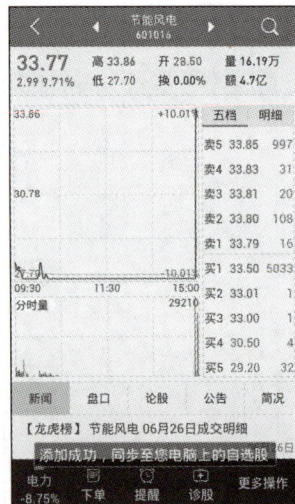

图 13-39 添加自选股

特色功能应用

同花顺 APP 还具有多窗看盘、股票开户、快速下单、模拟炒股、股票预警、手机诊股、问财选股等功能，本节将分别进行介绍。

13.3.1　设置多窗口看盘

同花顺手机炒股票软件具有综合分析功能，用户可以在手机上打开多个分析窗口进行对比，综合查看股票行情。

在同花顺 APP 中，进入相应个股的走势图界面，点击底部的"化学制品"按钮，如图 13-40 所示。执行操作后，弹出一个小窗口，显示与该股（传化股份）相关的行业板块（化学制品）的分时走势图和成交量信息，如图 13-41 所示。

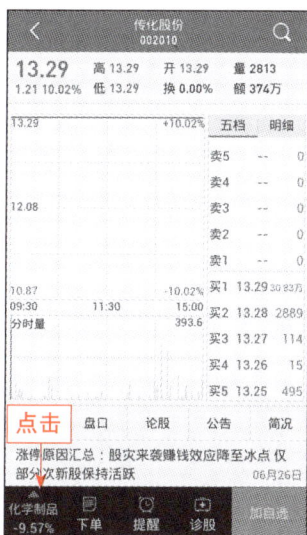

图 13-40　点击相应按钮

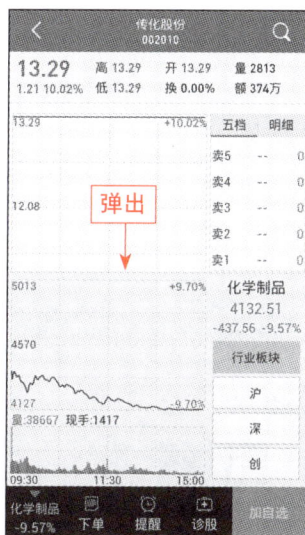

图 13-41　行业板块窗口

点击"沪"按钮，切换至"上证指数"窗口，显示上证指数的分时走势图和成交量信息，用户可以对比查看个股与上证指数的走势，如图 13-42 所示。点击"深"按钮，切换至"深证成指"窗口，显示深证成指的分时走势图和成交量信息，用户可以对比查看个股与深证成指的走势，如图 13-43 所示。

点击"创"按钮，切换至"创业板指"窗口，显示创业板指数的分时走势图和成交量信息，用户可以对比查看个股与创业板指的走势。点击创业板指的走势图，可以放大显示走势详情。

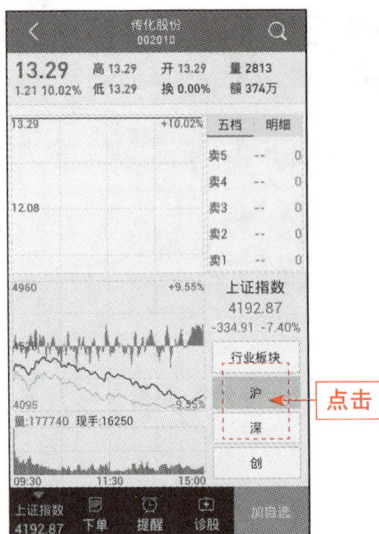

图 13-42　"上证指数"窗口

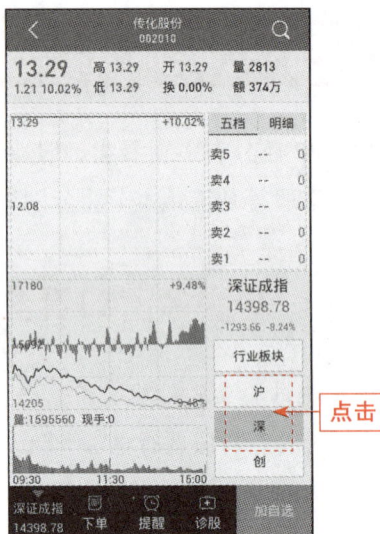

图 13-43　"深证成指"窗口

13.3.2　使用手机快速开户

切换至"首页"第二页，点击"股票开户"按钮，如图 13-44 所示。选择相应的券商，点击"立即开户"按钮，如图 13-45 所示。提示用户下载专用开户 APP，之后根据提示进行开户操作即可。

图 13-44　点击"股票开户"按钮　　图 13-45　点击"立即开户"按钮

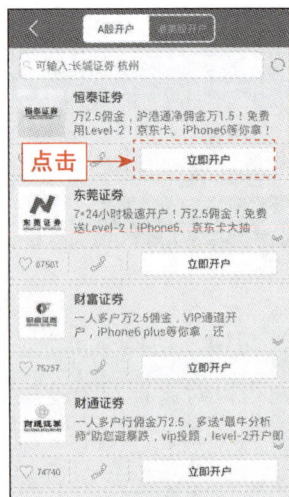

同花顺股票开户的整个流程非常简单，3～5 分钟可完成，包括上传身份证信息、视频见证、风险测评等。用户需要准备的资料有：本人身份证原件、一张银行卡，

另外手机需要通过 3G、4G 或 WIFI 访问互联网，以保证视频见证的通畅。

已经开过户的客户，可以先使用同花顺股票开户 APP 选择相应的券商办理转户手续，之后需要在交易时间到现在的营业部去办理相应转户手续。

13.3.3　使用手机购买股票

进入个股分时走势图界面，点击底部的"下单"→"买入"命令，如图 13-46 所示。执行操作后，进入"A 股交易"界面，点击"券商设置"按钮，添加开户券商，如图 13-47 所示。

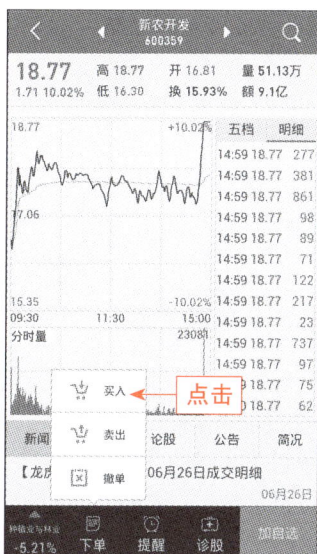

图 13-46　点击"买入"命令

图 13-47　选择相应开户券商

设置开户券商后，输入交易账号和密码，点击"登录"按钮，设置买入数量后点击"买入"按钮即可下单。

13.3.4　使用手机模拟炒股

进入同花顺 APP 首页，切换至第二页功能区，点击"模拟炒股"按钮，进入"模拟交易"界面，用户可以直接进行模拟买入、卖出、撤单、持仓、查询等操作，还可以订阅 T 策略、参加模拟炒股大赛及查看股票交易规则详解，如图 13-48 所示。点击"买入"按钮，进入"买入"界面，添加股票名称，并设置相应的买入数量，然后点击"买入"按钮，如图 13-49 所示。

图 13-48 "模拟交易"界面

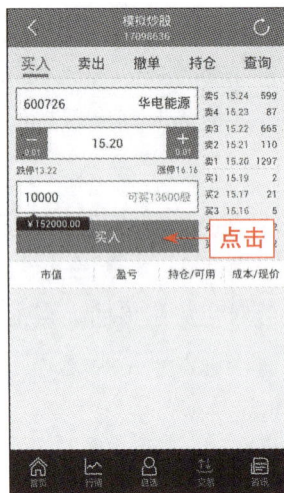

图 13-49 点击"买入"按钮

执行操作后，弹出"买入委托"对话框，显示用户买入股票的相关信息，确认无误后点击"确认买入"按钮，如图 13-50 所示。弹出"系统信息"对话框，点击"确定"按钮，如图 13-51 所示，即可完成模拟委托下单操作。

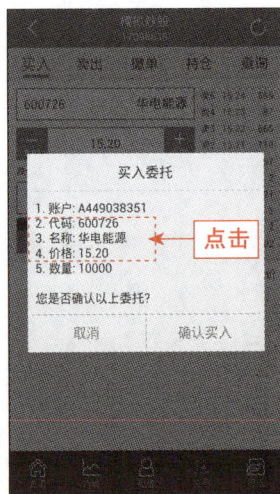

图 13-50 点击"确认买入"按钮

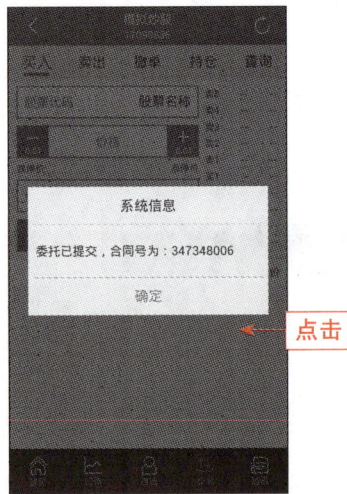

图 13-51 点击"确定"按钮

在"模拟交易"界面点击"卖出"按钮切换至"卖出"界面，设置相应的股票名称、价格和数量后，点击"卖出"按钮，即可委托卖出所持有的股票。

13.3.5 设置预警关注市场变化

股票预警是用来在交易时间帮助投资者在瞬息万变的股市上监控任何股票价格

变动的情况。投资者可以通过手机 APP 自己定义价格涨跌、幅度、甚至是高手买卖等一系列的预警条件。股票预警的意义如下。

- 投资者无需每天守在电脑前盯着盘面而耽误处理其他事情。
- 外出或者开会以及遇到一些特殊事情的时候，第一时间知道股票的涨跌情况及买卖点。
- 不会因为时间不够等原因耽误操盘。
- 心理预期：自己的股票终于涨到了某个价位。

在个股分时图界面，点击底部的"提醒"按钮，弹出相应菜单，点击"预警"选项，如图 13-52 所示。进入"添加预警"界面，同花顺提供了"程序预警"和"短信预警"两种方式。例如，选择"程序预警"选项，在下方的"预警条件"选项区中设置相应的条件，如图 13-53 所示。点击"完成"按钮，即可完成预警设置。

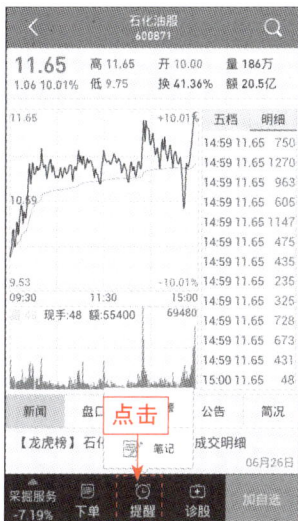

图 13-52　点击"预警"选项

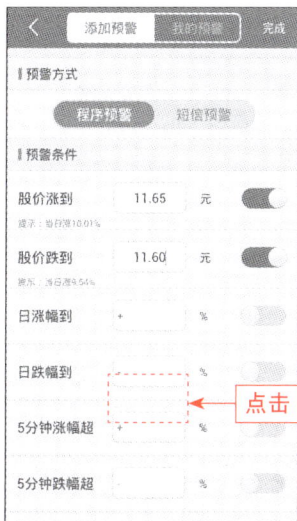

图 13-53　"添加预警"界面

> **专家提醒**
>
> 股票预警最常用的方式有以下 3 种。
> - 实时的软件弹出预警消息，多种软件都提供这种功能。
> - 股票短信预警，即实时收到预警短信，网上有免费的股票短信预警网。
> - 股票电话预警，即实时收到预警电话，但这种方式比较少见。

13.3.6　使用手机"诊股"

个股诊断通常是从基本面、技术面、机构认同度三方面入手，为投资者关心的股票提供准确科学的诊断结果，有效测评股票内在的投资价值及市场价值。

在个股分时图界面，点击底部的"诊股"按钮，进入"诊股"界面，显示该股的综合诊断评分、排名、操作建议、技术面分析、资金面分析等，如图13-54所示。

点击"点击展开更多"按钮，即可展开技术面分析区，如图13-55所示。点击相应的技术分析项目，即可查看该股的历史详情。

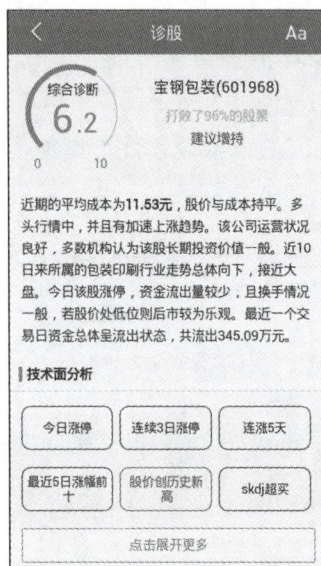

图13-54　点击"诊股"按钮

图13-55　展开技术面分析区

13.3.7　专业的选股问答平台

"问财选股"是同花顺旗下专业的选股问答平台，致力于为股民提供主力追踪、价值投资、技术分析等各类选股方案，该功能也被移植到手机APP中，帮助手机用户选出想要的股票。

使用同花顺手机炒股票软件"问财选股"功能的具体操作方法如下。

（1）进入同花顺APP首页，切换至第二页功能区，点击"问财选股"按钮，如图13-56所示。

（2）执行操作后，进入"问财选股"界面，同花顺列出了一些常见的选股条件，如图13-57所示。

（3）例如，点击"机选江恩八线自动选股"选项，即可自动筛选出符合该条件的4只股票，如图13-58所示。

图 13-56　点击"问财选股"按钮

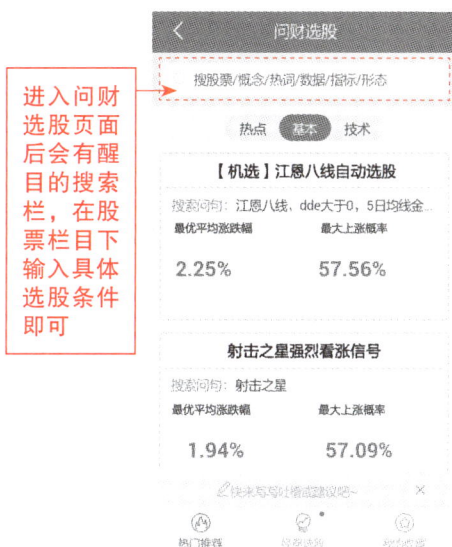

图 13-57　"问财选股"界面

（4）另外，用户还可以设置多个条件，可以使用"消息面+技术面+基本面"，随机组合，由用户搭配，例如，选择"市净率 3～5 倍"选项后，系统又重新筛选出 1 只股票，如图 13-59 所示。

图 13-58　自动筛选股票

图 13-59　根据条件筛选股票

（5）设置相应的搜索条件并选股后，点击"回测"按钮，可以用来快速测试自己的选股策略，马上得出最大成功率和最大预期年化收益，测试的数据最早至 2008 年，如图 13-60 所示。

（6）点击"背景介绍"按钮，可以查看相应选股条件的具体含义，如图 13-61 所示。

图 13-60　回测功能

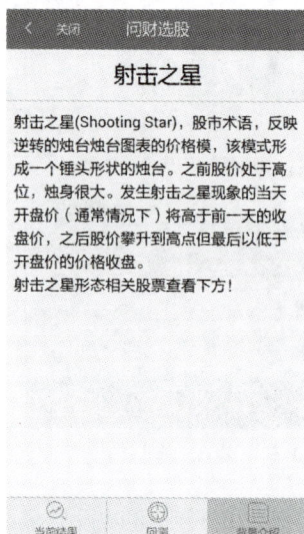

图 13-61　背景介绍

专家提醒　"问财选股"涵盖基本面问句，如净利润增长大于 100%、每股收益前 10 名的等；消息面问句，如近期有政策优惠的股票、近一个月有股权激励的股票等；技术面问句，如 MACD 金叉、MACD 上穿零轴、KDJ 金叉等；概念类问句，如阿里巴巴概念等，旨在为客户选股全面的服务。

第14章　通达信手机炒股技巧

学前提示

通达信手机版是深圳财富趋势科技股份有限公司采用先进技术、全新设计的一款简约易用的移动证券软件。通达信手机版体现了信息全面丰富、运行稳定高效、结构清晰易上手的特点，是一款适用于广大投资者的移动证券软件。

要点展示

- 查看行情报价
- 特色功能应用

14.1　查看行情报价

通达信炒股软件具有齐全的产品线，其产品覆盖实时数据、基本面资料、资金面分析等功能层面。本节将介绍使用通达信 APP 查看行情报价的方法。

14.1.1　使用通达信查看市场行情

下面介绍使用通达信手机炒股软件查看市场行情的具体操作方法。

（1）打开通达信 APP，默认进入"市场"界面，在此选择相应的股指类型，如沪深、板块、港股、环球等，系统会在该界面中列出领涨板块，以及涨幅榜、跌幅榜、5 分钟速涨榜、5 分钟速跌榜、换手率榜、量比榜等，如图 14-1 所示。

（2）如果这些都不够用，还想同时看到更多的指数，用户可以点击右上角的 ▤ 按钮进入"市场"界面来添加，如图 14-2 所示。

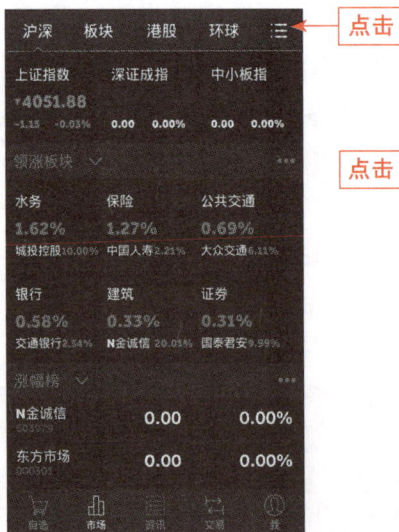

图 14-1　"市场"界面

图 14-2　选择更多指数

（3）点击"沪深 A 股"标签进入其界面，可以显示沪深两市的 A 股列表，如

图 14-3 所示。

（4）点击"涨幅"标签，即可对沪深两市的 A 股涨幅进行降序排列，如图 14-4
所示。

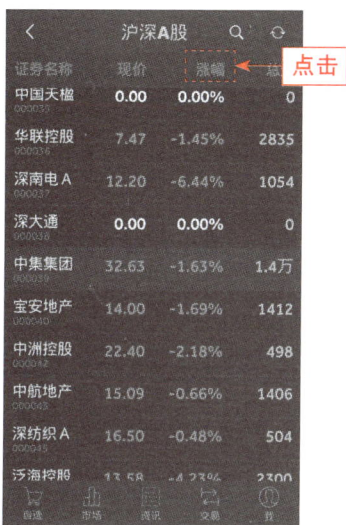

图 14-3　"沪深 A 股"界面

图 14-4　排列个股顺序

（5）在"证券名称"标签栏滑动屏幕，用户还可以切换查看总金额、量比、今开、
最高、最低、昨收、市盈率、总股本、流通股本、总市值、每股收益、每股净资等
数据排行，如图 14-5 所示。

（6）选择感兴趣的股票点击打开，点击右下角的"＋自选"按钮，即可将当期
选择的股票加入自选股，如图 14-6 所示。

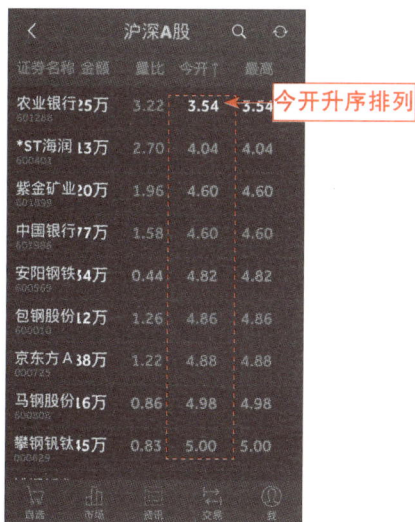

图 14-5　切换查看其他数据排行

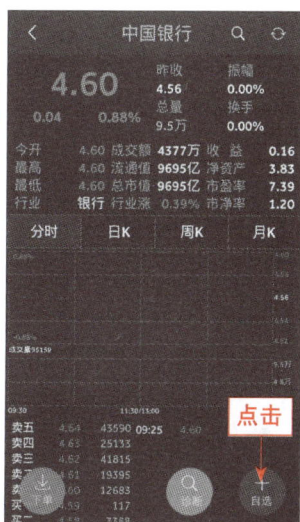

图 14-6　点击"＋自选"按钮

（7）进入"市场"界面，点击"板块"标签，将显示各种板块的涨跌幅情况，如图14-7所示。

（8）点击"港股"标签，在这个界面里，显示的是沪港通开通后，投资者可以做的港股，如图14-8所示。

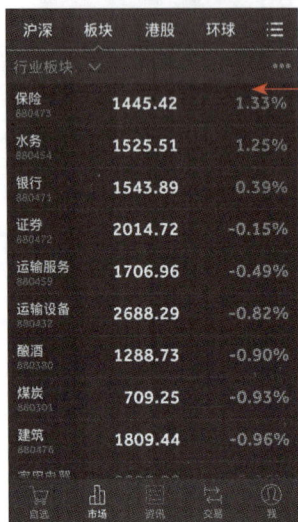

沪深	板块	港股	环球	☰
行业板块 ∨				⋯
保险 880473	1445.42			1.33%
水务 880454	1525.51			1.25%
银行 880471	1543.89			0.39%
证券 880472	2014.72			-0.15%
运输服务 880459	1706.96			-0.49%
运输设备 880432	2688.29			-0.82%
酿酒 880380	1288.73			-0.90%
煤炭 880301	709.25			-0.93%
建筑 880476	1809.44			-0.96%

> 通过板块可以大概了解各板块之间的情况

图14-7 "板块"标签

沪深	板块	港股	环球	☰
恒生指数		香港创业板		恒生国企
0.00 0.00%		0.00 0.00%		0.00 0.00%
主板涨幅板 ∨				⋯
舜宇光学科技 02382	17.000			4.42%
康哲药业 00867	11.000			4.17%
华虹半导体 01347	10.800			3.45%
恒安国际 01044	94.450			3.17%
中信证券 06030	27.600			2.99%
复星医药 02196	28.600			2.69%
主板跌幅板 ∨				⋯

> 列举了所有能做港股的最新价格、涨跌幅和涨跌点位

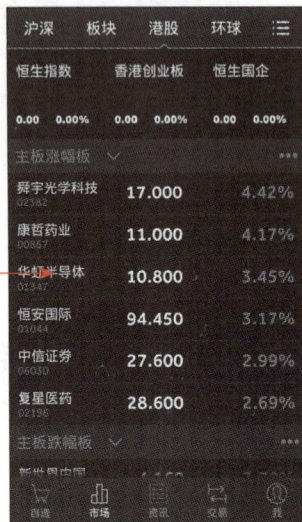

图14-8 "港股"标签

（9）"市场"界面下方显示的是现货市场、全球市场、基金等的走势，如图14-9所示。

（10）点击其中任何一个按钮，都会显示出按钮所代表的市场，如点击"货币基金"，将显示货币基金的收益情况，如图14-10所示。

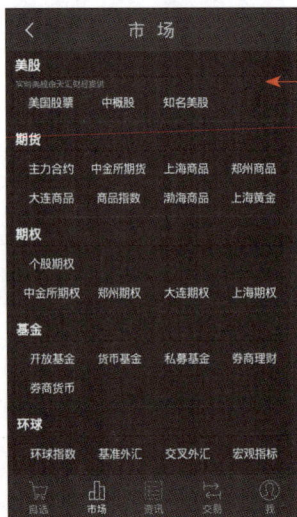

市场

美股
实时美经由天汇及经股

美国股票　中概股　知名美股

期货

主力合约　中金所期货　上海商品　郑州商品
大连商品　商品指数　渤海商品　上海黄金

期权

个股期权
中金所期权　郑州期权　大连期权　上海期权

基金

开放基金　货币基金　私募基金　券商理财
券商货币

环球

环球指数　基准外汇　交叉外汇　宏观指标

> 这里面显示的都不是主流交易市场

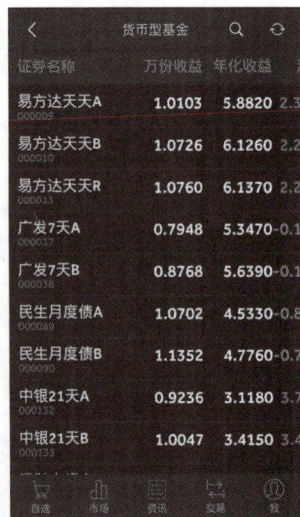

图14-9 "市场"界面

	货币型基金	Q	↻
证券名称	万份收益	年化收益	
易方达天天A 000009	1.0103	5.8820	2.3
易方达天天B 000010	1.0726	6.1260	2.2
易方达天天R 000013	1.0760	6.1370	2.2
广发7天A 000037	0.7948	5.3470	-0.1
广发7天B 000038	0.8768	5.6390	-0.7
民生月度债A 000089	1.0702	4.5330	-0.8
民生月度债B 000090	1.1352	4.7760	-0.7
中银21天A 000132	0.9236	3.1180	3.7
中银21天B 000133	1.0047	3.4150	3.4

图14-10 显示货币基金的收益情况

专家提醒

港股是指在香港联合交易所上市的股票。香港的股票市场比国内的成熟、理性，对世界的行情反映灵敏。

14.1.2 使用通达信查看大盘指数

下面介绍使用通达信手机炒股软件查看大盘指数的具体操作方法。

（1）在"市场"界面的上方，点击"大盘指数"按钮，如图 14-11 所示。

（2）执行操作后，即可进入"大盘指数"界面，此处列出了国内的所有大盘指数，如图 14-12 所示。

图 14-11 点击"大盘指数"按钮

图 14-12 "大盘指数"界面

专家提醒

智能手机最方便的地方就在于，一根手指、一个按键即可完成大部分操作。它不同于计算机，有些还需要键盘、鼠标、左键、右键。手机受限于按钮少，显示面积小，所以它的设计都是尽可能地人性化。

对于每一位长期涉足股市投资的股民而言，学会如何通过手机看盘、掌握手机看盘的基本方法和各种手机看盘技巧是一门极其重要的必修课，正确地使用手机看盘可以提高股价运行趋势预测的准确性，从而直接影响投资者投资成功或失败。

（3）选择某种大盘指数后，点击进入其分时走势页面，如图 14-13 所示。

（4）点击"日 K"按钮，即可查看大盘 K 线图，用户也可以结合 K 线图走势进行分析，以提高预测准确度，如图 14-14 所示。

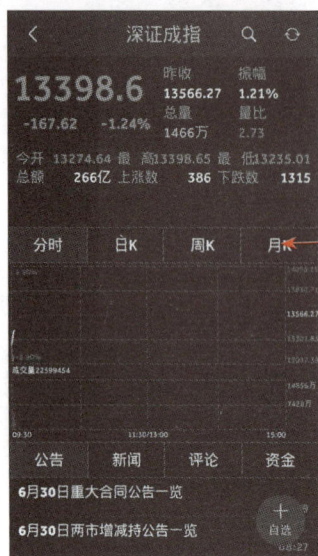

图 14-13　大盘分时页面

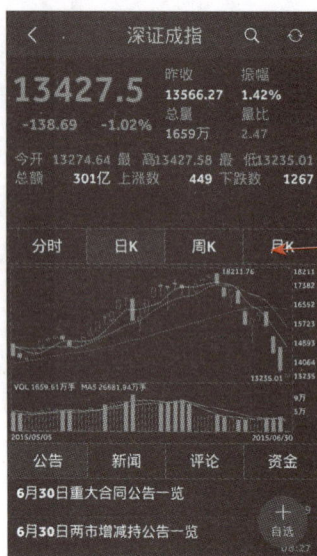

图 14-14　显示相关信息

（5）点击 K 线图，即可在手机中以全屏的方式查看大盘走势图，效果如图 14-15 所示。

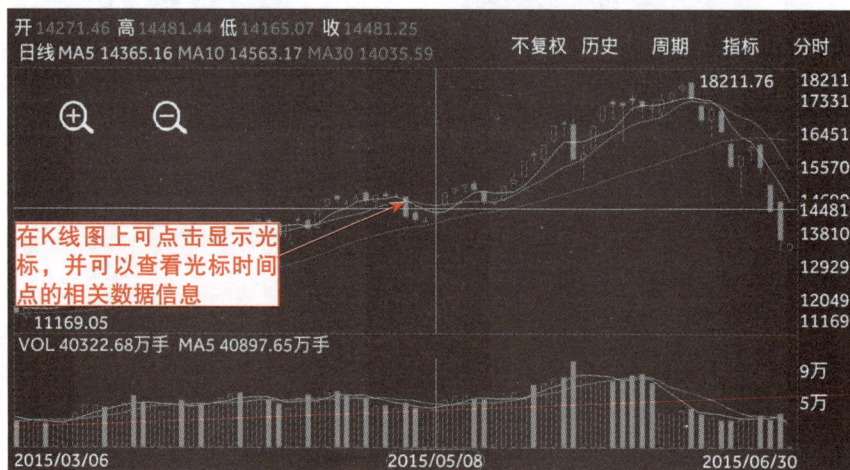

图 14-15　全屏显示

（6）点击"历史"按钮，即可查看大盘的历史分时走势图，使用左右手势可以进行翻页操作，如图 14-16 所示。

（7）在大盘指数详情页面中，点击公告栏中的相应信息标题，进入"咨询信息"界面，即可查看大盘指数近期的资讯信息，如图 14-17 所示。

（8）在大盘指数详情页面中，点击"资金"标签，即可查看大盘中的主力和散户的资金比例，以及最近 5 日多空对比数据，如图 14-18 所示。

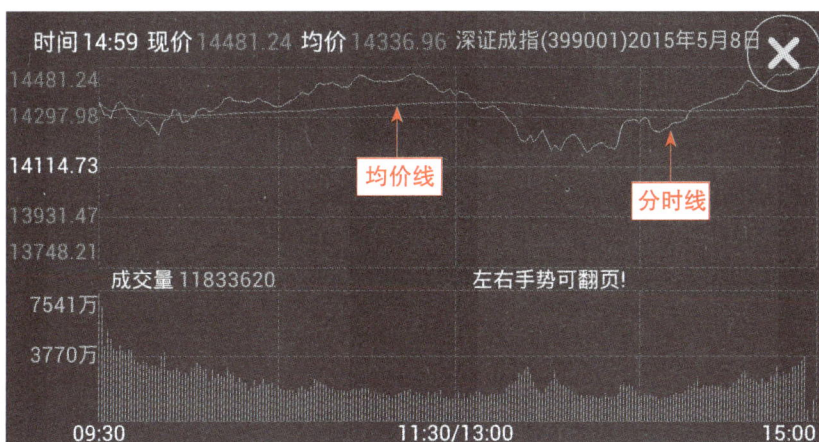

图 14-16　历史分时走势图

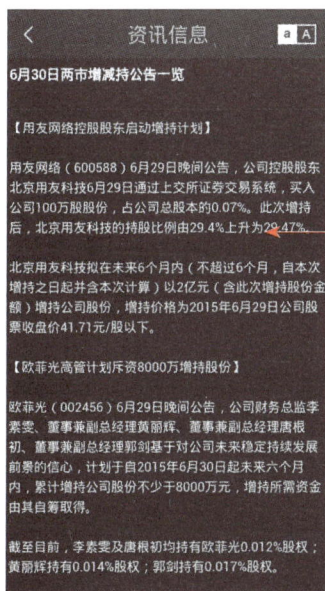

图 14-17　"咨讯信息"界面

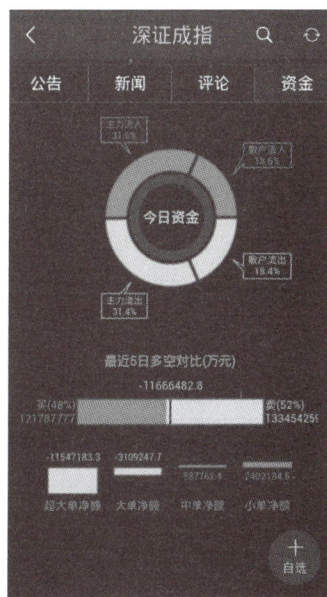

图 14-18　"资金"界面

14.1.3　使用通达信查看个股行情

使用通达信手机炒股票软件查看个股行情的具体操作方法如下。

（1）在"我的自选"界面点击右上角的搜索按钮 🔍，如图 14-19 所示。

（2）进入"股票搜索"界面，在搜索框中输入相应的股票代码或名称，如中天科技的股票代码"600522"，点击搜索到的个股名称，如图 14-20 所示。

图 14-19　点击搜索按钮　　　　图 14-20　搜索股票

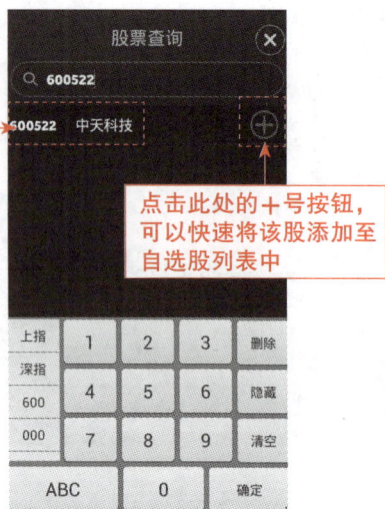

（3）执行操作后，即可进入个股详情界面，如图 14-21 所示。

（4）点击"日K""月K"或"周K"按钮，即可显示个股的 K 线走势、成交量及五档盘口数据，如图 14-22 所示。

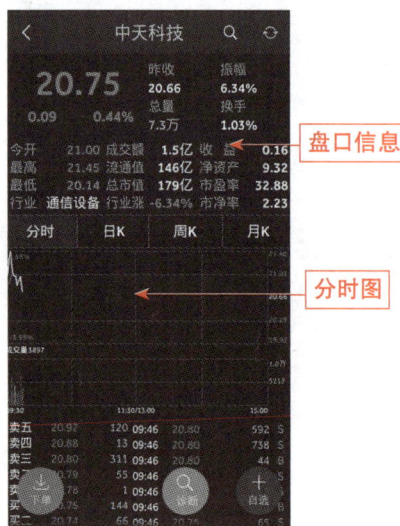

图 14-21　个股详情界面　　　　图 14-22　K 线走势图页面

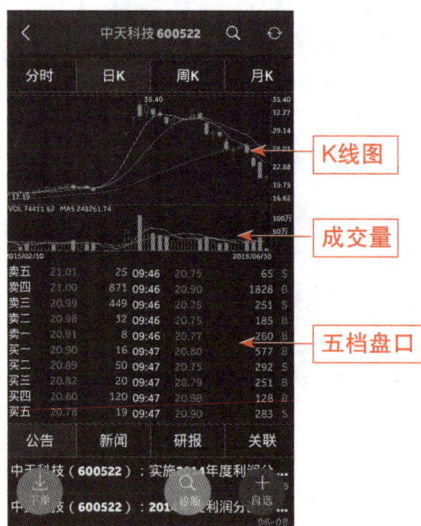

（5）点击个股的走势图，即可以全屏显示走势图，如图 14-23 所示。

（6）在个股详情界面中，向上滑动屏幕，用户可以在"公告、新闻、研报、关联"列表中选择查看相应的个股信息，如图 14-24 所示。

（7）例如，点击相应的新闻标题，即可进入"咨讯信息"界面，查看具体的个股新闻内容，如图 14-25 所示。

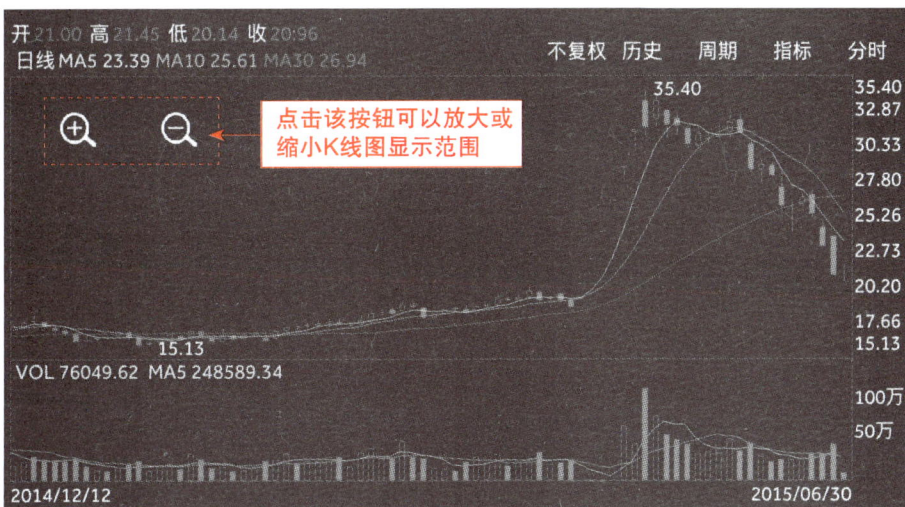

图 14-23　全屏显示走势图

图 14-24　个股咨讯列表

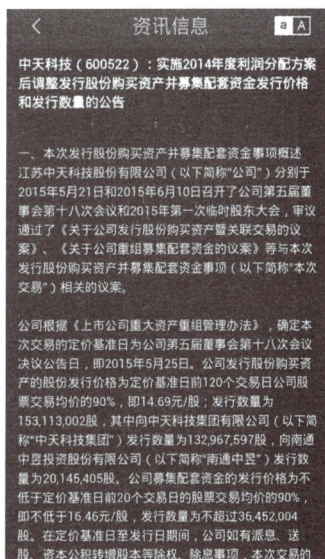

图 14-25　查看个股咨讯

（8）在个股详情界面中，向上滑动屏幕，用户可以在"资金、简况、股东、财务"列表中选择查看相应的个股基本面信息，如图 14-26 所示。

（9）点击"简况"标签，显示的是个股的基本资料，如图 14-27 所示。

（10）点击"股东"标签，可以查看个股的股东变动情况，其中包括股东人数、十大流通股东、十大股东等数据，如图 14-28 所示。

（11）点击"财务"标签，可以查看个股的关键财务指标、利润表、资产负债表、现金流量表等财务数据，如图 14-29 所示。

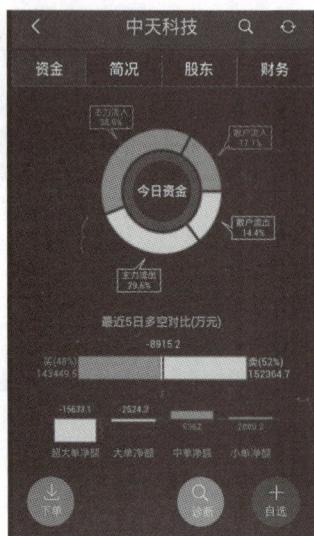

图 14-26　个股基本面信息

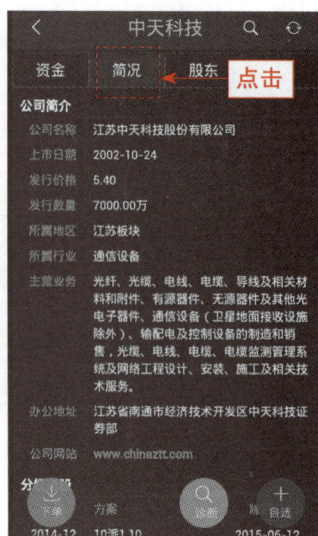

图 14-27　"简况"标签

图 14-28　"股东"标签

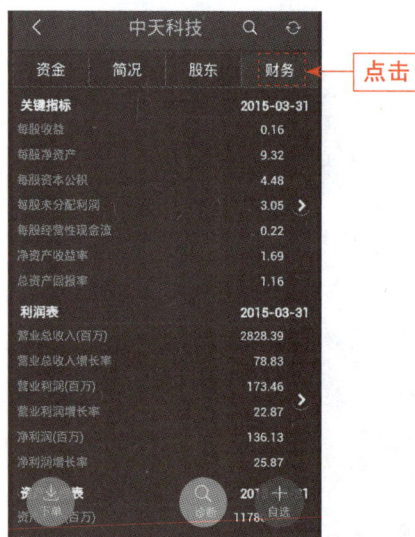

图 14-29　"财务"标签

（12）在个股详情界面中，向上滑动屏幕，用户可以在"重大事项、一致预期、热点题材"列表中选择查看相应的个股信息。例如，在"重大事项"标签中，显示了个股的重大事项、业绩披露、业绩预告、龙虎榜、大宗交易、融资债券等数据，如图 14-30 所示。

（13）点击"一致预期"标签，会显示基于各券商分析师的调查（研究报告、电话、电子邮件等）的上市公司盈利预期数据平均值，如图 14-31 所示。

图 14-30　"重大事项"标签

图 14-31　"一致预期"标签

专家提醒　一致预期数据是以卖方原始预测为基础，从卖方机构影响度、发布时间两个维度进行加权计算，反映市场综合预期水平的数据。一致预期数据的应用极为广泛，除作为综合预期水平的一般应用以外，其作为中国 A 股的预期基准数据具有极高的数据挖掘意义。

14.2　特色功能应用

通达信 APP 还具有配置市场菜单、DDE 决策系统、热点资讯等功能，本节将分别进行介绍。

14.2.1　自由编辑"市场"菜单

通达信 APP 可以自由编辑"市场"菜单，具体操作方法如下。

（1）在"市场"界面的上方，点击"配置"按钮，如图 14-32 所示。

（2）执行操作后，在"点击选择"选项区中，点击要添加的菜单功能，如"创业板"，如图 14-33 所示。

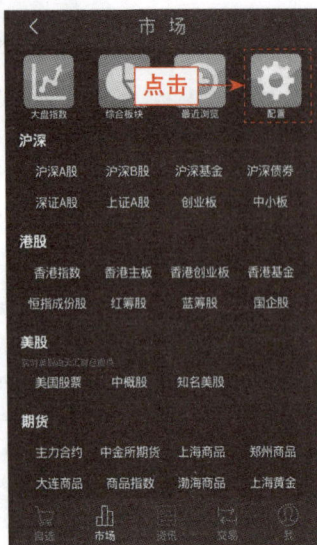

图 14-32   点击"配置"按钮

图 14-33   点击要添加的菜单功能

（3）执行操作后，即可添加"创业板"菜单，如图 14-34 所示。

（4）在上方点击相应的菜单功能，如"环球"，即可移除该菜单功能，如图 14-35 所示。

图 14-34   点击"创业板"按钮

图 14-35   移除相应菜单功能

（5）在上方区域中长按拖动相应的菜单功能，即可将其进行重新排序，如图 14-36 所示。

（6）点击"确定"按钮，即可保存配置的菜单，如图 14-37 所示。

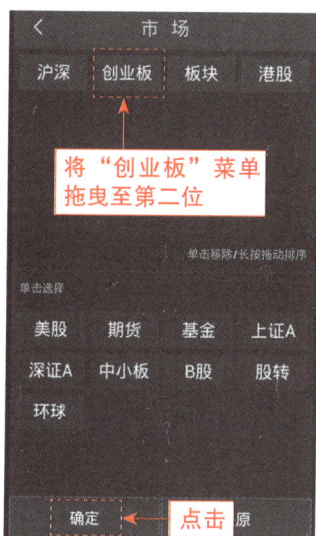

图 14-36　重新排序

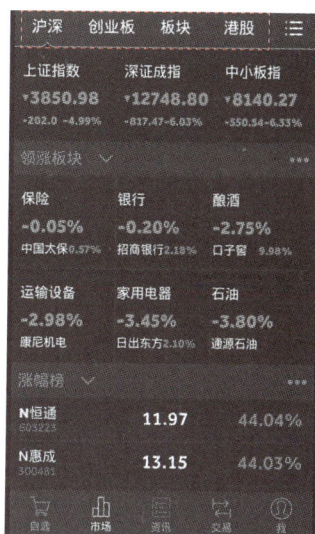

图 14-37　保存配置的菜单

专家提醒

创业板，又称二板市场（Second-Board Market）即第二股票交易市场，是与主板市场（Main-Board Market）不同的一类证券市场，专为暂时无法在主板上市的创业型企业、中小企业和高科技产业企业等需要进行融资和发展的企业提供融资途径和成长空间的证券交易市场，是对主板市场的重要补充，在资本市场有着重要的位置。在中国的创业板市场代码是 300 开头的。

创业板与主板市场相比，上市要求注注更加宽松，主要体现在成立时间，资本规模，中长期业绩等的要求上。由于新兴的二板市场上市企业大多趋向于创业型企业，所以又称为创业板。创业板市场最大的特点就是低门槛进入，严格要求运作，有助于有潜力的中小企业获得融资机会。

14.2.2　使用"DDE 决策"功能

DDE（Data Depth Estimate，深度数据估算系统）是对 Level-2 逐笔数据和盘口队列数据进行分析统计得到的指标系列。

通达信 APP 也具有"DDE 决策"功能，使用方法为：进入"我"界面，点击"DDE决策"按钮，如图 14-38 所示。执行操作后，即可进入"DDE 决策"界面，通达信软件 DDE 系统是一套用来进行行情显示、行情分析并同时进行信息即时接收的超级证券信息平台，用户可以使用各类 DDE 排名数据去选择走势好的股票，如图 14-39所示。

图 14-38　点击"DDE 决策"按钮

图 14-39　"DDE 决策"界面

专家提醒

　　资金是影响股价波动的最主要原因。没有资金的参与，无论政策还是国际因素影响，都无法直接推动股市。大资金推动大牛市，个股其实也是一样，有大资金的参与买入，个股才更具备上涨的基础。

　　过去，投资者只能对传统成交明细数据进行分析，模糊而又滞后。现在，通达信在对最先进的 Level-2 逐笔成交数据进行统计的基础上观察大资金的流向，能够深度探寻股价涨跌的内在动因并提高对未来趋势的把握度。利用通达信 DDE 决策系统就可以发现大资金的变化，从而把握个股趋势。

　　就通达信的 DDE 决策系统而言，它是一个可以看资金流向的操作系统。进入"DDE 决策"界面后可对个股进行现价、涨幅、净流入、增仓比等进行排序，在排序中可找出资金连续介入的热点股票。

14.2.3　查看热点资讯分析行情

使用通达信手机炒股票软件查看热点资讯的具体操作方法如下。

（1）点击底部的"资讯"按钮，进入其界面，如图 14-40 所示。

（2）点击相应的资讯标题，即可查看其具体内容，如图 14-41 所示。

（3）在"资讯"界面点击右上角的 ≡ 按钮，弹出相应菜单，用户可以选择查看更多的资讯类目，如图 14-42 所示。

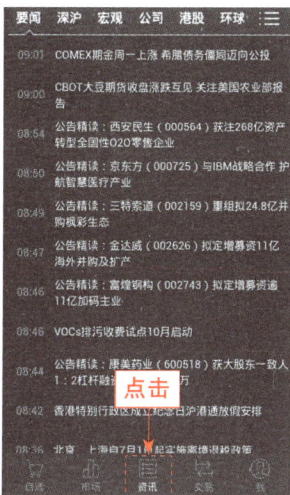

图 14-40　"资讯"界面

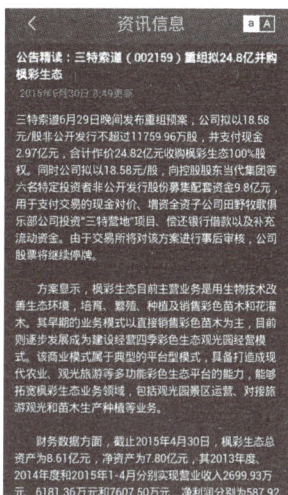

图 14-41　资讯信息

（4）例如，点击"海外"按钮，即可查看海外的资讯列表，如图 14-43 所示。

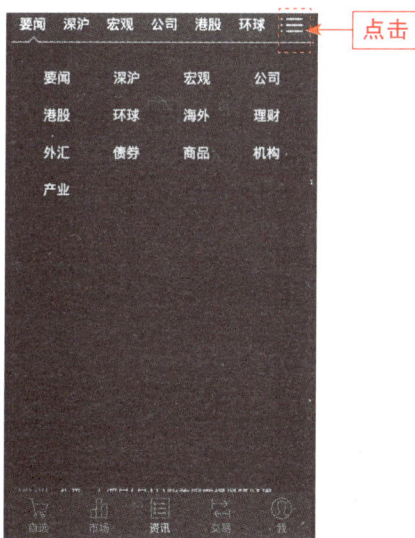

图 14-42　更多的资讯类目

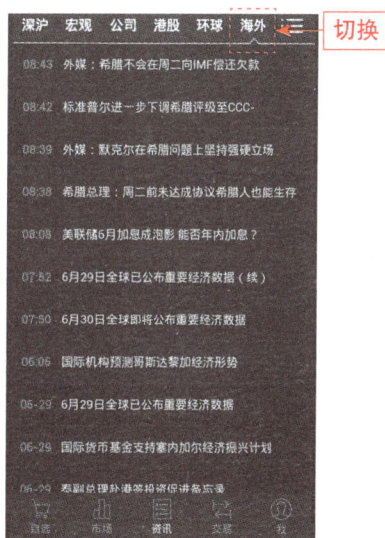

- 图 14-43　"海外"界面

第15章 大智慧手机炒股技巧 ➡

学前提示

　　大智慧手机版是中国股民最常用的免费炒股软件之一，为用户提供更快、更细、更好用的股票行情与数据。大智慧手机版是一款集股票行情、彩票购买及数钱街三位于一体的投资理财软件，满足投资者看行情、看主力、看资讯、在线交易等要求。

要点展示

- 查看行情报价
- 特色功能应用

15.1 查看行情报价

大智慧手机炒股软件提供沪深、港股、美股、基金、债券、外汇等实时免费行情，并采用最新技术手段做到微秒级更新，让好行情领先 1 秒送达投资者手中，帮助投资者抓住每一个赚钱机遇。

15.1.1 使用大智慧查看大盘指数

使用大智慧手机炒股票软件看大盘指数的具体操作方法如下。

（1）打开大智慧手机交易软件，点击底部的"市场"按钮进入其界面，点击"指数"右侧的更多按钮 ，如图 15-1 所示。

（2）执行操作后，进入"沪深市场"界面，显示沪深市场的常用指数，如上证指数、深证成指、中小板指、创业板指、沪深 300、上证 B 股、成份 A 股、上证 50 等，如图 15-2 所示。

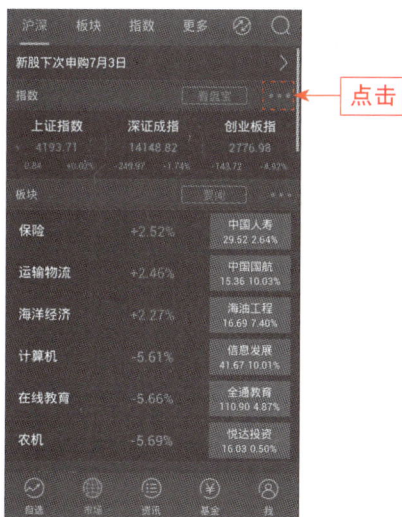

图 15-1　"市场"界面

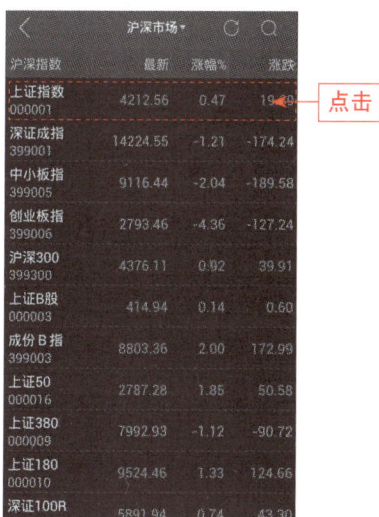

图 15-2　"沪深市场"界面

（3）选择某种大盘指数后，点击进入其分时走势页面，如图 15-3 所示。

（4）点击走势图右侧中间的 ▮ 图标，即可展开走势图窗口，并隐藏盘口数据区域，如图 15-4 所示。

（5）点击分时图窗口，即可切换至 K 线走势图界面，如图 15-5 所示。在 K 线图上可点击显示光标，并可以查看光标时间点的相关数据信息。

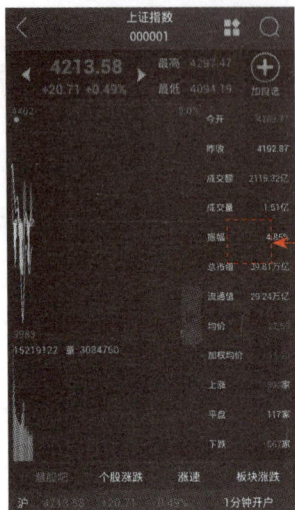

图 15-3　大盘分时页面

页面显示大盘指数的分时图和成交量图以及盘口数据

图 15-4　展开走势图窗口

点击该图标可以展开或缩小走势图显示窗口

（6）点击右下角的"日 K 线"按钮，在弹出的菜单中可以选择 K 线周期，如图 15-6 所示。

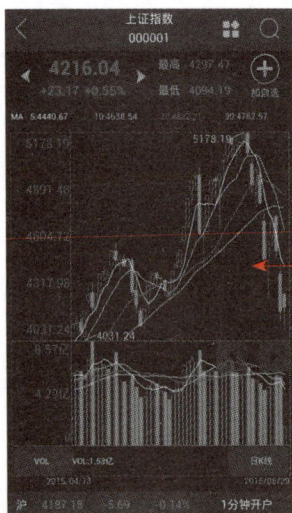

图 15-5　大盘 K 线图页面

页面显示大盘指数的 K 线图和成交量图，以及各类指标动态

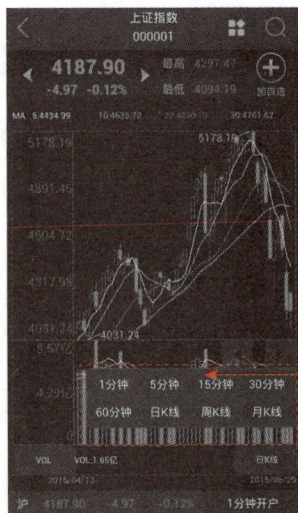

图 15-6　设置 K 线周期菜单

设置相应的 K 线周期

（7）点击左下方的指标名称，在弹出的菜单中可以选择 K 线图的辅助指标，如图 15-7 所示。

（8）例如，选择 MACD 选项，即可显示 MACD 指标窗口，如图 15-8 所示。

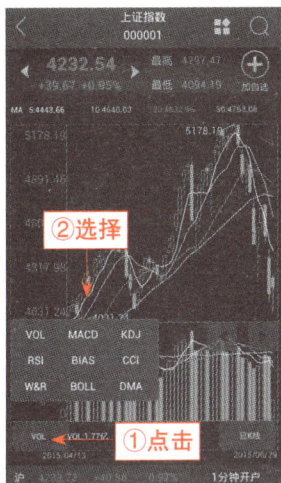

图 15-7　设置辅助指标　　　　　图 15-8　显示 MACD 指标窗口

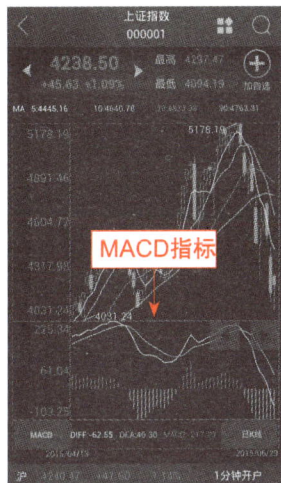

15.1.2　使用大智慧查看个股行情

使用大智慧手机炒股票软件查看个股行情的具体操作方法如下。

（1）在大智慧主界面点击右上角的"搜索"按钮，如图 15-9 所示。

（2）执行操作后，进入"股票查询"界面，在搜索框中输入相应的股票代码或拼音首字母，如南方航空的拼音首字母"NFHK"，如图 15-10 所示。

图 15-9　点击"搜索"按钮　　　　图 15-10　"股票查询"界面

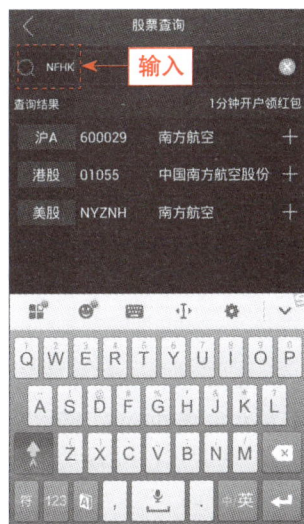

（3）点击相应的查询结果，进入个股详情界面，如图 15-11 所示。

（4）点击"K线"按钮，显示个股K线走势图，如图15-12所示。

图 15-11　个股详情界面

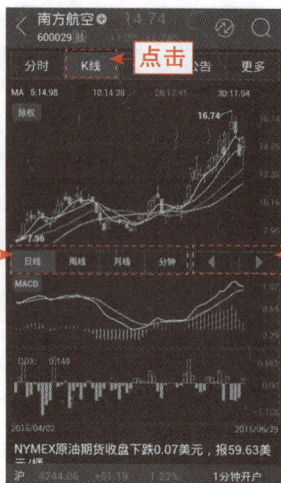

图 15-12　切换副图指标

（5）点击"F10"按钮进入其界面，可以查看个股的事件提醒、主要指标、概念题材、机构观点、股本股东、财务数据、公司高管、公司资料等基本面信息，如图15-13所示。

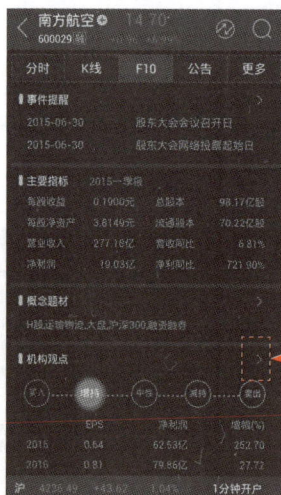

图 15-13　"F10"界面

（6）点击相应基本面分析右侧的展开图标 > ，即可显示具体的分析信息，如图 15-14 所示为该股机构观点的详细信息。

（7）点击"公告"按钮进入其界面，显示个股公告列表，如图15-15所示。

（8）点击相应的公告标题，即可查看其详细内容，如图15-16所示。

（9）在个股详情界面点击"更多"按钮，在弹出的菜单中可以选择板块联动、研报、技术面、数据面等选项，如图15-17所示。

图 15-14　机构观点的详细信息

图 15-15　"公告"界面

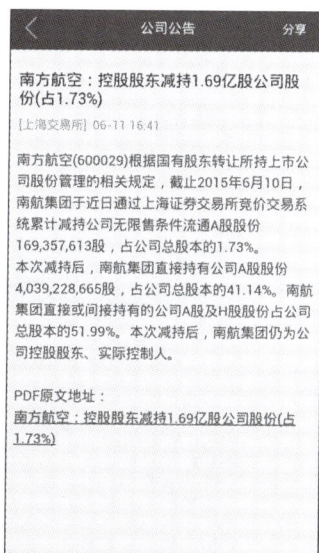

图 15-16　相应公告的详细内容

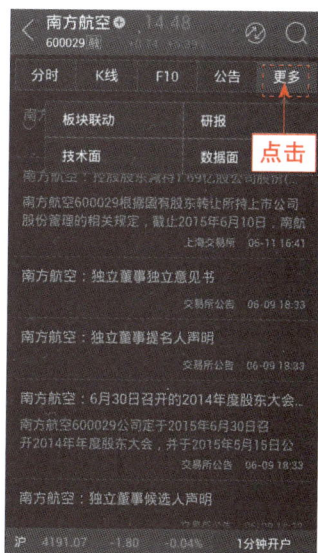

图 15-17　"更多"菜单

（10）选择"板块联动"选项，可以查看该股的板块联动数据信息，如图 15-18 所示。

（11）选择"研报"选项，可以查看该股的研报信息，如图 15-19 所示。

（12）选择"技术面"选项，可以查看该股的日分析、周分析以及月分析等数据，如图 15-20 所示。

（13）选择"数据面"选项，可以查看该股的融资融券信息，如图 15-21 所示。

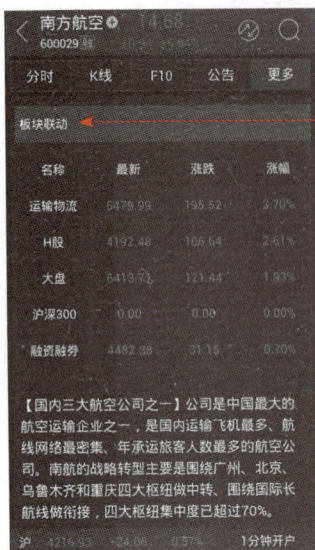

图 15-18　"板块联动"信息

板块联动是指同一类型的股票常常同涨同跌的现象。掌握板块联动操作技巧，有助于发现并及时把握市场热点，增强交易的盈利性；同时有利于回避因板块整体下跌而带来的个股风险

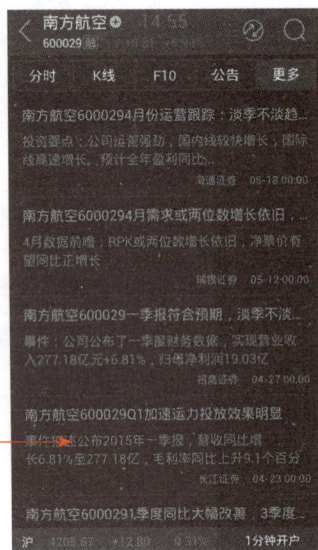

图 15-19　研报信息

研报一般是指券商或者投行的专职财务研究人员就某些上市公司的经营情况和盈利情况做的分析，提供给投资者做参考，对市场有一定的导向作用

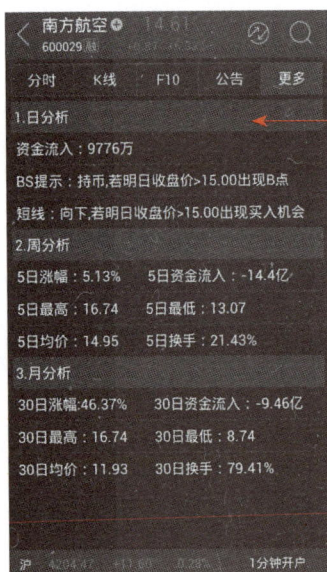

图 15-20　技术面分析数据

技术面包括日线分析、周线分析和月线分析3个板块，显示个股的资金流入、BS提示、短线操作建议以及相关盘口数据

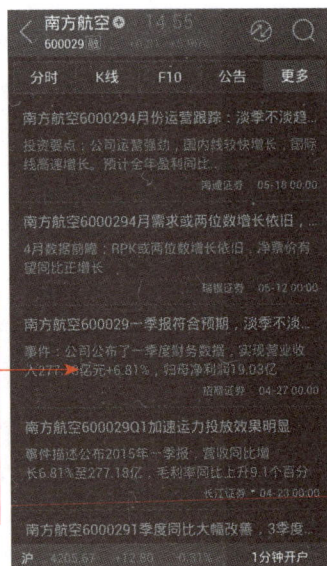

图 15-21　融资融券信息

融资融券是指证券公司向投资者出借资金供其买入证券，或出借证券供其卖出的经营活动。融资融券有明显的活跃交易的作用，以及完善市场价格的发现功能

15.1.3　使用大智慧查看财经资讯

使用大智慧手机炒股票软件查看财经资讯的具体操作方法如下。

（1）在大智慧主界面点击底部的"资讯"按钮，如图 15-22 所示。

（2）进入"资讯"界面，显示"要闻"列表，如图 15-23 所示。

图 15-22　点击"资讯"按钮

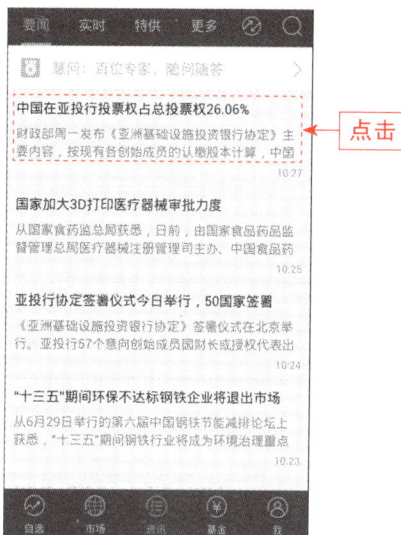

图 15-23　"资讯"界面

（3）点击相应的要闻标题，即可查看其具体内容，如图 15-24 所示。

（4）在"实时"界面，用户可以查看实时的新闻列表，如图 15-25 所示。

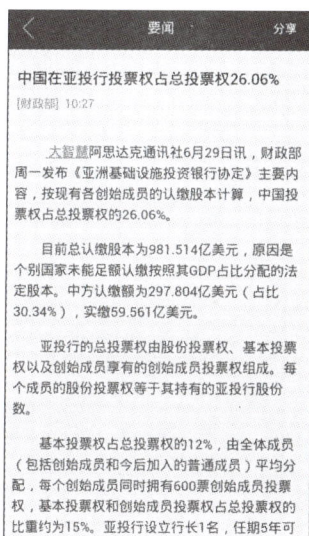

图 15-24　要闻资讯内容

图 15-25　"实时"界面

（5）在"特供"界面，用户可以查看大智慧独家推出的重要新闻，如图 15-26 所示。

（6）在"更多"界面，显示更多的主题资讯列表，如图 15-27 所示。

（7）在"视频"界面，用户可以查看相关视频资讯，如图 15-28 所示。

（8）在"看盘宝"界面，用户可以将个股异动尽收眼底，如图 15-29 所示。

图 15-26　"特供"界面

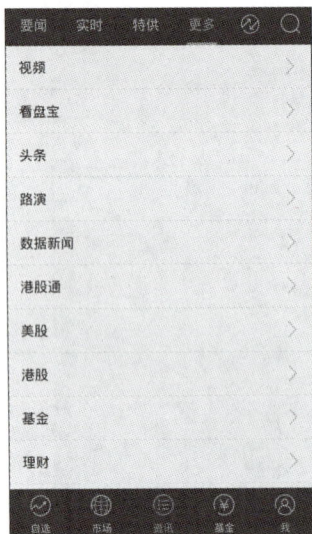

图 15-27　"更多"界面

图 15-28　查看视频资讯

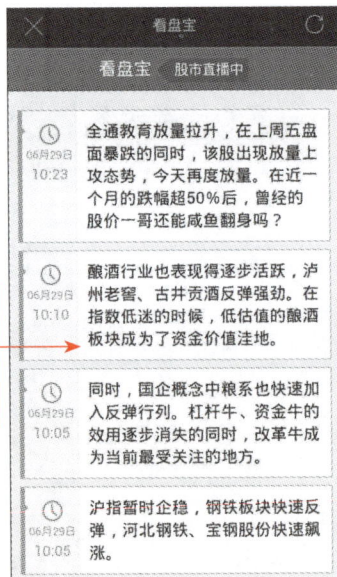

图 15-29　"看盘宝"界面

（9）在"路演"界面，大智慧提供了一套用来进行行情显示、行情分析并同时进行信息即时接收的超级证券信息平台，面向证券决策机构和各阶层证券分析、咨询、投资人员，并特别关注广大股民的使用习惯和感受，软件包含对证券市场最深刻的理解和最全面的反映，如图 15-30 所示。

（10）另外，用户还可以通过大智慧手机版查看港股通、美股、港股和基金的资讯信息，如图 15-31 所示。

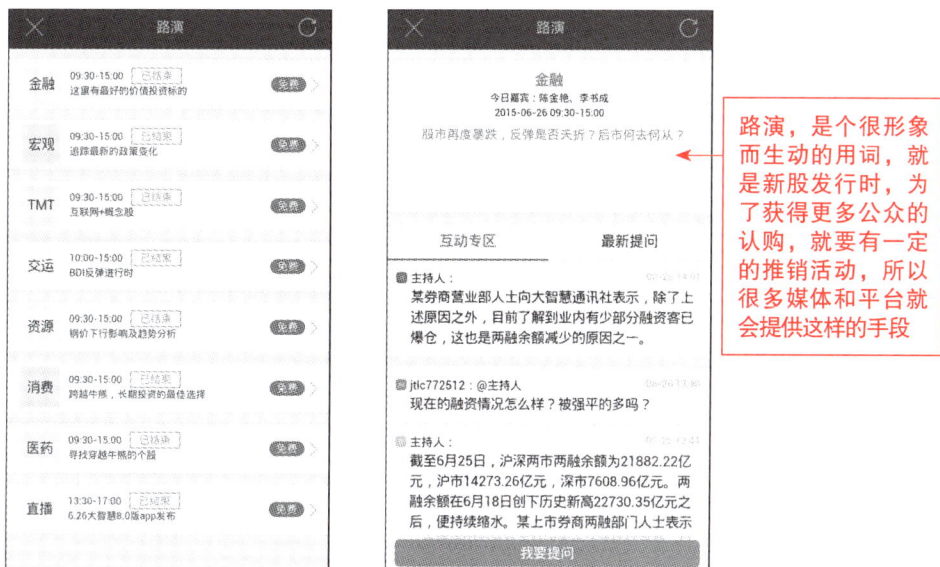

路演，是个很形象而生动的用词，就是新股发行时，为了获得更多公众的认购，就要有一定的推销活动，所以很多媒体和平台就会提供这样的手段

图 15-30　"路演"界面

图 15-31　查看"港股通"和"港股"资讯

15.1.4　使用大智慧分析 A 股行情

使用大智慧手机炒股票软件分析 A 股行情的具体操作方法如下。

（1）进入"我的"界面，展开"A 股分析"选项区，如图 15-32 所示。

（2）在"DDE 决策"界面，可以通过 DDE 决策系统选股，如图 15-33 所示。

有了DDE后，投资者就可以将投资股票的过程反过来，先使用DDE去选择走势好的股票，然后在对这些股票进行基本面分析，来进行投资决策

图 15-32　"A 股分析"选项区 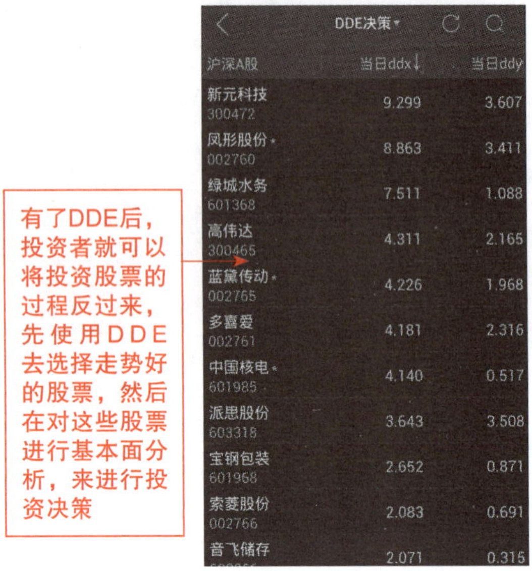　　　　图 15-33　"DDE 决策"界面

（3）在"个股资金"界面，用户可以分析个股资金面，如图 15-34 所示。

（4）在"板块资金"界面，用户可以分析板块资金面，如图 15-35 所示。

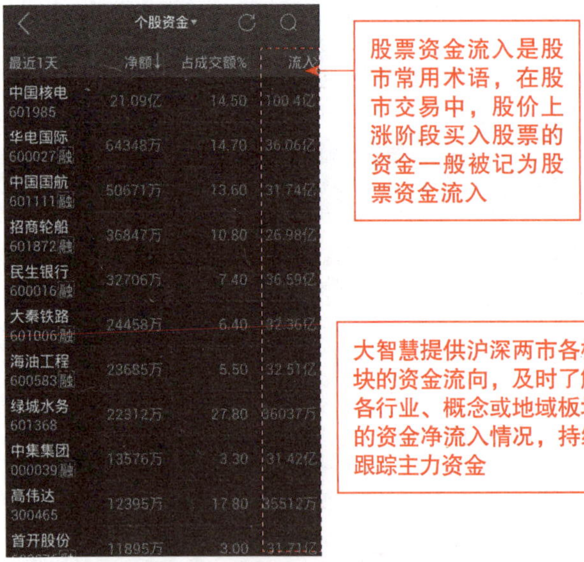

股票资金流入是股市常用术语，在股市交易中，股价上涨阶段买入股票的资金一般被记为股票资金流入

大智慧提供沪深两市各板块的资金流向，及时了解各行业、概念或地域板块的资金净流入情况，持续跟踪主力资金

图 15-34　"个股资金"界面 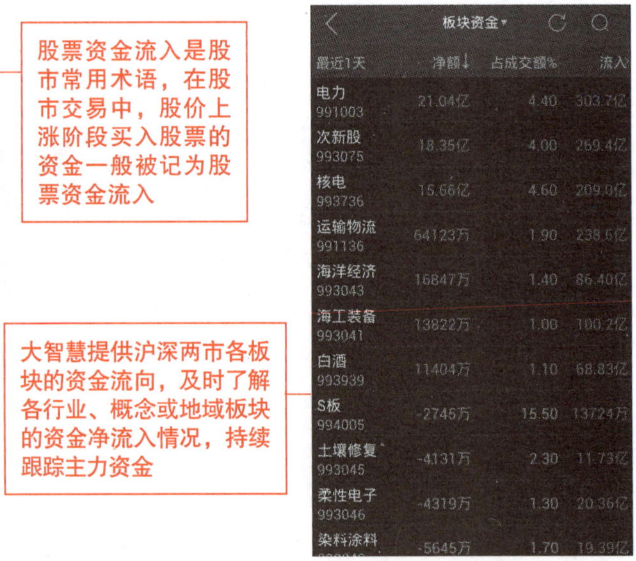　　　　图 15-35　"板块资金"界面

（5）另外，用户还可以查看 A 股市场的 5 分钟涨幅榜、盈利预期、阶段统计、交易关注等数据，如图 15-36 所示。

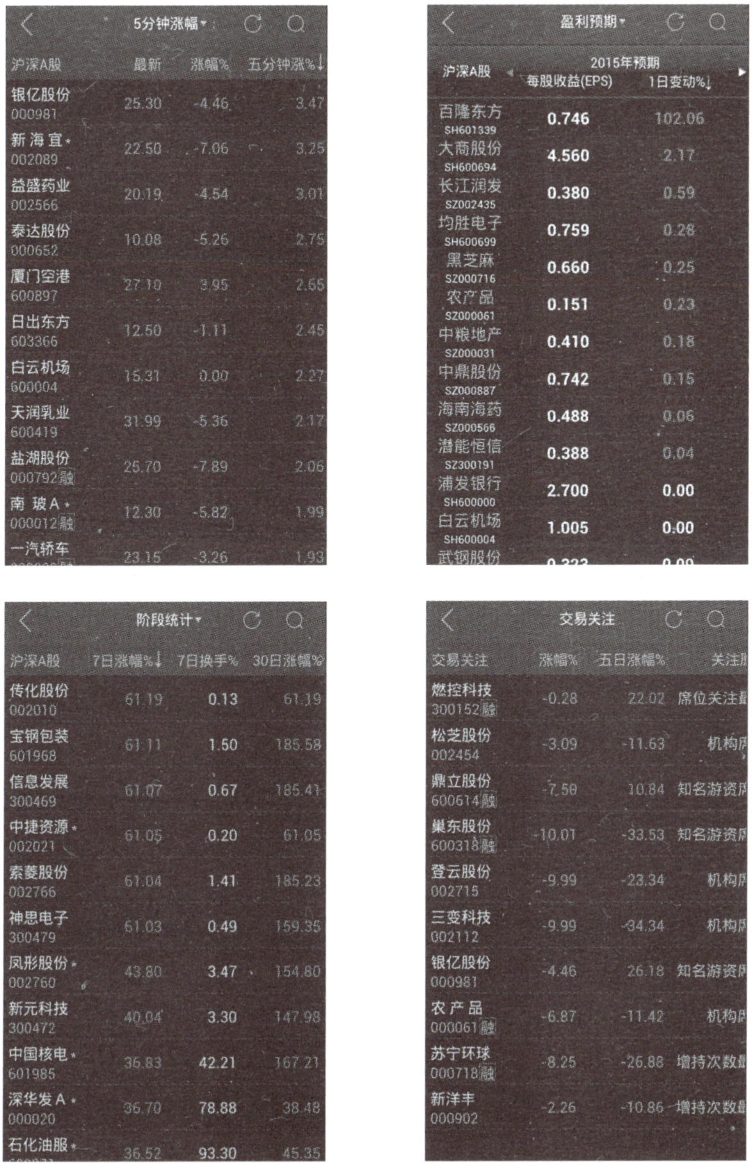

图 15-36　查看 5 分钟涨幅榜、盈利预期、阶段统计、交易关注

15.2　特色功能应用

　　大智慧 APP 还具有自选股提醒、添加桌面关键方式、金牌投顾、模拟大赛、股票账户余额理财等功能，本节将分别进行介绍。

15.2.1　股价预警设置

大智慧手机版的股价预警设置只对"股价涨到""股价跌到""日涨跌幅超"有效，即使不看股票大盘也能即使在恰当的时候抛出，在用户设定一只股票的上限价位、下限价位后，当股价运行到限制价位时用户自动收到提醒信息。

使用大智慧手机炒股票软件自选股提醒功能的具体操作方法如下。

（1）在个股详情界面，点击顶部个股名称和代码区域，如图 15-37 所示。

（2）执行操作后，弹出相应菜单，点击"预警"选项，如图 15-38 所示。

图 15-37　点击相应区域　　　　图 15-38　点击"预警"选项

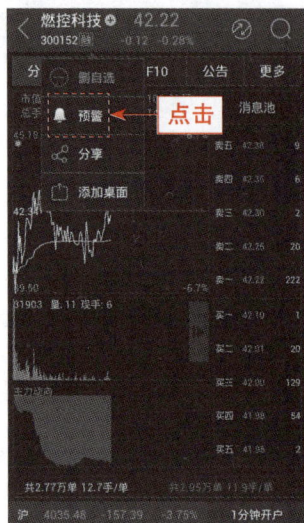

专家提醒

换位思考，以投资者的心态来设计产品，大智慧炒股手机版致力于让投资者，用少量时间和精力，进行行情查询、潜力股挖掘及股票买卖。新版的大智慧炒股手机版推出"自选股异动提醒"功能，帮助投资者简单管理自选股。无论盘前还是盘中，只要自选股产生异动资讯，手机上都会第一时间收到大智慧的贴身提醒，投资者可及时判断异动信息背后潜在的操作机会。

（3）进入"添加预警"界面，在下方的"预警条件"选项区中设置相应的条件，包括"股价涨到""股价跌到""日涨跌幅超"，如图 15-39 所示。设置完成后，点击"保存"按钮，即可完成预警设置。

（4）执行操作后，依次进入"我的"→"A股分析"→"股价预警"界面，即可看到所添加的预警，用户也可以在此添加和编辑预警，如图 15-40 所示。

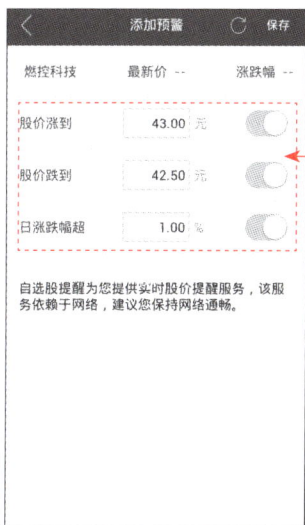

图 15-39　"添加预警"界面

图 15-40　"股价预警"界面

15.2.2　添加快速启动图标

使用大智慧手机炒股票软件添加桌面关键方式的具体操作方法如下。

（1）在个股详情界面，点击顶部个股名称和代码区域，弹出相应菜单，点击"添加桌面"选项，如图 15-41 所示。

（2）执行操作后，即可将该个股添加到手机桌面上，如图 15-42 所示。

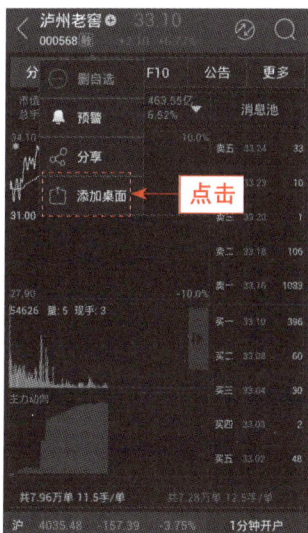

图 15-41　点击"添加桌面"选项

图 15-42　添加桌面关键方式

15.2.3 大智慧交易培训系统

"金牌投顾"服务是湘财证券基于大智慧全新的交易培训系统，面向高端用户推出的专属投顾服务体系。投资者可以自主选择知名分析师、投顾作为导师进行学习与交流，也可以实时追踪名师炒股大赛中导师的专业操作，轻松把握市场机会。

使用大智慧手机炒股票软件"金牌投顾"服务的具体操作方法如下。

（1）进入"我的"界面，点击"我的投顾"按钮，如图 15-43 所示。

（2）执行操作后，进入"猜你喜欢"界面，用户可以在此选择相应的投顾，或者点击"更多导师"按钮查看更多的投顾，如图 15-44 所示。

图 15-43　点击"我的投顾"按钮

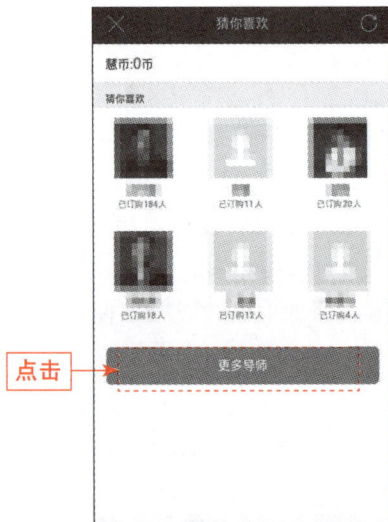

图 15-44　点击"更多导师"按钮

专家提醒

"金牌投顾"服务的主要功能如下。

（1）**自选股窥探**：借助云同步系统，将各位金牌导师的自选股展示给投资者，提供真正了解专业人士投资思路的机会。

（2）**大赛账户跟踪**：投资者可围观由金牌投顾参与的高水准炒股大赛，并可追踪优秀投顾实时操作，轻松把握市场机会。

（3）**投顾报告**：金牌投顾根据市场行情，结合实时热点，为投资者打造的专属报告，展现其投资思路，解析未来走势。

（4）**互动答疑**：在开盘时段内，投资者能够有机会与金牌投顾互动交流。

（3）进入"选导师"界面，点击"筛选"按钮，如图 15-45 所示。

（4）弹出筛选菜单，用户可以添加竞拍价区间、主攻领域等选择投资顾问和行研专家，如图 15-46 所示。

图 15-45 点击"筛选"按钮

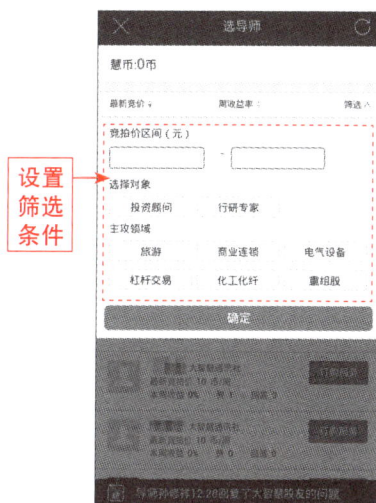

图 15-46 筛选菜单

（5）选择相应的投顾后，进入其详情界面，可以查看该投资的名师观点、互动答疑以及模拟大赛战绩，如图 15-47 所示。

图 15-47 投顾详情界面

（6）点击"Ta 的股票池"按钮，进入"股票池"界面，可以查看该投顾的股票池及相应的历史战绩，如图 15-48 所示。

（7）在投顾详情界面点击"马上抢购"按钮，用户可以根据系统提示签署相应协议订购大智慧的"金牌投顾"服务（需要花费一定的慧币），如图 15-49 所示。

图 15-48 "股票池"界面

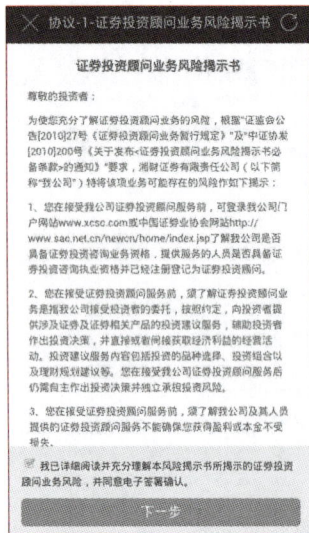

图 15-49 签署相应协议

专家提醒

投资顾问是指专门从事于提供投资建议而获薪酬的人士，是专户理财服务中非常重要的角色。投资顾问的任务是帮助客户达成财务目标，为此他需要始终与客户保持全面深入的交流。一名优秀的投资顾问应该具有以下特性：

（1）身兼多能的金融通才：优秀的投资顾问不仅要熟悉金融产品，还要熟悉各种投资工具和产品，如保险、证券、不动产甚至邮票、黄金等，以及对相关法规的掌握、运用，只有具备相当的专业知识和敏锐的洞察力，且将自己所学所知不断更新，才能为投资者提供有价值的资讯。

（2）强势的专业背景：优秀的理财顾问身后，应该有强大的数据、政策平台作为支持，以确保为客户所制订的方案规避可能出现的风险。

（3）良好的职业素质：具有良好的信誉，一切以客户为先，严守客户资料的隐私性和保密性。

15.2.4 手机"模拟大赛"功能

使用大智慧手机炒股票软件"模拟大赛"功能的具体操作方法如下。

（1）进入"我的"界面，点击"模拟大赛"按钮，如图 15-50 所示。

（2）进入"大赛"界面，点击"买什么"按钮，如图 15-51 所示。

图 15-50　点击"模拟大赛"按钮

图 15-51　点击"买什么"按钮

（3）进入"买什么"界面，用户可以在自选股中选择相应股票，或者输入股票代码 / 首字母查找相应股票，也可以进入其他市场选择股票，如图 15-52 所示。

（4）选择某只个股后，点击底部的"买入"按钮，如图 15-53 所示。

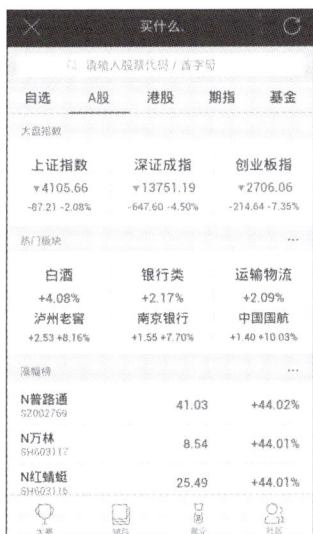

图 15-52　"买什么"界面

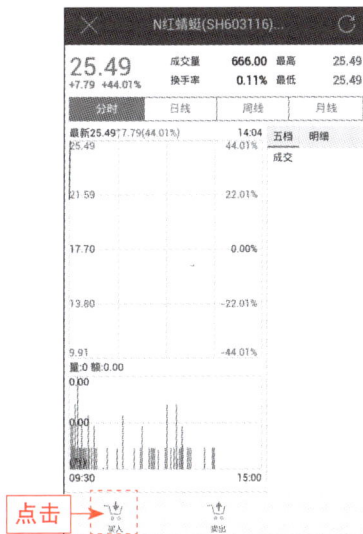

图 15-53　点击"买入"按钮

（5）进入"模拟交易"界面，设置相应的交易账户、委托价格和可买数量，点击"买入"按钮，如图 15-54 所示。

（6）弹出提示信息框，点击"确定"按钮即可，如图 15-55 所示。

图 15-54　点击"买入"按钮

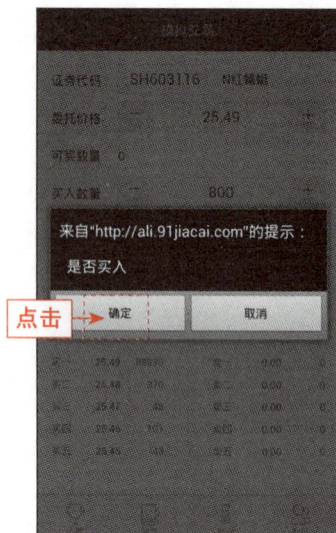

图 15-55　点击"确定"按钮

专家提醒

大智慧软件的特点如下。

（1）**资讯精专**：万国测评专业咨询机构专门支持，其制作的生命里程、信息地雷、大势研判、行业分析、名家荐股、个股研究在证券市场具有广泛的影响力。

（2）**互动交流**：大智慧路演平台和股民交流互动，前来做客的嘉宾包括，基金公司、上市公司、大智慧分析师，券商研究机构等。大智慧模拟炒股为股民提供精练技艺和学习交流的场所。

（3）**全面深刻**：软件中整合的功能平台既涵盖证券市场的各个方面，而就某一方面来说又准确深刻。

15.2.5　"场内宝"理财产品

除了股票投资外，大智慧还具有股票账户余额理财功能——"场内宝"，让投资者了解热卖的理财产品，轻松获取丰厚回报。

使用大智慧手机炒股票软件"场内宝"功能的具体操作方法如下。

（1）进入"我的"界面，点击"场内宝"按钮，如图 15-56 所示。

（2）进入"场内宝"界面，点击"申购"按钮，如图 15-57 所示。

（3）弹出"提示"对话框，点击"我知道了"按钮，如图 15-58 所示。

（4）执行操作后，进入"委托登录"界面，用户可以通过智慧钱柜场内宝登录

图 15-56　点击"场内宝"按钮

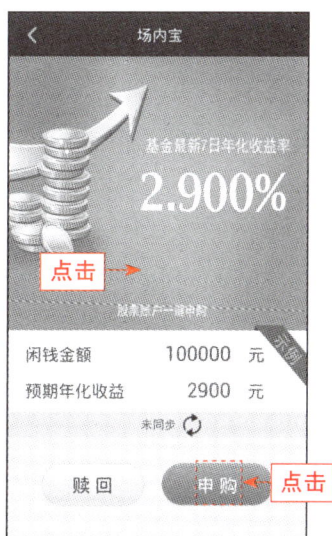

图 15-57　点击"申购"按钮

券商平台委托下单，一键购买交易所场内货币基金，在确保资金安全和账号安全的前提下，显著提高场内闲置资金收益，首期上线支持的券商包括国泰君安证券、东方证券和东海证券，如图 15-59 所示。

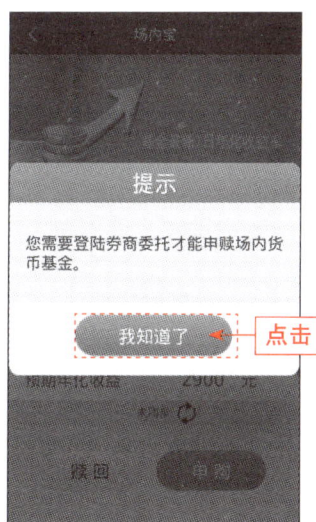

图 15-58　点击"我知道了"按钮

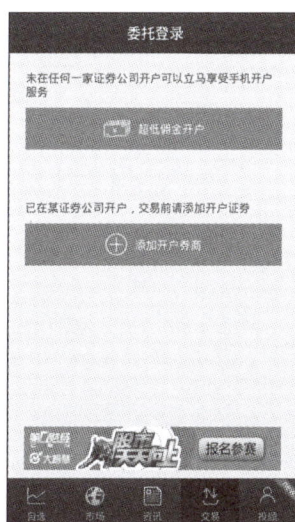

图 15-59　"委托登录"界面